A COROA,
A CRUZ E A ESPADA

EDUARDO BUENO

A COROA, A CRUZ E A ESPADA

LEI, ORDEM E CORRUPÇÃO NO BRASIL

Estação
BRASIL

Copyright © 2006, 2016 por Divulgadora Bueno & Bueno, S.S
Vinhetas das páginas 1, 7, 20, 21, 32, 46, 58, 64, 150 e 211: Roque Gameiro, reproduzidas do livro História da Colonização Portuguesa no Brasil (Litografia Nacional, Porto, 1926)
Todos os direitos reservados. Nenhuma parte deste livro pode ser utilizada ou reproduzida sob quaisquer meios existentes sem autorização por escrito dos editores.
A primeira edição desta obra teve consultoria técnica de Scheila Siqueira de Castro Faria, professora titular de História do Brasil da UFF (Universidade Federal Fluminense).

revisão: Ana Grillo e Luis Américo Costa
projeto gráfico: Ana Adams
diagramação: Raquel Alberti
mapas: Adams Design
pesquisa e captação das imagens: Eduardo Bueno
reprodução das imagens: Xiru Sander Scherer
capa: Tereza Bettinardi
ilustrações de capa: Bruno Algarve e Tereza Bettinardi
impressão e acabamento: Lis Gráfica e Editora Ltda.

CIP-BRASIL. CATALOGAÇÃO NA PUBLICAÇÃO
SINDICATO NACIONAL DOS EDITORES DE LIVROS, RJ

B941c   Bueno, Eduardo
     A coroa, a cruz e a espada/ Eduardo Bueno. Rio de Janeiro: Estação Brasil, 2019.
     288 p.: il.; 16 x 23 cm. (Brasilis; 4)

     Sequência de: Capitães do Brasil
     Inclui bibliografia
     ISBN 978-85-5608-055-4

     1. Brasil - História - Capitanias hereditárias, 1534-1762. 2. Brasil - Colonização. I. Título.

19-58847   CDD: 981.032
                                       CDU: 94(81).017

Todos os direitos reservados, no Brasil, por
GMT Editores Ltda.
Rua Voluntários da Pátria, 45 – Gr. 1.404 – Botafogo
22270-000 – Rio de Janeiro – RJ
Tel.: (21) 2538-4100 – Fax: (21) 2286-9244
E-mail: atendimento@sextante.com.br
www.sextante.com.br

*Para Beatriz, que além de tudo
me deu minha primeira máquina de escrever.
Para Milton, que me fez mergulhar
no mundo dos livros.*

SUMÁRIO

INTRODUÇÃO 23

I   OS HOMENS DO REI 39

II A CONSTRUÇÃO DE SALVADOR 81

III A FUNDAÇÃO DE SÃO PAULO 147

IV OURO, CAOS E CANIBALISMO 197

EPÍLOGO 251

NOTAS 271

BIBLIOGRAFIA COMENTADA 281

CRÉDITOS DAS IMAGENS 285

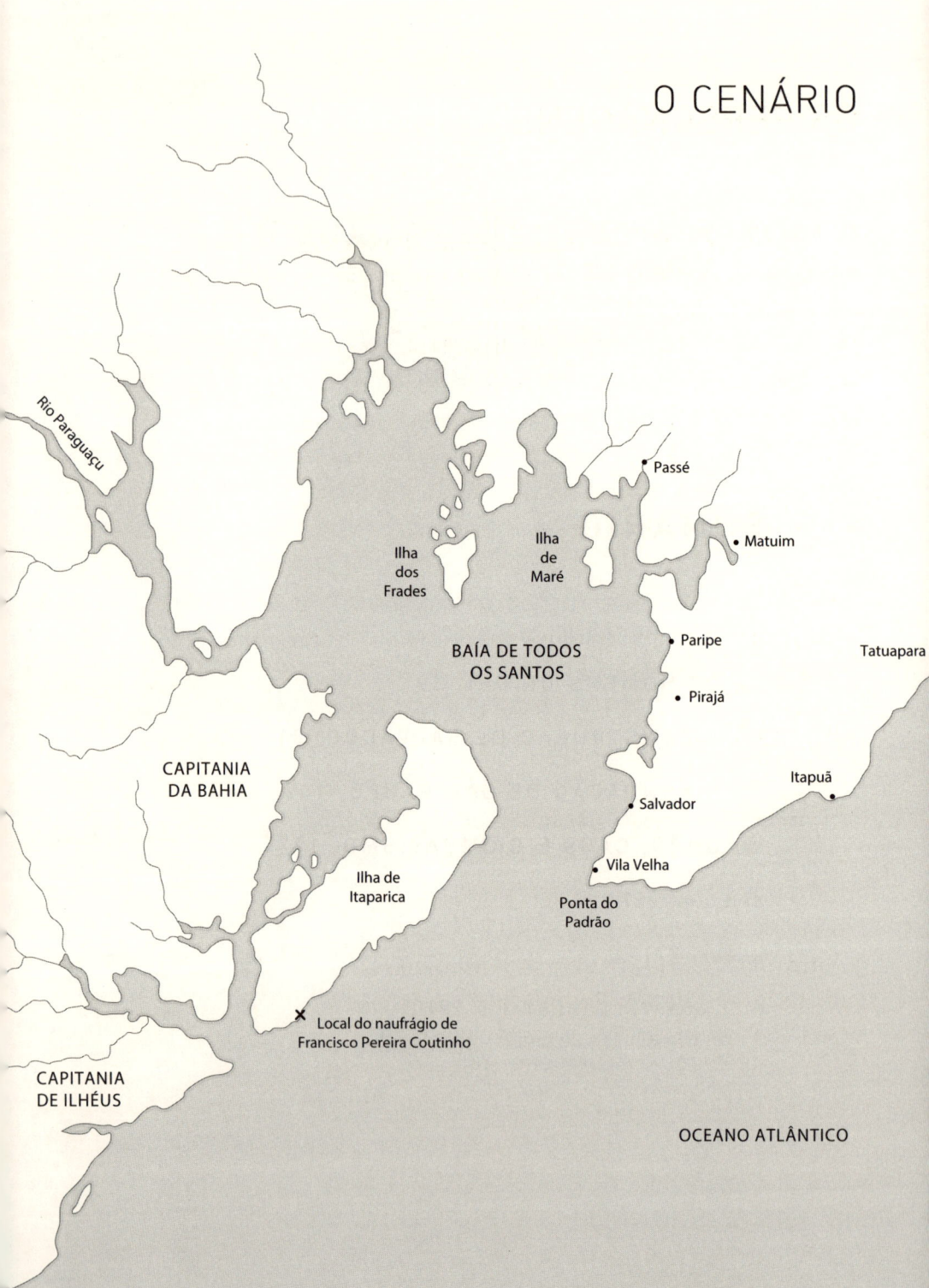

OS PERSONAGENS

D. João III – Rei de 1521 a 1557, antepenúltimo soberano da dinastia de Avis, tido como "o colonizador do Brasil".
D. Antônio de Ataíde – Conde da Castanheira, principal assessor do rei D. João III, vedor da Fazenda e idealizador do Governo-Geral.
Fernão d'Álvares de Andrade – Tesoureiro-mor do reino, assessor direto de Ataíde, donatário da capitania do Maranhão e incentivador do Governo-Geral.

Em Portugal

Tomé de Sousa – Primeiro governador-geral do Brasil, militar de carreira e primo-irmão de Antônio de Ataíde.
Antônio Cardoso de Barros – Primeiro provedor-mor da Fazenda do Brasil, burocrata da Casa dos Contos e donatário do Ceará. Acusado de corrupção.
Pero Borges – Primeiro ouvidor-geral do Brasil, ex-corregedor de Justiça e desembargador. Acusado de corrupção.
Pero de Góis – Capitão-mor da costa do Brasil, militar de carreira e donatário da capitania de São Tomé.
Luís Dias – "Mestre da pedraria", arquiteto responsável pela construção da cidade de Salvador.

Equipe do Primeiro Governo-Geral

Inácio de Loyola – Fidalgo espanhol, fundador da Companhia de Jesus.
Simão Rodrigues – Fidalgo português, cofundador da Companhia e primeiro provincial da Ordem em Portugal.

Os jesuítas

Manuel da Nóbrega – Líder dos jesuítas e primeiro provincial da Ordem no Brasil, fundador do Colégio de São Paulo.

Leonardo Nunes – Cristão-novo, integrante da primeira leva de jesuítas a vir para o Brasil, apelidado de Abarebebê ("padre voador") pelos indígenas de São Paulo.

João de Azpilcueta Navarro – Companheiro de Nóbrega e primeiro jesuíta a penetrar nos sertões do Brasil.

Luís da Grã – Teólogo, líder da terceira leva de jesuítas a vir para o Brasil (1553), provincial colateral da Ordem na colônia.

O clero de Salvador

D. Pero Fernandes Sardinha – Primeiro bispo do Brasil, seria morto e devorado pelos Caeté na Paraíba. Acusado de corrupção.

Gomes Ribeiro – Deão de Salvador e "visitador" da costa do Brasil em nome do bispo, do qual se tornou inimigo. Acusado de corrupção.

Francisco de Vacas – Músico e cantor, chantre de Salvador, nomeado por Sardinha, do qual depois também se tornou inimigo.

Fernão Pires – Padre degredado para o Brasil, assassino confesso e um dos principais aliados de Sardinha. Acusado de corrupção.

Os aventureiros

Diogo Álvares Caramuru – Náufrago português acolhido pelos Tupinambá, vivia na Bahia desde 1510.

João Ramalho – Náufrago ou degredado português radicado nos arredores de São Paulo desde 1509. Traficante de escravos, genro do líder Tupiniquim Tibiriçá.

Pero Correia – Ex-traficante de escravos e sertanista, entrou para a Companhia de Jesus em 1550.

Antônio Rodrigues – Português vindo para a

América com os espanhóis em 1534. Percorreu a pé o Paraguai, o Peru e parte da Amazônia. Entrou para a Companhia de Jesus em 1550.
Hans Staden – Mercenário alemão que veio para o Brasil com os espanhóis em 1551 e naufragou na ilha de Santa Catarina. Foi capturado pelos Tamoio em Bertioga (SP) em 1554.
Felipe de Guillen – Cristão-novo castelhano degredado para o Brasil em 1538. Deu as primeiras notícias sobre a existência de ouro nas Minas Gerais.

D. Duarte da Costa – Fidalgo português, presidente do Senado da Câmara em Lisboa e segundo governador-geral do Brasil. Acusado de corrupção.
D. Álvaro da Costa – Filho de Duarte da Costa, desafeto de Sardinha e herói da chamada Guerra de Itapuã. Acusado de corrupção.
Rodrigo Peçanha – Fidalgo, principal companheiro de D. Álvaro da Costa e suposto líder do "grupo de arruaceiros" que escandalizou Salvador. Mais tarde, rompeu com o filho do governador e tornou-se aliado do bispo Sardinha.
Pero Borges – Ouvidor no governo de Tomé de Sousa, acumulou o cargo de provedor-mor no governo de Duarte da Costa.

Equipe do segundo Governo-Geral

A AÇÃO

1546 *29 de abril* – Pero de Góis, donatário da capitania de São Tomé, envia carta ao rei D. João III alertando que, devido ao descaso da Coroa, "a terra do Brasil está em condição de se perder (...) antes de dois anos".
Segundo semestre – O donatário da capitania da Bahia, Francisco Pereira, o Rusticão, é morto e possivelmente devorado pelos Tupinambá na ilha de Itaparica.

1548 *12 de maio* – O colono Luís de Góis escreve para o rei afirmando que os franceses estão a um passo de se tornarem senhores do Brasil e clamando pelo apoio régio.
Segundo semestre – Entre julho e outubro, o rei e seus conselheiros decidem estabelecer o Governo-Geral no Brasil, com sede na Bahia. Os recursos para a colonização da América portuguesa sairão do depauperado Tesouro Régio.
19 de novembro – D. João III escreve para Caramuru informando-o da chegada iminente da expedição comandada por Tomé de Sousa, incumbida de construir uma "cidade-fortaleza" na baía de Todos os Santos.
17 de dezembro – Tomé de Sousa, Pero Borges e Antônio Cardoso de Barros são escolhidos respectivamente governador-geral, ouvidor-geral e provedor-mor da colônia. A Companhia de Jesus aponta o padre Manuel da Nóbrega para chefiar a primeira missão jesuíta no Novo Mundo.

1549

Fins de janeiro – Uma expedição comandada por Gramatão Teles chega à Bahia para encontrar Caramuru e preparar o terreno para o desembarque de Tomé de Sousa e sua equipe.

1º de fevereiro – A frota do governador zarpa de Lisboa.

29 de março – A expedição de Tomé de Sousa aporta na Bahia.

15 de abril – Duarte Coelho, donatário de Pernambuco, escreve ao rei criticando a criação do Governo-Geral e se mostra disposto a lutar pela autonomia de sua capitania.

1º de maio – Iniciam-se as obras e são pagos os primeiros ordenados aos operários encarregados da construção da Cidade do Salvador e de uma "fortaleza forte".

13 de junho – Uma procissão em comemoração ao dia de Corpus Christi percorre as ruas recém-traçadas da nova cidade.

1º de novembro – A festa de Todos os Santos marca, segundo alguns historiadores, a "inauguração" informal da primeira capital do Brasil.

10 de novembro – Morre o papa Paulo III, aliado e incentivador dos jesuítas.

1550

4 janeiro – O novo papa, Júlio III, assume o poder no Vaticano.

8 de janeiro – Pero de Góis, Pero Borges e Antônio Cardoso partem de Salvador para realizar a primeira viagem de inspeção à costa do Brasil. O jesuíta Leonardo Nunes segue com eles, levando de volta para o sul cinquenta índios Carijó que haviam sido ilegalmente escravizados em Santa Catarina.

11 de janeiro (a 5 de fevereiro) – A expedição vistoria a capitania de Porto Seguro.

26 de fevereiro (a 4 de março) – A expedição vistoria a capitania do Espírito Santo.

28 de abril (a 1º de agosto) – A expedição vistoria São Vicente.

Meados de outubro – Góis, Borges e Cardoso de Barros retornam à Bahia. O padre Leonardo Nunes é autorizado a permanecer em São Vicente, onde funda um colégio para doutrinar os Tupiniquim.

1551 *25 de fevereiro* – É criado o bispado do Brasil; D. Pero Fernandes Sardinha é escolhido primeiro bispo da América portuguesa.

13 de junho – O "mestre da pedraria" Luís Dias, responsável pela construção de Salvador, envia carta a seu superior dando como encerrada a primeira parte das obras da capital.

18 de junho – Tomé de Sousa, com o mandato vencido desde janeiro, escreve para o rei reclamando das condições de vida no Brasil e pedindo para voltar ao reino.

8 de setembro – Os colonos da capitania do Espírito Santo fundam a vila de Vitória.

1552 *24 de março* – O bispo Sardinha parte rumo ao Brasil.

22 de junho – O bispo desembarca em Salvador.

Julho – Nóbrega e Sardinha se desentendem. O bispo se mostra contrário à catequização dos indígenas.

1º de novembro – Impedido pelo rei de vistoriar Pernambuco, Tomé de Sousa parte em viagem de inspeção ao Sul do Brasil. Já rompido com Sardinha, o padre Nóbrega resolve acompanhar a expedição do governador.

27 de novembro – Após uma primeira e breve escala

em Ilhéus, o governador vistoria a capitania de Porto Seguro.
12 de dezembro – A expedição chega à capitania do Espírito Santo e a encontra em situação caótica.

Meados de janeiro – Tomé de Sousa e Manuel da Nóbrega chegam ao Rio de Janeiro. A expedição fica fundeada junto à ilha do Governador.

1553

16 de janeiro – Sousa e Nóbrega chegam a São Vicente. Nóbrega reencontra o padre Leonardo Nunes e conhece o colégio fundado por ele.

Fins de janeiro – Tomé de Sousa é procurado pelo capitão espanhol Juan de Salazar, que, detido em São Vicente, solicita auxílio para resgatar os sobreviventes de sua expedição, cujos navios haviam naufragado na ilha de Santa Catarina em setembro de 1551. Sousa autoriza o resgate. No mesmo período, o governador funda as vilas de Bertioga e Itanhaém.

1º de fevereiro – Tomé de Sousa sobe a serra de Paranapiacaba, funda a vila de Santo André e nomeia João Ramalho "guarda-mor do campo", determinando o bloqueio do caminho que une São Vicente a Assunção, no Paraguai.

3 de fevereiro – Tomé de Sousa parte para Salvador. Embora impedido de seguir para o Paraguai, como pretendia, o padre Nóbrega decide ficar em São Vicente.

1º de março – O fidalgo D. Duarte da Costa é nomeado em Lisboa o segundo governador-geral do Brasil.

Meados de abril – Ao fazer escala em Porto Seguro, Tomé de Sousa autoriza a partida de uma expedição rumo a Minas Gerais, sob o comando do colono Bruza de Espinosa.

1º de maio – Sousa chega de volta a Salvador, cinco meses após ter partido de lá.

8 de maio – A expedição de Duarte da Costa zarpa de Lisboa para o Brasil. O jesuíta Luís da Grã embarca com o novo governador.

1º de junho – Tomé de Sousa escreve para D. João III, faz um balanço de seus quatro anos e dois meses de governo e solicita outra vez seu retorno ao reino.

13 de junho – A expedição de Duarte da Costa aporta na Bahia. Tomé de Sousa deixa o Brasil e zarpa para Portugal.

29 de agosto – O padre Nóbrega sobe a serra de Paranapiacaba e determina a construção de uma capela e um colégio em Piratininga, junto à aldeia do líder Tupiniquim Tibiriçá, sogro de João Ramalho.

Setembro – Nóbrega percorre os sertões de Piratininga por cerca de um mês, depois de ter se encontrado com João Ramalho pela primeira vez.

1º de novembro – Em Salvador, o bispo Sardinha faz um sermão contra D. Álvaro da Costa, filho do novo governador. Iniciam-se as "guerras civis" entre o grupo do bispo e a facção liderada por Duarte da Costa.

Novembro – Autorizada seis meses antes por Tomé de Sousa, a expedição de Bruza de Espinosa parte em direção a Minas Gerais. É a primeira entrada oficial dos portugueses nos sertões do Brasil. O jesuíta Azpilcueta Navarro acompanha a marcha.

Dezembro – O deão Gomes Ribeiro e o chantre Francisco de Vacas tentam destituir o bispo Sardinha. O conflito entre facções do clero, aliados do bispo e membros do governo eclode com todo o vigor na Bahia.

1554 *2 de janeiro* – Morre em Lisboa, aos 18 anos, o príncipe D. João, herdeiro do trono e último filho vivo de D. João III.

20 de janeiro – Nasce D. Sebastião, filho do finado

príncipe D. João, neto de D. João III e novo herdeiro do trono.

25 de janeiro – Manuel da Nóbrega, com 11 jesuítas, funda em Piratininga o Colégio de São Paulo.

Fins de janeiro – O mercenário alemão Hans Staden (que chegara a São Vicente em 1552 com a expedição de Juan de Salazar) é capturado pelos Tamoio em Bertioga.

Março a outubro – Auge das "guerras civis" entre o bispo Sardinha e o governador Duarte da Costa.

Fins de outubro – Hans Staden é libertado pelos Tamoio, volta para a Europa e escreve um livro que o torna famoso.

15 de novembro – Em Salvador, Duarte da Costa demite o provedor-mor Antônio Cardoso de Barros. O ouvidor-geral Pero Borges, aliado de D. Duarte, assume o cargo, acumulando as duas funções.

Dezembro – O bispo Sardinha excomunga Pero Borges.

1555

23 de março – Em Roma, morre o papa Júlio III.

1º de maio – Marcelo II, sucessor de Júlio III, morre em Roma apenas 38 dias depois de se tornar papa.

23 de maio – Paulo IV, inimigo declarado dos jesuítas, torna-se papa.

26 de maio – Os Tupinambá desferem um ataque contra Salvador.

1º de junho – Álvaro da Costa lidera a resistência contra os indígenas, incendeia mais de dez aldeias, mata centenas de guerreiros Tupinambá e vence a chamada Guerra de Itapuã. Ao voltar para Salvador, o filho do governador é aclamado como herói.

10 de junho – Duarte da Costa escreve ao rei descrevendo a guerra e a vitória dos portugueses e afirma que o povo de Salvador é contrário à partida de D. Álvaro, que D. João III mandara chamar de volta a Portugal.

12 de junho – D. Álvaro é obrigado a pedir perdão ao bispo, segundo o depoimento dos jesuítas.

Junho – A expedição de Bruza de Espinosa retorna do sertão depois de ter chegado à região das Minas Gerais, mas sem encontrar ouro.

10 de novembro – O francês Nicolas Villegaignon desembarca no Rio de Janeiro e funda, na baía de Guanabara, a chamada França Antártica.

1556 *23 de maio* – Nóbrega parte de São Vicente de volta para Salvador.

2 de junho – Chamado pelo rei de volta a Portugal, Sardinha zarpa da Bahia. Junto com ele seguem o demitido provedor da Fazenda, Cardoso de Barros, e cerca de cem outros portugueses, a maioria dos quais adversários de Duarte da Costa.

15 de junho – A nau *N. S. da Ajuda*, que transporta Sardinha e Cardoso de Barros, naufraga na barra do rio Coruripe, no litoral da Paraíba. Todos os cerca de cem tripulantes sobrevivem ao desastre.

16 de junho – Sardinha, Cardoso de Barros e a maioria de seus acompanhantes são mortos (e, provavelmente, devorados) pelos Caeté.

23 de junho – Em Lisboa, o desembargador Mem de Sá é nomeado terceiro governador-geral "das partes do Brasil".

Fins de agosto – A notícia do naufrágio e da morte do bispo, do provedor-mor e de cerca de cem portugueses chega a Salvador. Duarte da Costa e seus aliados festejam a tragédia.

18 de dezembro – Vereadores dissidentes da Câmara de Salvador escrevem para o rei clamando "em nome do povo e pelas chagas de Cristo que D. Duarte se vá".

1557

10 de janeiro – O conde da Castanheira escreve um libelo lamentando o fato de D. João III não o ter feito marquês, como prometido.

22 de janeiro – O papa Paulo IV declara guerra à Espanha de Felipe II.

30 de abril – A expedição de Mem de Sá parte de Lisboa para o Brasil. No mesmo dia, morre na Bahia o jesuíta Azpilcueta Navarro.

7 de junho – Felipe II, já em guerra contra os Estados Papais, declara guerra à França de Henrique II.

11 de junho – Morre em Lisboa, aos 55 anos, o rei D. João III.

16 de junho – D. João III é enterrado no mesmo dia em que seu neto, D. Sebastião, é aclamado rei. A rainha D. Catarina assume a regência durante a menoridade do monarca, de apenas 3 anos.

31 de julho – Morre em Roma o fundador da Companhia de Jesus, Inácio de Loyola.

3 de outubro – Morre em Assunção o ríspido e controverso governador do Paraguai, Domingo de Irala.

5 de outubro – Morre em Salvador Diogo Álvares Caramuru.

22 de outubro – Nessa data, o conde da Castanheira já havia sido afastado do cargo de vedor da Fazenda, substituído por seu primo Tomé de Sousa.

28 de dezembro – Mem de Sá chega à Bahia "oito meses menos dois dias" depois de ter zarpado de Lisboa. O novo governador toma posse no dia 3 de janeiro de 1558.

A MOEDA

Havia duas moedas em circulação em Portugal no século XVI: o cruzado e o real. O cruzado pesava 3,5 gramas de ouro, era reservado para as grandes transações monetárias e valia 400 reais. O real era a moeda de conta – ou "dinheiro de contado", como se dizia –, utilizado pela população no dia a dia. Por volta de 1580, o plural de real (até então "reais") passou a ser grafado "réis". Abaixo, alguns preços e salários (ou "soldos", conforme a designação da época) praticados em Portugal e no Brasil no período abrangido por este livro. Por coincidência, os valores nominais são muito similares aos vigentes em 2006 no Brasil.

Menor soldo geralmente pago em Portugal:
360 reais por mês
Soldo médio de um pedreiro:
600 reais por mês
Soldo médio de um marinheiro:
900 reais por mês
Rendimentos de um escrivão:
40 mil reais por ano
Rendimentos de um corregedor de justiça:
170 mil reais por ano
Rendimentos do governador-geral Tomé de Sousa:
400 mil reais por ano
Rendimentos do provedor-mor Cardoso de Barros:
200 mil reais por ano
Soldo do "mestre da pedraria" Luís Dias:
72 mil reais por ano

Preço de uma dúzia de ovos (em Portugal):
7 reais
Preço de 1 litro de vinho (em Portugal):
13 reais
Preço de 1 quilo de farinha de mandioca (no Brasil):
8 reais
Preço de 1 quilo de carne de gado (no Brasil):
20 reais
Preço de uma enxada (no Brasil):
150 reais
Preço de uma espada (no Brasil):
450 reais
Preço da melhor casa de Salvador (em 1551):
80 mil reais
Preço de um terreno (22 metros de frente) em Salvador:
13 mil reais
Preço de uma nau (em Portugal):
2.500 cruzados (ou 1 milhão de reais)

Custo aproximado do estabelecimento do Governo--Geral e da construção da cidade de Salvador:
1 milhão de cruzados (ou 400 milhões de reais)
Total dos recursos do Tesouro Régio português (em 1547):
3 milhões e 200 mil cruzados
Total da dívida externa de Portugal (em 1547):
3.881.720 cruzados

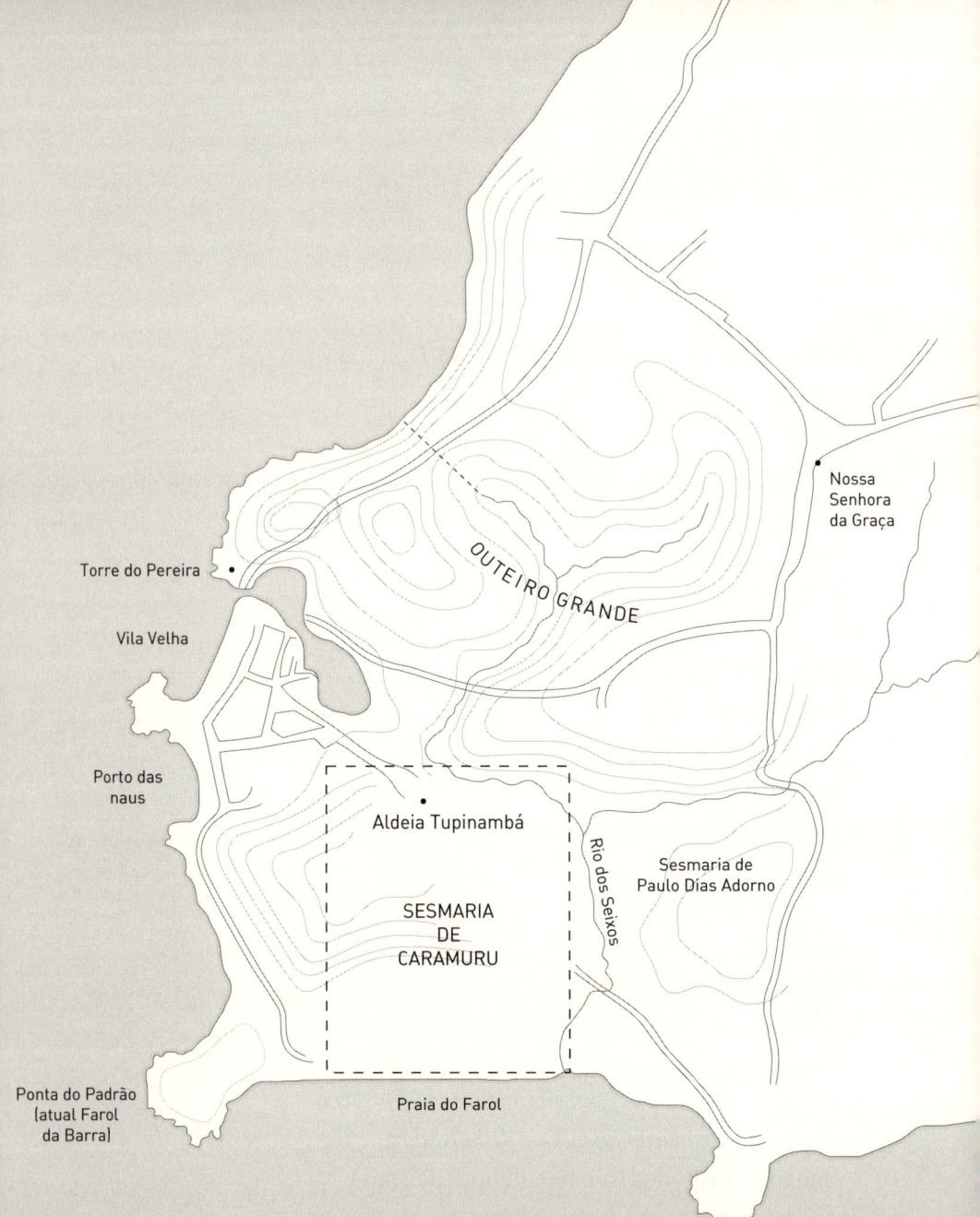

INTRODUÇÃO

Restavam apenas destroços. Ainda assim, tão logo a caravela comandada por Gramatão Teles contornou a ponta do Padrão e penetrou na baía de Todos os Santos, o capitão e seus homens avistaram a Vila do Pereira – ou o que sobrava dela.

A antiga povoação se erguia numa pequena enseada na margem esquerda da baía, bem próxima à saída para o oceano. Antes mesmo de desembarcar, os recém-chegados devem ter percebido que, virtualmente, nada poderia ser aproveitado do vilarejo que fora a sede da capitania da Bahia.

A torre do Pereira, um prédio de pedra e cal com dois andares de altura, jazia em ruínas. Depois de meses jogados na praia, os quatro canhões que a guarneciam tinham sido levados por franceses que recolhiam pau-brasil à revelia das leis de Portugal. Da cerca de toras, a antiga "tranqueira" de pau a pique erguida ao redor do vilarejo, sobravam apenas troncos calcinados.

As casas de barro e palha haviam sido arrasadas, e as casas de pedra, chamuscadas e sem telhado, só abrigavam insetos. Quando o vento soprava de sudeste, portas e janelas batiam lugubremente.

A desoladora visão que a Vila do Pereira oferecia naquele princípio de verão de 1549 era um retrato em cores dramáticas da situação em que se encontravam as demais capitanias espalhadas pelo litoral do Brasil. Implantado 15 anos antes, em março de 1534, o regime das donatarias surgira como a solução mais engenhosa para dar início à ocupação da América portuguesa. Com sua atenção e os recursos do Tesouro Régio voltados para as riquezas do Oriente, o rei D. João III e seus conselheiros haviam transferido para a iniciativa particular a responsabilidade de ocupar o vasto território sul-americano, até então praticamente abandonado trinta anos após a descoberta de Cabral.

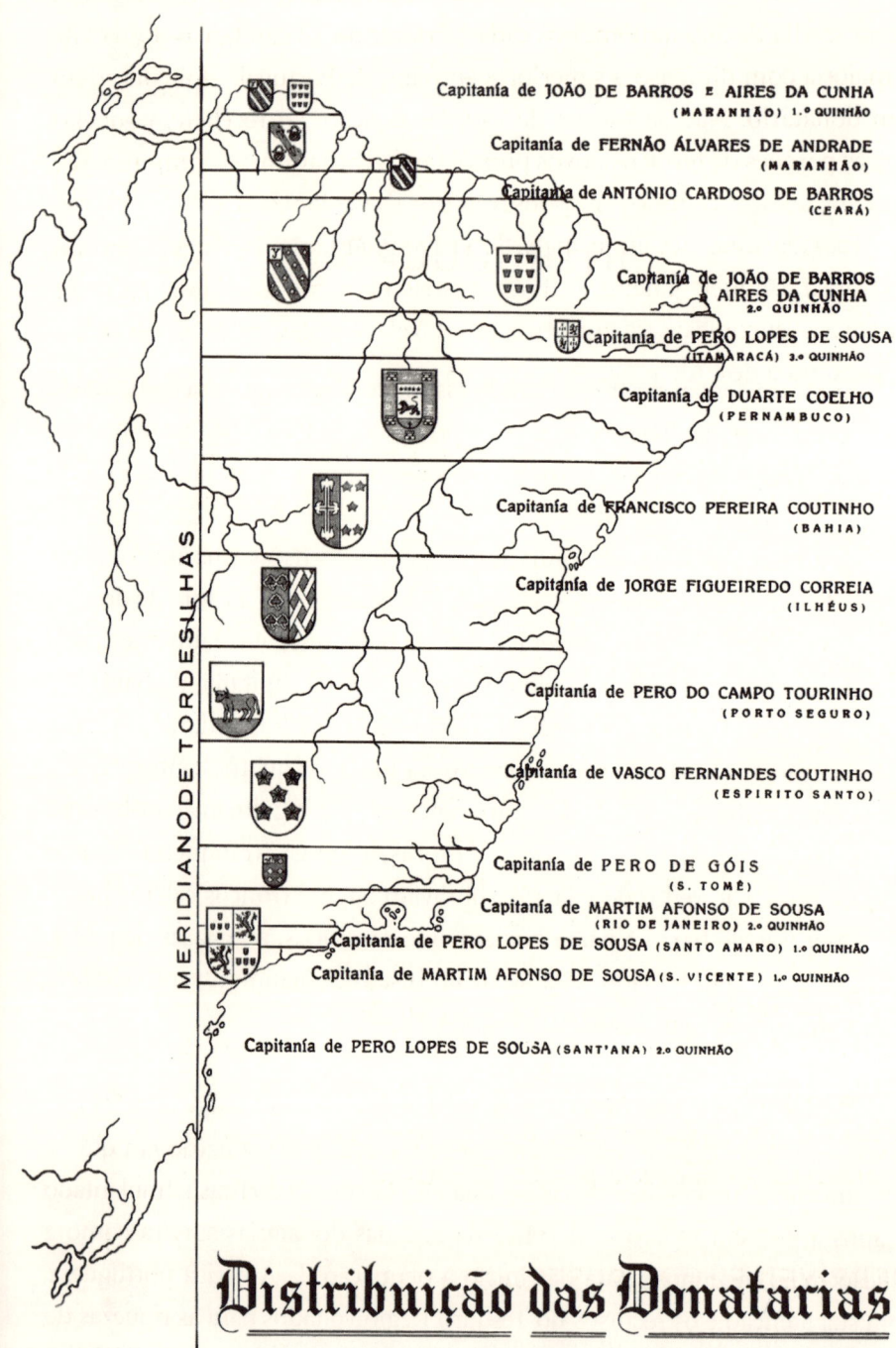

Cerca de 5 mil quilômetros da costa foram divididos em 15 lotes, com largura média de 300 quilômetros cada, perfazendo 12 capitanias. Cada lote – a maioria com dimensões superiores ao reino de Portugal – foi concedido a um donatário. Não se tratava de simples doação: ao receberem aquelas imensas porções de terra, os novos proprietários tornavam-se, compulsória e automaticamente, os únicos responsáveis por sua colonização.

Passada uma década e meia de sua implantação, o sistema entrara em colapso. Naquele janeiro de 1549, apenas Pernambuco – uma entre 12 capitanias – encontrava-se em situação estável. Nos demais lotes, reinava a desolação ou a desordem.

Nas remotas capitanias do Norte, as tentativas de ocupação tinham redundado em naufrágios e tragédias, e elas nunca chegaram a ser colonizadas. Em duas outras donatarias a revolta dos indígenas contra os abusos dos colonos provocara devastação: Ilhéus (cedida a Jorge de Figueiredo Correia, tesoureiro do reino) havia sido atacada pelos ferozes Aimoré, e São Tomé (que pertencia ao capitão Pero de Góis) fora destruída pelos ainda mais temíveis Goitacá. As capitanias de Itamaracá e do Espírito Santo estavam nas mãos de comerciantes ilegais de pau-brasil, tanto portugueses como franceses, enquanto Porto Seguro se achava à beira de uma guerra civil, com seu donatário, Pero do Campo Tourinho, preso pelos colonos e, após um processo espúrio, enviado a ferros para os tribunais da Inquisição em Lisboa. Isolada nas lonjuras do litoral sul, São Vicente sobrevivia a duras penas. Nos três lotes restantes, sequer houve tentativa de ocupação: a capitania do Ceará (que pertencia ao funcionário do Tesouro Régio Antônio Cardoso de Barros), o lote do Rio de Janeiro (que era parte da capitania de São Vicente e pertencia ao fidalgo Martim Afonso de Sousa) e a capitania de Sant'Ana (hoje Paraná e Santa Catarina, do militar Pero Lopes de Sousa, irmão de Martim Afonso) permaneceram abandonadas por seus donatários.

O TERRÍVEL FIM DO RUSTICÃO

Nenhum caso, porém, era mais revelador do que aquele que se desenrolara na capitania da Bahia, onde a caravela de Gramatão Teles agora lançava âncora.

Com 50 léguas (ou cerca de 300 quilômetros) de costa, a Bahia fora doada ao fidalgo da Casa Real Francisco Pereira Coutinho, homem "de grande fama e cavalarias em a Índia",[1] filho do alcaide-mor (chefe militar) da cidade de Santarém, em Portugal. Conhecido pela rudeza, Pereira recebera no Oriente o apelido de "Rusticão". Já estava "velho e doente",[2] segundo o donatário de Pernambuco, Duarte Coelho, quando chegou ao Brasil para colonizar a capitania que recebera em abril de 1534. Com o dinheiro adquirido em saques na Índia, o Rusticão armou uma frota e, entre parentes e colonos, trouxe cerca de 120 pessoas para o Brasil.

Pereira e sua gente desembarcaram na Bahia, uma das mais magníficas porções do litoral sul-americano, no verão de 1536. Além dos "bons ares", das "boas águas" e da fertilidade da terra ("os algodões são os mais excelentes do mundo, o açúcar se dará quanto quiserem; a terra dará tudo o que lhe deitarem",[3] relatou o donatário ao rei com ardente

A VILA VELHA
O núcleo original da capitania da Bahia surgiu em uma enseada muito próxima à ponta do Padrão – o promontório que marca o local onde as águas do oceano Atlântico se encontram com as águas interiores da baía de Todos os Santos e sobre o qual foi erguido o farol da Barra. Na imagem abaixo, pintada na década de 1920 por Diógenes Rebouças, o lugar conserva o ar bucólico que certamente possuía a Vila do Pereira, erguida mais de quatrocentos anos antes. Até a década de 1940, a Vila Velha e o porto da Barra de fato se mantiveram como um típico "arrabalde de veraneio", embora ficassem a pouco mais de 5 quilômetros do centro de Salvador.

entusiasmo), a capitania ficava no centro da costa do Brasil e podia ser alcançada com facilidade a partir de Portugal. Além disso, já era um território bem conhecido pelos europeus e, havia quase três décadas, ali vivia o mais afamado dos náufragos portugueses radicados no Brasil, Diogo Álvares, o Caramuru. Junto a ele, agrupavam-se duas centenas de Tupinambá, trabalhando sob seu comando e em seu benefício.

Nenhum dos demais capitães do Brasil haveria de desfrutar de circunstâncias tão favoráveis quanto Francisco Pereira Coutinho.

A princípio, tudo correu bem para o donatário. Ele se instalou nas cercanias da atual praia da Barra, quase ao lado da ponta do Padrão (onde hoje se ergue o farol da Barra, um dos pontos turísticos mais conhecidos de Salvador), bem próximo à entrada da baía de Todos os Santos (*veja mapas nas págs. 8 e 22*). À sombra de uma colina e diante de uma pequena enseada, surgiu um povoado com cerca de trinta casas, cercado por uma paliçada de pau a pique, próxima à qual foi construída uma torre em estilo medieval, guarnecida por quatro canhões (*abaixo*). Era a Vila do Pereira – mais tarde Vila Velha.

Assim que se estabeleceu, o donatário iniciou a distribuição de sesmarias dentro do Recôncavo, favorecendo, como de praxe, os fidalgos que o tinham acompanhado naquela aventura tropical. Mas o interior da baía era habitado por alguns milhares de Tupinambá (cerca de "cinco ou seis mil homens de peleja",[4] de acordo com os relatos da época), e as desavenças que precipitariam o triste fim do Rusticão e de sua capitania parecem ter se iniciado logo nos primeiros anos.

É provável que os colonos mais abastados – entre os quais o espanhol Afonso de Torres (ex-arrendatário do tráfico de escravos na ilha de São Tomé, na costa ocidental da África) e o fidalgo João de Velosa –, que haviam erguido engenhos de açúcar em Paripe e Pirajá, no interior do Recôncavo, tenham deflagrado incursões para escravizar os nativos, forçando-os a trabalhar nas suas plantações de cana.

Os Tupinambá reagiram e, sem demora, passaram ao ataque.

A torre do Pereira

Quando a guerra rebentou, por volta de 1540, o Rusticão já estava isolado. Além de não saber "usar com a gente como bom capitão", Pereira era "mole para resistir às doidices e desmandos dos doidos e mal ensinados",[5] segundo assegurou ao rei o donatário de Pernambuco. Por isso, não só havia perdido o apoio de Caramuru e de seus aliados indígenas – acostumados a comerciar com os franceses – como estava rompido com a maioria dos colonos. Supõe-se que as investidas dos nativos tenham sido incentivadas pelos próprios desafetos de Pereira e, talvez, até por Caramuru.

O assédio dos Tupinambá tornou-se progressivamente audacioso, e, ao longo de cinco anos, com pequenos intervalos de trégua, a fome, a sede e a morte assombraram a Vila do Pereira. Em fins de 1545, os portugueses se encontravam encurralados no exíguo espaço entre o mar e a muralha que protegia a vila. Eram uns cem colonos cercados por mais de mil Tupinambá brandindo tacapes, lançando flechas incendiárias, produzindo nuvens tóxicas com a combustão de pimenta e ervas venenosas.

Foi então que Francisco Pereira acabou vítima do ardil de um tal João Bezerra, "clérigo de missa", ou seja, um padre, tido como "aventureiro sem escrúpulos que se valia das vestes sacerdotais para proteger seus crimes"[6] e que, cerca de um ano antes, havia sido expulso da vila pelo próprio Pereira. Em meio ao confronto com os indígenas, com as "tranqueiras" da vila cada vez mais frágeis, o padre Bezerra retornou à baía de Todos os Santos. Mancomunado com alguns dos muitos inimigos pessoais do Rusticão, mentiu que voltava de Portugal e, munido de um alvará falso, decretou a destituição do donatário.

Pereira escapuliu, buscando refúgio na capitania de Porto Seguro, uns 400 quilômetros ao sul da baía de Todos os Santos. Desalentado, lá ficou por um ano, sem empreender a reconquista de sua donataria e "sem nunca pôr nenhuma diligência acerca de a povoar",[7] como queixou-se ao rei o capitão de Porto Seguro, Pero do Campo Tourinho, que lhe dera abrigo.

Após a fuga do Rusticão, o padre Bezerra e os homens que o haviam destituído simplesmente desistiram de enfrentar os Tupinambá e retiraram--se, por mar, da Bahia. A vila então foi tomada pelos indígenas; sua torre e suas casas destruídas, seus armazéns saqueados. Franceses exploradores de pau-brasil, que frequentavam a baía de Todos os Santos havia pelo menos três décadas, chegaram em seguida. Recolheram os canhões que os nativos deixaram jogados na praia, juntaram as mercadorias que escaparam dos saques e partiram para a França com a promessa de retornar dali "a quatro meses"[8] para reconstruir a fortaleza e se instalar na Bahia.

Temendo a acusação de ter facilitado a manobra dos franceses – com os quais negociara durante mais de vinte anos (tendo, segundo alguns autores, até visitado a França em 1528 e lá se casado com sua mulher nativa, Catarina Paraguaçu) –, Caramuru julgou prudente alertar Rusticão sobre os planos dos temíveis rivais dos portugueses e, a bordo de uma chalupa, dirigiu-se a Porto Seguro. Informado do plano dos franceses, Pereira percebeu que era chegada a hora de reagir – se não em nome de seus interesses, pelo menos em defesa da soberania de seu rei, D. João III.

A bordo do barco de Caramuru, o donatário destituído zarpou de volta para sua capitania. Quando a embarcação entrava na baía de Todos os Santos, uma corrente mais forte a empurrou contra o arrecife das Pinaúnas, na ponta sul da ilha de Itaparica. O naufrágio foi inevitável. Os homens que não morreram no mar caíram prisioneiros dos Tupinambá. O Rusticão estava entre os que escaparam da fúria das águas, mas foi logo reconhecido e capturado pelos nativos.

Então o velho cavaleiro da Casa Real, famoso por suas estripulias "em a Índia", foi morto ritualmente. A tradição assegura que um garoto de 5 anos, cujo irmão Pereira havia mandado matar, foi quem empunhou, com a ajuda de um guerreiro, o tacape que rachou o crânio do infeliz donatário.

Ocorrida no segundo semestre de 1546, a morte de Francisco Pereira Coutinho mudou o curso da história do Brasil.

UM GRITO DE ALERTA

Mais do que uma tragédia pessoal, o fim do Rusticão foi visto como um sinal evidente de que o regime das capitanias hereditárias virtualmente falira. Vítima de sua imprevidência e inabilidade como capitão, o donatário da Bahia fora prejudicado também por homens inescrupulosos (como o clérigo João Bezerra) e pela ganância de seus colonos, cujas agressões provocaram a reação dos indígenas (permanentemente insuflados pelos franceses e por dissidentes portugueses). Esses mesmos ingredientes, combinados em maior ou menor escala, já haviam precipitado a derrocada de pelo menos outras seis donatarias.

A notícia da trágica morte de Pereira levou meses para chegar às demais capitanias. Quando, enfim, se espalhou pela costa, soou como um alerta que os outros capitães do Brasil não puderam ignorar. Temendo o que poderia ser o próprio destino, alguns deles apressaram-se em implorar o apoio e a interferência do rei, mesmo que, implicitamente, isso viesse a significar a supressão de seus poderes e restrições à sua autonomia.

Um apelo dramático já havia partido da capitania de São Tomé (localizada entre os atuais estados do Rio do Janeiro e do Espírito Santo): "A terra do Brasil, se não a acodem, está em condição de se perder", dissera ao rei o donatário Pero de Góis, em carta escrita em 29 de abril de 1546. "Tudo é fruto da pouca justiça e do pouco temor a Deus e a Vossa Alteza que em algumas partes dessa terra há, e, se a dita terra não for provida por Vossa Alteza, perder-se-á todo o Brasil antes de dois anos."[9]

Dois anos se passaram sem que o rei tomasse qualquer atitude. A situação tornou-se ainda mais desesperadora: a capitania de São Tomé foi totalmente devastada pelos Goitacá, e Pero de Góis e os colonos sobreviventes tiveram de fugir de lá. Então, em 12 de maio de 1548, o irmão do donatário, Luís de Góis – já refugiado na vila de Santos, no litoral de São Paulo –, ousou dirigir-se a D. João III.

"Se com tempo e brevidade Vossa Alteza não socorre a estas capitanias e Costa do Brasil", assegurou Góis, "ainda que nós percamos as vidas e fazendas, Vossa Alteza perderá a terra, e, que nisso perca pouco, aventura a perder muito porque não está em mais de serem os franceses senhores dela (...), e, depois de terem um pé no Brasil, temo aonde vão querer e podem ter o outro."[10]

AS NOVAS REGRAS DO JOGO

Mais do que a morte de Francisco Pereira Coutinho e a derrocada da capitania da Bahia, o desesperado apelo de Luís de Góis tem sido apontado pelos historiadores como o impulso que faltava para que o rei D. João III e seus conselheiros deflagrassem o processo que iria resultar no estabelecimento do Governo-Geral no Brasil. Dificilmente, no entanto, se pode traçar uma relação de causa e efeito tão direta entre a carta e o surgimento do novo regime. Em primeiro lugar, Luís de Góis era um mero colono – ele mesmo se desculpa por estar escrevendo para o rei –, e D. João III não costumava responder nem às missivas de Duarte Coelho, donatário de Pernambuco, homem de origem fidalga, ex-embaixador de Portugal no reino do Sião (hoje Tailândia) e o mais bem-sucedido dos capitães do Brasil. Além disso, redigida em maio de 1548, a carta de Góis não poderia ter chegado ao reino antes de setembro/outubro daquele ano, uma vez que a viagem de Santos a Lisboa levava no mínimo quatro meses (*veja nota ao lado*).

Ora, em 19 de novembro, como se verá, a decisão de estabelecer o Governo-Geral no Brasil já estava tomada. E tratava-se de uma resolução grave – e cara – demais para ter se concretizado em apenas um mês, especialmente quando se sabe que D. João III, tido como um rei "papeleiro",[11] era morosíssimo em suas deliberações e vivia enredado na teia complexa de sua burocracia.

A verdade é que, embora trágica, a morte do Rusticão revelou-se oportuna para os interesses do rei D. João III, e há de ter sido ela – bem mais que o alerta de Luís de Góis – que deflagrou o processo de criação do Governo-Geral. Afinal, o falecimento de Pereira abria a possibilidade de o rei "chamar para si" uma capitania. E não uma capitania qualquer: localizada no centro do território a ser colonizado, a Bahia era tida como a porção mais estratégica da costa do Brasil, pois, a partir dali, seria mais fácil enviar socorro tanto para as capitanias do Sul quanto para as do Norte. Os "bons ares", as "boas águas" e a fertilidade da terra também eram notórios. Decidiu-se, assim, que às margens da baía de Todos os Santos

A HISTÓRIA NO PAPEL

A estreita conexão estabelecida pelos historiadores entre a carta de Luís de Góis e a formulação de um novo modelo administrativo para a América portuguesa demonstra o quanto a história oficial é construída através de documentos (ou fragmentos deles) cuja preservação em arquivos, o eventual achado por pesquisadores e a consequente publicação configuram um processo quase aleatório. A carta de Góis, preservada na gaveta número I, 80, 110 do Corpo Cronológico, na torre do Tombo, em Lisboa, foi encontrada por Francisco Adolfo de Varnhagen em 1845. Desde então, a maior parte dos livros de história do Brasil serve-se dela para justificar a instituição do Governo-Geral.

ETERNO ENQUANTO DURAR

Apenas 15 anos haviam se passado desde que o rei doara "para todo o sempre" as capitanias do Brasil para seus respectivos donatários. Mas o Rusticão não só perdera a vida como já havia dissipado toda a sua fortuna. Tão pobres teriam ficado sua mulher e seus filhos que, segundo frei Vicente do Salvador, "acabaram seus dias num hospital de caridade". D. João III pôde, desse modo, readquirir o lote por um preço baixo. Mas o processo de compra da capitania da Bahia pelo rei não foi imediato nem tranquilo. Os herdeiros de Pereira travaram uma longa batalha judicial com a Coroa, só encerrada após três décadas, quando o neto do Rusticão, Manuel Coutinho, vendeu definitivamente a capitania para o neto de D. João III (o rei D. Sebastião) por 400 mil reais de juros anuais, pagos com as rendas da alfândega da Bahia. Acima, o brasão de Francisco Pereira Coutinho.

seria fundada uma "cidade-fortaleza" destinada a ser "como um coração no meio do corpo",[12] conforme as palavras de frei Vicente do Salvador.

Cabe salientar ainda que Pereira foi morto quase que exatos 15 anos depois do estabelecimento do regime das capitanias. E sabe-se que, tanto em Portugal como na Espanha, havia a prática de entregar à iniciativa privada a responsabilidade de ocupar e colonizar determinado território; passada uma década e meia, a burocracia real retomava o poder, apropriando-se de uma empresa em andamento. Isso já ocorrera nos territórios dos Açores, Cabo Verde, México e Peru.

Tudo indica que o processo de maturação do Governo-Geral tenha se prolongado do final de 1546 (quando a notícia da morte do donatário da Bahia chegou ao reino) até meados de 1548 (quando o projeto foi oficialmente anunciado). Os motivos para a demora são óbvios: além de marcar uma guinada na política imperial de Portugal em relação a seu território americano, lançar as bases do futuro Estado do Brasil implicaria alto investimento.

Para reorganizar o processo de ocupação e colonização da América portuguesa, seria necessário investir cerca de 400 mil cruzados, o equivalente a 1,4 tonelada de ouro. Dessa vez, porém, o dinheiro não viria de investidores particulares, arrendatários ou especuladores, mas do Tesouro Régio. Tesouro, aliás, progressivamente depauperado, pois Portugal atravessava uma grave crise econômica que, desde 1537, só fazia crescer. Em 1547, o reino possuía em caixa pouco mais de 3 milhões de cruzados, mas devia 3 milhões e 880 mil, a maioria em empréstimos externos, a juros de 25% ao ano.

Criar o Governo-Geral no Brasil significaria, portanto, despender mais de 1/8 da receita régia num momento em que a Coroa devia mais do que arrecadava. Para investir tanto dinheiro em um território que, até então, era o menos rentável dentre todas as possessões ultramarinas portuguesas, o rei D. João III e seus assessores precisavam ter bons motivos. Evidentemente, eles os tinham – e de várias ordens.

Em 1548, a América portuguesa, além de pouco lucrativa, era pouco povoada por europeus: não mais do que 2 mil colonos viviam no Brasil. As circunstâncias que levaram à decisão de que, ainda assim, ela deveria ser colonizada e integrada ao reino estavam ligadas a uma política imperial na qual o definhamento financeiro da Índia lusitana, o avanço muçulmano no Marrocos e no Mediterrâneo e as sempre instáveis relações de Portugal com as Coroas vizinhas (Espanha e França) desempenharam papel preponderante.

Embora a instauração do Governo-Geral não extinguisse o regime das capitanias, restringiria consideravelmente o poder e a autonomia dos donatários. E essa também era uma decisão inteiramente coerente com o novo quadro político e ideológico que se delineava em Portugal e no resto da Europa Ocidental.

O PODER DOS "LETRADOS"

Uma profunda transformação político-administrativa desenrolava-se na Península Ibérica. Esse novo regime era inteiramente incompatível com a ampla liberdade de ação e a autonomia político-econômica anteriormente concedidas aos capitães do Brasil. Estava em andamento o

Um letrado

que os historiadores chamam de "construção e consolidação do Estado moderno".[13] Não se tratava de um processo inteiramente novo. Em Portugal, por exemplo, ele começara com D. João II (rei de 1481 a 1495) e tivera continuidade com D. Manuel (que ocupou o trono de 1495 a 1521). Foi, porém, na segunda metade do reinado de D. João III que o movimento adquiriu dimensões notáveis.

O Estado português começara a estabelecer, a partir de 1540, uma série de mecanismos que lhe haviam permitido aumentar o controle, a coerção e o domínio sobre seus súditos. Essas novas e eficientes formas de exercício do poder incluíam a realização de recenseamentos populacionais (os chamados "numeramentos", como os realizados em 1527 e 1532), alistamento militar obrigatório, definição mais rígida das fronteiras do reino e criação de um sistema judicial mais poderoso e intrusivo – além, é claro, de formas de tributação mais amplas, associadas a métodos de cobrança mais eficientes.

Os novos mecanismos de controle desse governo mais forte, centralizado e "racional" iriam se tornar presentes não só no cotidiano daqueles que viviam em Portugal: tão cedo quanto possível, seriam exportados para os territórios ultramarinos. O estabelecimento do Governo-Geral – e a consequente submissão dos capitães-donatários e seus colonos à autoridade central da Coroa – desponta como a face mais visível desse processo em relação ao Brasil.

Para cobrar e controlar, vigiar e punir seus súditos, submetendo-os ao cumprimento de uma série de novas obrigações civis, os Estados modernos emergentes se viram na contingência de criar vastos e complexos aparelhos burocráticos – um conjunto de órgãos e servidores responsável pelo funcionamento e manutenção do sistema judiciário, do fisco e das forças armadas, ou seja, o corpo administrativo como um todo. Um paradoxo instaurou-se então no seio desses Estados progressivamente centralizados e autônomos: o rei e seus colaboradores mais próximos (no caso de Portugal, os homens que constituíam o Conselho Régio) tornaram-se, virtualmente, reféns de uma burocracia estatal tentacular que florescia à sombra do crescente poderio do Estado.

Com o passar dos anos, desembargadores, juízes, ouvidores, escrivães, meirinhos, cobradores de impostos, vedores, almoxarifes, administradores e burocratas em geral – os chamados "letrados" – encontraram-se em posição sólida o bastante para instituir uma espécie de poder paralelo, um "quase Estado" que, de certo modo, conseguiria arrebatar das mãos do rei as funções administrativas. Esse funcionalismo tratou de articular também fórmulas legais e informais para se transformar em um grupo autoperpetuador, na medida em que os cargos eram passados de pai para filho, ou então para parentes e amigos próximos.

Embora recebessem altos salários, muitos burocratas engordavam seus rendimentos com propinas e desvio de verbas públicas. Inúmeras evidências permitem afirmar que, na Península Ibérica, a máquina administrativa não era apenas ineficiente, mas corrupta. Outra de suas características mais notórias é que o número de funcionários destacados para o cumprimento de qualquer função revelava-se, na maioria dos casos, bem superior ao necessário para a realização do trabalho.

Em Portugal, tanto a Justiça quanto a Fazenda encontravam-se nessa situação. A Casa de Suplicação (o tribunal de última instância), permanentemente sobrecarregada de processos, era famosa "pela lerdeza e avareza de seus magistrados".[14] Já a Casa dos Contos, núcleo de controle das receitas e despesas do reino, era alvo frequente de investigações oficiais, geralmente incapazes de evitar "as fugas de prestação de contas à Fazenda, que se faziam sob as mais variadas formas".[15]

As autoridades judiciárias e fiscais que, a partir de março de 1549, iriam desembarcar no Brasil com a missão de instalar o Governo-Geral enquadram-se nesse perfil. O ouvidor-geral (grosso modo, uma espécie de ministro da Justiça), desembargador Pero Borges, e o provedor-mor (quase um ministro da Fazenda) Antônio Cardoso de Barros, além de ganharem bastante bem e terem obtido seus cargos graças a indicações nos meandros da Corte, desempenhavam suas funções assessorados por contingentes de funcionários "em número sem dúvida desproporcionado para as coisas do governo".[16] Além disso, ambos – Pero Borges antes de vir para o Brasil e Cardoso de Barros depois – foram acusados de desviar dinheiro do Tesouro Régio. Quanto ao primeiro bispo do Brasil, Pero Fernandes Sardinha, ele provocaria uma onda de indignação na colônia ao perdoar os pecados dos fiéis em troca de dinheiro.

A "GRANDE VIRAGEM"

No mesmo instante em que os homens do rei preparavam-se para se transferir para a Bahia, tanto Portugal como Espanha – e a Europa católica em geral – viviam um período de fechamento político e ideológico. Aquela "revolução conservadora" tinha múltiplas faces e inúmeros braços, todos articulados ao crescente poder do Estado.

O cenário político-ideológico no qual D. João III e seus conselheiros decidiram estabelecer o Governo-Geral no Brasil é fruto do que alguns historiadores portugueses chamam de "grande viragem". Tal viragem se constitui basicamente no processo de gestação e implantação da Contrarreforma na Península Ibérica.

Mais de trinta anos se haviam passado desde que o frade alemão Martinho Lutero pregara suas *95 Teses* na porta da igreja de Wittenberg, em outubro de 1517. Três décadas de perplexidade e inquietude haviam abalado a Igreja Católica Apostólica Romana. No inverno de 1545, a reação se iniciou com a instalação do Concílio de Trento, o nascimento da Contrarreforma e o recrudescimento da Inquisição. Tão logo a ortodoxia do catolicismo tornou-se uma obsessão, toda e qualquer atividade intelectual que sugerisse maiores liberdades individuais passou a ser vista como "heterodoxia luterana" – e, por conseguinte, reprimida com vigor.

Em Portugal, a liberdade de pensamento começou a ser substituída pelo oposto, com o crescente poder concedido à Companhia de Jesus e o fortalecimento da Inquisição. A plena instauração do Tribunal do Santo Ofício em Portugal, ocorrida não por acaso em fins de 1547, deu-se menos por zelo religioso e mais como instrumento de vigilância e controle.

Criada em Paris em 1534, a Companhia de Jesus, a mais controversa ordem religiosa do século XVI, tornou-se, a partir de 1540, cada vez mais presente nos destinos de Portugal, transformando-se em um dos braços ativos do novo modelo ideológico. Depois de se livrarem dos humanistas portugueses ligados à Reforma – difamando-os e entregando-os à Inquisição –, os jesuítas se tornaram confessores de D. João III e responsáveis diretos pelo ensino em Portugal. Além de controlar a Universidade de Coimbra, a Companhia passou a orientar os aspectos culturais da empresa colonial, sendo encarregada também da conversão dos "gentios" na Índia e no Brasil.

Em breve, os jesuítas condicionariam não apenas os horizontes religiosos, mas as perspectivas intelectuais da América portuguesa.

O que estava prestes a se iniciar no Brasil com a instalação do Governo-Geral era, portanto, "uma reação do Estado contra a ambiguidade, a franqueza e a experimentação" que haviam marcado a aventura colonial dos portugueses na primeira metade do século XVI, como observa o historiador norte-americano Harold B. Johnson.[17] Esse "movimento rumo à rigidez e à codificação", e a deliberada "exclusão de alternativas", decretariam o fim daquilo que, com alguma liberalidade, se pode chamar de "período romântico" do expansionismo luso.

Do ponto de vista dos que estavam do outro lado do processo – no caso do Brasil, os colonos que tentavam reinventar suas vidas no trópico, lutando para libertar-se das amarras e "travões" sociais tão presentes no reino –, as novas regras seriam percebidas como uma profunda intromissão em seu cotidiano. Como não é difícil supor, os portugueses radicados na América fariam de tudo para conspirar contra a nova ordem. Pode-se afirmar, por isso, que a chegada do Governo-Geral assinala o primeiro conflito entre o indivíduo e o Estado em terras brasileiras.

Embora o desenlace fosse previsível, a vitória da fé, da lei e da ordem não se daria sem inúmeros desvios e retrocessos. Apesar de todo o esforço centralizador da Coroa, os destinos da América portuguesa não iriam se concentrar somente nas mãos do rei e de seus conselheiros mais próximos; seriam desenhados também pelo confronto entre os "letrados" – que o monarca enviara para servir em um remoto território tropical – e os colonos e os degredados que já viviam ou que estavam sendo trazidos para viver no Brasil.

No instante em que a caravela comandada por Gramatão Teles entrou com as velas desfraldadas na baía de Todos os Santos, na terceira semana de janeiro de 1549, ela não estava vindo apenas para anunciar o desembarque do primeiro governador-geral – marcado para dali a dois meses.

Chegava também para estabelecer o início de uma nova era na história do Brasil.

D. JOÃO III,
15.º REI DE PORTUGAL

I
OS HOMENS DO REI

Desde o início, uma aura lendária o cercava – e o tempo apenas faria com que ela se adensasse. Para os navegadores europeus que aportavam na baía de Todos os Santos, porém, Caramuru era uma figura inteiramente real, com um significado bastante concreto.

Caramuru era Diogo Álvares, português natural de Viana do Castelo, cidade localizada na região do Minho, em Portugal. Ele havia naufragado nos baixios do rio Vermelho, a cerca de 10 quilômetros da entrada da baía de Todos os Santos, entre 1509 e 1510, com uns 17 anos de idade. Salvara-se, segundo alguns, pela paixão que despertara em Paraguaçu, filha de um chefe Tupinambá local, ou, segundo outros, por ter abatido uma ave em pleno voo com um arcabuz que retirara dos destroços do navio.

Pouco importa. Ou, pelo menos, pouco importava para os navegantes franceses, espanhóis e portugueses que, pelos mais variados motivos, vinham dar com os costados naquele trecho então remoto do litoral do Brasil. O auxílio que Caramuru podia lhes prestar em uma costa ainda mal conhecida e pouco frequentada por europeus era inestimável.

Logo após o desembarque involuntário na Bahia, Diogo Álvares passou a viver com Paraguaçu (mais tarde batizada Catarina). Tornou-se, desse modo, genro de um chefe tribal e agrupou em torno de si cerca de duzentos nativos – seus aliados e auxiliares.

Os episódios envolvendo o naufrágio e os primeiros anos de Diogo Álvares no Brasil – mitificados pelo poema épico *Caramuru*, escrito em 1781 por Santa Rita Durão – nunca foram esclarecidos, em especial porque seu principal personagem nunca teve interesse em elucidá-los. A razão mais plausível para Caramuru ter mantido sua história no território movediço das lendas é que, provavelmente, ele havia naufragado na Bahia a bordo de um navio francês.

Franceses, de qualquer modo, eram os frequentadores mais assíduos do litoral da Bahia durante as três primeiras décadas do século XVI. E não restam dúvidas de que Caramuru negociava com eles, facilitando-lhes o tráfico de pau-brasil, obtendo a cooperação dos nativos e fornecendo-lhes víveres. Tão constantes eram esses encontros que, na cartografia francesa daquele século, a entrada da baía de Todos os Santos, onde atualmente se ergue o farol da Barra, era chamada de "Point de Carammorou".

Homens como Caramuru não eram novidade na trajetória dos exploradores lusitanos. Pelo contrário: boa parte da colonização portuguesa no litoral ocidental da África iniciara-se a partir da ação pioneira dos chamados "lançados". Também conhecidos como "turgimões", esses homens – em geral ex-prisioneiros, degredados ou aventureiros – eram lançados em costas inexploradas com a missão de se misturar aos nativos, aprender a língua e estabelecer alianças políticas (ou laços familiares), abrindo as portas para os futuros colonizadores.

Caramuru bem pode ter vindo parar no Brasil por acaso – e a bordo de um navio francês. Mas nem por isso os portugueses deixariam de servir-se dele. Sua presença na Bahia poderia ter sido de grande valia para o donatário Francisco Pereira Coutinho. Entre ambos, porém, estabeleceu-se um jogo de interesses conflitantes. Alguns historiadores supõem até que Caramuru tenha sido um dos incentivadores dos ataques indígenas que acabaram devastando a Vila do Pereira em 1546.

A visão lendária de Caramuru

Qualquer que tenha sido, o papel desempenhado por Caramuru na derrocada da Bahia permanece obscuro, como tantos outros pontos de sua movimentada biografia. Mas, assim que a Coroa decidiu estabelecer um Governo-Geral com sede na baía de Todos os Santos, os conselheiros do rei souberam a quem se dirigir.

Logo após ter sido tomada a decisão de criar o Governo-Geral, no início de novembro de 1548, o nome de Caramuru surge pela primeira vez em um documento com o selo real: é uma carta endereçada a ele e assinada pelo monarca. A correspondência desvenda com clareza o papel atribuído ao homem que os nativos tinham recolhido e abrigado: em função da "muita prática e experiência" que tinha daquelas "terras e da gente e costumes delas", Caramuru deveria providenciar uma reserva de mantimentos para receber o governador-geral Tomé de Sousa e sua comitiva, cuja chegada estava prevista para dali a alguns meses.

Eis a íntegra da carta:

Diogo Álvares: Eu El-Rey vos envio muito a saudar. Eu ora mando Tomé de Sousa, fidalgo de minha casa, a essa Bahia de Todos os Santos, por capitão e governador dela, para na dita capitania, e mais outras desse Estado do Brasil, prover de justiça a ela e do mais que ao meu serviço cumprir; e mando que na dita Bahia faça uma povoação e assento grande e outras coisas do meu serviço: e porque sou informado, pela muita prática e experiência que tendes dessas terras e da gente e costume delas, o sabereis bem ajudar e conciliar, vos mando que quando o dito Tomé de Sousa lá chegar, vos vades para ele, e o ajudeis no que lhe deveis cumprir e ele vos encarregar; porque fareis nisso muito serviço. E porque o cumprimento e tempo de sua chegada, a ache ele abastada de mantimentos da terra, para provimento da gente que com ele vai, escrevo sobre isso a Paulo Dias, vosso genro. Procurem se haverem e os vades buscar [os mantimentos] *pelos portos da capitania de Jorge de Figueiredo* [a vizinha Ilhéus]. *Sendo necessária vossa companhia e ajuda, encomendo-vos que o ajudeis* [a Tomé de Sousa], *no que virdes que cumpre, como creio que o fareis.*[1]

A carta a Caramuru foi redigida em Lisboa no dia 19 de novembro de 1548, prova de que a decisão de criar o Governo-Geral no Brasil já estava tomada naquela data. O capitão Gramatão Teles – encarregado de levar a mensagem, bem como de preparar o terreno para o desembarque de Tomé de Sousa – parece ter partido em seguida, uma vez que, por volta da terceira semana de janeiro de 1549, sua caravela, com cerca de cinquenta tripulantes, já contornava a ponta do Padrão, ancorando em frente às ruínas da Vila do Pereira.

Teles, cavaleiro da Casa Real, ex-capitão de um dos navios que fazia parte da "esquadra do Estreito" (encarregada de vigiar o estreito de Gibraltar) e antigo comandante da fortaleza de Arzila, no Marrocos, não deve ter tido dificuldade para encontrar Caramuru. Afinal, o velho náufrago vivia no mesmo lugar onde se instalara havia cerca de quarenta anos e cujas terras lhe pertenciam legalmente havia mais de dez, uma vez que, em dezembro de 1536, ainda na esperança de contar com seu auxílio, o Rusticão doara-lhe uma sesmaria.

Com 440 metros de largura por 550 de comprimento, a propriedade ficava nas encostas do Outeiro Grande, uma colina localizada acima da Vila do Pereira, na qual atualmente se ergue o bairro da Graça e onde Caramuru vivia desde sua chegada ao Brasil (*veja mapa na pág. 22*). O terreno, delimitado pelo rio dos Seixos (hoje canalizado e encoberto, transformado em esgoto), estendia-se até as areias da atual praia do Farol, de frente para o mar aberto.

Após a morte do Rusticão e a destruição da Vila do Pereira, porém, a povoação de Caramuru voltou a ser "um mero ninho de mamelucos".[2]

Foi esse o quadro com que Gramatão Teles e seus homens depararam naquele alvorecer de 1549: a Vila do Pereira destruída e abandonada; o povoado de Caramuru – um agrupamento, virtualmente uma taba, com cerca de trinta ou quarenta choças – isolado no topo da colina próxima à praia; e as demais aldeias Tupinambá espalhadas pelo Recôncavo, "com cinco ou seis mil homens de peleja" vivendo como sempre haviam vivido. Embora os nativos que haviam matado o donatário da Bahia ainda não soubessem, seu destino estava traçado.

Caramuru, como é fácil supor, "tomou na devida consideração a missiva real que Gramatão Teles lhe levara".[3] Mais difícil é imaginar o que um homem como ele, isolado no Novo Mundo havia quatro décadas, vivendo praticamente como um nativo, há de ter sentido ao receber, nos confins da América portuguesa, um comunicado lacrado com o selo do rei – assinado pelo monarca e com o próprio nome inscrito no local do destinatário.

Independentemente de seus sentimentos, o certo é que Diogo Álvares percebeu que, ao contrário dos tempos em que tivera divergências com o Rusticão, era chegada a hora de dar o melhor de si para apoiar o projeto de colonização proposto pelo rei. Ele não apenas providenciou uma grande reserva de víveres – farinha de mandioca (a chamada "farinha de pau"), peixe salgado, mexilhões secos, carne de anta, capivara e veado, e copiosas espécies de frutas – como obteve de seus aliados nativos a promessa de cooperação com a nova leva de colonizadores.

A eficiência de seus arranjos seria comprovada pela carta que o padre Manuel da Nóbrega tratou de enviar para o reino assim que desembarcou na Bahia em companhia de Tomé de Sousa. "Achamos a terra de paz, e quarenta ou cinquenta moradores na povoação que antes era", disse Nóbrega, referindo-se não só aos homens de Gramatão Teles (que haviam se instalado nas ruínas da Vila do Pereira, tratando de reabilitá-la da melhor maneira possível) como aos colonos que tinham vindo em companhia do finado Rusticão e ainda viviam na Bahia. Em relação a Caramuru, acrescentou Nóbrega: "Esse homem, com um seu genro [Paulo Dias], é o que mais confirma as pazes com esta gente, por serem eles seus amigos antigos".[4]

O HOMEM DA COROA

Embora assinada por D. João III, a carta enviada a Caramuru evidentemente não fora escrita pelo próprio rei. Um de seus assessores terá se encarregado da tarefa. Como muitos dos monarcas do século XVI, D. João III governava "por conselho", ou seja, contava com uma equipe de consultores próximos com os quais discutia diária e detalhadamente os destinos do reino. Cumpria, nesse sentido, a determinação que lhe fora dada pelo pai, D. Manuel I.

D. João III assumira o trono em 21 de dezembro de 1521, aos 19 anos. Herdou do pai uma Coroa endividada, embora, àquela altura, as dificuldades financeiras ainda não fossem evidentes: Portugal, aparentemente, vivia um período de paz e prosperidade – um dos mais gloriosos de sua história. À medida que os anos passaram, porém, D. João viu-se forçado a se defrontar com problemas crescentes em todas as áreas: a uma grave crise econômica nacional e internacional somavam-se embates ideológicos, lutas religiosas e intrigas administrativas, além de conflitos geopolíticos travados em várias partes do globo, contra adversários tão distintos quanto turcos otomanos, piratas berberes, xarifes mouros, rajás hindus – sem falar dos choques eventuais contra supostos aliados cristãos, como franceses e espanhóis.

D. João III permaneceu no trono por 36 anos, durante os quais Portugal, a Europa e o mundo passaram por grandes transformações. Seu reinado dividiu-se em dois períodos claramente distintos: o primeiro, de 1521 a 1541, coincidiu com a juventude e a maturidade do monarca, caracterizando-se como uma época inovadora e dinâmica, com consideráveis doses de tolerância cultural e religiosa. A segunda etapa, de 1544 a 1557 – aquela durante a qual se deu a implantação do Governo-Geral no Brasil –, foi sombria e atribulada, com o rei revelando uma disposição crescentemente melancólica e adotando uma série de medidas retrógradas.

As frequentes alterações do quadro político e econômico desenroladas ao longo de um reinado de quase meio século talvez expliquem as controvérsias que se revolvem em torno de D. João III, uma vez que o julgamento que os historiadores fazem de sua personalidade e de seu governo varia de rasgados elogios às críticas mais mordazes.

É fato que, desde a infância, D. João revelou-se estudante medíocre, que tropeçava em todas as matérias, especialmente no latim. Por isso, alguns dos mais respeitáveis analistas portugueses da atualidade consideram o filho de D. Manuel um homem "de inteligência pouco viva e falha de rasgo".[5] A essa visão depreciativa é preciso acrescentar depoimentos dos próprios contemporâneos do monarca, quase todos unânimes em defini-lo como homem "tardíssimo em suas resoluções", do qual era quase impossível "arrancar alguma decisão".[6]

Mas o que alguns investigadores viam como incompetência ou covardia, outros passaram a interpretar como uma atitude de "enorme perspicácia política". A suposta lentidão de D. João III era, de acordo com o historiador João José Alves Dias, "uma arma pensada e usada por si, a seu favor, para desespero da corte espanhola".[7]

É preciso ter em conta que, no tabuleiro político europeu, D. João III viveu, durante quase três décadas, uma situação progressivamente aflitiva. No longo e sangrento conflito travado entre a Espanha do imperador Carlos V (e, depois, de seu filho, Felipe II) e a França do rei Francisco I (e de Henrique II, seu filho e sucessor), Portugal enfrentava cada vez mais dificuldades para manter a arraigada tradição de neutralidade.

A questão é que não interessava ao reino – militar e politicamente mais fraco do que seus dois poderosos rivais – favorecer nem um, nem outro vizinho. Se apoiasse a Espanha, D. João estaria incentivando as ambições do projeto imperial de Carlos V, da casa dos Habsburgos. Se ficasse ao lado da França, daria seu aval a uma Coroa que se recusava a aceitar a doutrina do *mare clausum* (ou "mar fechado" – *leia a nota lateral*) e que se dispunha a obter um quinhão do Novo Mundo, preferencialmente no Brasil, mesmo que fosse pela força das armas.

Assim sendo, o melhor a fazer era... não fazer nada. "O protelamento das tomadas de decisão", supõe o historiador João José Alves Dias, "nada tinha a ver com irresolução ou humor taciturno, mas sim, com prudência e habilidade".[8] Não restava outra opção a D. João III a não ser tornar-se um radical da cautela.

Esse Mar é Meu

O conceito jurídico do mare clausum *– ou "mar fechado" – começou a nascer em Portugal com o infante D. Henrique por volta de 1443 e se concretizou no ano seguinte, quando seu irmão e regente do reino, D. Pedro, concedeu ao infante a exclusividade para a realização de viagens marítimas ao sul do cabo Bojador, no Marrocos. O rei D. João II deu continuidade à política que, com o apoio de bulas papais, tentava vetar a navegação no Atlântico aos demais povos europeus. O plano foi questionado e combatido pelos reis Fernando e Isabel, de Aragão e Castela, durante a guerra luso-castelhana de 1475-79. Depois das descobertas de Colombo, em outubro de 1492, um novo confronto se estabeleceu entre as duas Coroas rivais. A questão foi parcialmente solucionada com a assinatura do Tratado de Tordesilhas, em 7 de junho de 1494. A partir de então, apenas portugueses e castelhanos poderiam navegar pelo Atlântico ao sul da Guiné. Os demais reinos europeus, em especial a França, jamais reconheceram a validade jurídica do tratado, lutando para reestabelecer o conceito do* mare liberum *("mar livre").*

OS CONSELHEIROS DO REI

D. Manuel, pai e antecessor de D. João III, havia determinado, em testamento, quais homens deveriam ser os conselheiros de seu filho e herdeiro. De acordo com certos historiadores, o velho rei tomara essa decisão justamente porque, "apesar dos bons mestres que o educaram", o príncipe D. João "não se mostrara especialmente brilhante na infância e adolescência".⁹

Brasão de Fernão d'Álvares

As esperanças de D. Manuel estariam depositadas, assim, na habilidade e experiência dos integrantes do Conselho Régio – "pessoas de virtude, saber e autoridade, e de muita prática nas cousas do Reino".¹⁰ Em 1518, o Conselho possuía cerca de quinhentos membros honoríficos – já que, de acordo com o cronista oficial Damião de Góis, "governar por conselho era particular apetite"¹¹ de D. Manuel.

Até assumir o trono em 1521, D. João se encontrava afastado da política palaciana, já que desde 1517 estava virtualmente rompido com o pai. Vários cronistas da época julgaram que o novo rei modificaria por completo a estrutura do Conselho Régio, livrando-se dos antigos aliados de D. Manuel. Embora tenha reduzido o número de conselheiros de quinhentos para 66, D. João III manteve na ativa os assessores mais destacados do reinado anterior. Contudo, só dava ouvidos a cinco ou seis de seus conselheiros mais próximos.

No círculo íntimo do monarca, sua mulher, D. Catarina da Áustria (irmã do imperador Carlos V e integrante da Casa dos Habsburgos), e seu irmão, D. Luís, sempre desempenharam papel de relevo, e D. João não tomava nenhuma decisão importante sem antes consultá-los. Outros dois fidalgos que privavam da intimidade de D. João eram D. Antônio de Ataíde, conde da Castanheira, e o auxiliar direto deste, Fernão d'Álvares de Andrade.

UM "HOMEM DE GROSSA FAZENDA"

Há indícios de que a nova estratégia político-administrativa que seria aplicada no Brasil com a criação do Governo-Geral tenha sido proposta ao rei justamente pelo vedor da Fazenda (espécie de ministro da Fazenda), D. Antônio de Ataíde, e por Fernão d'Álvares de Andrade, tesoureiro-mor do reino. Além de responsáveis pela administração do Tesouro Régio – de onde sairia o dinheiro a ser investido na implantação do novo regime –, Ataíde e Fernão d'Álvares há alguns anos emitiam sinais de que, dentro do complexo quadro da política colonial portuguesa, eram favoráveis a maiores investimentos no Brasil, em detrimento do Marrocos e da África Equatorial.

Tido como "homem de grossa fazenda",[12] Fernão d'Álvares era um dos fidalgos mais ricos de Portugal. Vivia em uma mansão colada ao Paço da Anunciada – um dos palácios reais, na zona nobre de Lisboa –, considerada como "a mais suntuosa, talvez, das residências da capital".[13] Era ele quem despachava as armadas para o Oriente, recebia os relatórios vindos da Índia, pagava o soldo dos capitães e dos comandantes, supervisionava a construção das novas embarcações na movimentadíssima ribeira das Naus, na zona portuária da capital. Estava, além disso, diretamente encarregado de todos os negócios relativos ao Brasil, onde possuía uma vasta (embora desocupada) capitania no Maranhão.

Fernão d'Álvares tentara colonizar seu lote brasileiro. Em fins de 1535, associou-se ao feitor da Casa da Índia, João de Barros, e ao capitão Aires da Cunha, proprietários de duas outras capitanias localizadas no extremo norte do Brasil (a do Rio Grande e um segundo lote no Maranhão). A trindade de donatários armou uma portentosa esquadra, com 14 navios, novecentos soldados, seiscentos colonos e 113 cavalos – maior, como observou um historiador, do que "as frotas de Colombo, Gama, Pizarro e Cortez reunidas".[14] Mas, forçada a enfrentar os terríveis desafios da costa brasileira entre o Rio Grande do Norte e a ilha de Marajó, a expedição acabou em desgraça. Em março de 1536, Aires da Cunha naufragou nos baixios do Maranhão, vários homens morreram, a tropa dispersou-se e, aos poucos, os nativos foram matando ou expulsando os sobreviventes.

Fernão d'Álvares perdeu muito dinheiro em sua desventura brasileira. Ainda assim, não desistiu de apostar na América portuguesa. Ao ganhar uma sesmaria na capitania dos Ilhéus – que pertencia a um de seus subalternos, o escrivão da Fazenda Jorge de Figueiredo Correia –, o tesoureiro-mor investiu na implantação da lavoura de cana e talvez tenha até erguido um engenho. Mas, após uma insurreição generalizada, os temíveis Aimoré arrasaram Ilhéus. Em 1546, praticamente nada restava no lote de Jorge de Figueiredo.

O duplo infortúnio não foi bastante para dissuadir o tesoureiro-mor. No início de 1547, tão logo foi informado da morte do Rusticão, Fernão d'Álvares planejou o envio de uma expedição para prestar socorro à capitania da Bahia. Sob o comando do capitão Jorge Pimentel, uma frota deveria partir de Portugal com trezentos homens a bordo, mas D. João III demorou tanto para responder às solicitações de Fernão d'Álvares que, quando o fez, já era tarde: a monção fora perdida e, tendo se iniciado a época dos ventos desfavoráveis, os navios simplesmente não puderam zarpar para o Brasil.

Escrevendo de Lisboa, em 20 de fevereiro de 1547, Fernão d'Álvares ousou criticar o rei, que estava em Almeirim: "Por ser o tempo tão curto", alertava ele, "cartas largas em negócios indeterminados fazem muita confusão, principalmente se for para desfazer o que estava assentado."[15]

O PODEROSO AMIGO DO REI

Não restam dúvidas de que Fernão d'Álvares de Andrade dificilmente obteria qualquer parecer favorável do rei a não ser que sua opinião fosse a mesma de D. Antônio de Ataíde. Apesar de não ser tão rico quanto Fernão d'Álvares, Ataíde era amigo de infância de D. João III e, desde 1530, seu principal conselheiro. Além de tê-lo feito conde da Castanheira, o rei o nomeara vedor da Fazenda. Ambicioso, inteligente e ardiloso, Ataíde trilhou com rapidez o caminho até o topo, deixando para trás vários concorrentes, entre eles seu primo-irmão Martim Afonso de Sousa, que também crescera na corte, junto com o rei.

O cargo de D. Antônio de Ataíde propiciava-lhe uma visão global das possessões ultramarinas lusitanas. E o que ele via era um império em retração, assediado pelos árabes no Mediterrâneo, no Marrocos, no mar Vermelho e na Índia, e também em permanente conflito

D. Antônio de Ataíde

com franceses e espanhóis. Além disso, era um império deficitário: as despesas com a manutenção de frotas, feitorias e homens responsáveis pela obtenção, transporte e comercialização da pimenta da Índia eram superiores às receitas obtidas com a venda da especiaria, que fora a base de toda aquela vasta rede colonial. Em outras palavras: desde que eles mesmos provocaram uma drástica queda no preço da pimenta no mercado europeu, os portugueses deixaram de obter lucro e passaram a acumular prejuízos em sua aventura oriental.

Alguns historiadores afirmam que, desde o início, o conde esteve "muito interessado nas coisas do Brasil".[16] Não é o que se pode inferir de provas documentais. Em 1542, por exemplo, Ataíde escreveu uma carta para D. João III lamentando os investimentos na colônia sul-americana: "Vossa Alteza tem gastado muito dinheiro [no Brasil], e começou a gastar no ano de 1530", relatou. "Mistério grande foi fazer-se a primeira despesa a fim de cousa que não o merecia."[17]

Apenas seis anos haviam se passado desde aquele relatório e o conde agora sugeria ao rei o estabelecimento da nova ordem político-administrativa no Brasil. Evidentemente, ele não o fez por "amor ao Brasil", mas por uma série de razões estratégicas. Além de concentrar em suas mãos inúmeras tarefas políticas e burocráticas, Ataíde era um dos principais responsáveis pela política externa do reino. Por várias vezes defendera os interesses de Portugal nas cortes da Espanha e da França. E foi justamente devido às ambições daquelas duas Coroas no Novo Mundo que o conde da Castanheira percebeu que era chegada a hora de investir no Brasil, sob pena de correr o risco de perdê-lo definitivamente.

CONFLITOS TERRITORIAIS

A principal ameaça às ambições portuguesas no Novo Mundo vinha da França. O conde iniciara sua carreira nos quadros administrativos do império travando, desde 1526, sinuosas batalhas diplomáticas com os representantes de Francisco I, rei da França, que se recusava a aceitar a validade jurídica do Tratado de Tordesilhas. "Gostaria de ver a cláusula do testamento de Adão que me afastou da partilha do mundo", teria declarado o monarca francês, com fina ironia.

Francisco I, rei da França

O rei da França jamais respeitou os inúmeros acordos que assinou com D. João III, pelos quais se comprometia a reprimir as viagens dos traficantes normandos de pau-brasil ao litoral brasileiro. Além disso, desde o começo da década de 1540 uma sequência de acontecimentos aumentava a preocupação dos portugueses a respeito das intenções da Coroa francesa acerca do Brasil.

Em primeiro lugar, duas tentativas dos franceses de estabelecer colônias na América do Norte tinham redundado em fracasso. Em 1541, Jacques Cartier, que já estivera no Brasil (e provavelmente levara Caramuru à França em 1528), fundou um forte na foz do rio São Lourenço, no Canadá. Dez meses depois, foi forçado a abandoná-lo. Em agosto de 1542, Jean de la Rocque tentou reocupar aquele sítio, mas foi vencido pelos mesmos obstáculos: a feroz resistência dos nativos iroqueses, a inclemência do clima e a dificuldade em obter mantimentos.

Em 1544, França e Espanha assinaram um tratado encerrando a quarta guerra consecutiva entre elas. O fracasso de suas colônias na América do Norte e o fim do conflito com a Espanha criaram condições favoráveis para Henrique II, filho e sucessor de Francisco I (que morrera em 1546), "apoiar os anseios expansionistas de seus súditos normandos e bretões".[18]

Embora a França houvesse concordado recentemente com a criação de um tribunal bilateral, sediado em Baionne, para dirimir os conflitos territoriais com os portugueses, nem D. João III, nem Antônio de Ataíde alimentavam esperanças de que o monarca francês refreasse o assédio ao Brasil. O rei de Portugal e seu principal assessor não duvidavam de que, tão logo subjugasse a Revolta da Gabela (provocada pela criação de um imposto sobre o sal) e terminasse a guerra contra Eduardo VI da Inglaterra, Henrique II voltaria os olhos para a América, mais especificamente para a do Sul.

A ameaça francesa, com certeza, foi um dos principais motivos para o conde da Castanheira propor a criação de um Governo-Geral com sede na Bahia. Mas, ao articular o novo modelo administrativo para reforçar as defesas do Brasil, Ataíde, indubitavelmente, pensava também em proteger o caminho marítimo para a Índia, a chamada Rota do Cabo. Afinal, como o colono Luís de Góis já indagara em sua decisiva carta de maio de 1548, "depois de terem [os franceses] um pé no Brasil, temo aonde vão querer e podem ter o outro". Com considerável visão estratégica, ele mesmo sugeriu a resposta: "Queira Deus não se atrevam a dobrar o cabo da Boa Esperança."

Góis supunha que, uma vez instalados no litoral sul do Brasil, "onde vêm sete ou oito naus a cada ano", os franceses cedo ou tarde iriam conquistar e fortificar as remotas ilhas de Santa Helena e Tristão da Cunha, no meio do Atlântico. Ao fazê-lo, acabariam por dominar a Rota do Cabo (da Boa Esperança), único caminho marítimo entre a Europa e a Índia. Fortificar o Brasil significava diminuir esse perigo.

Mas o inimigo não era apenas francês. Na mesma época, Portugal também vivia uma série de conflitos territoriais com a Espanha no Novo Mundo. A linha demarcatória estipulada em Tordesilhas jamais fora corretamente estabelecida; por isso, cinco décadas após o tratado, persistia a polêmica entre os signatários. No Oriente, o confronto fora contornado em 1529, quando, depois da assinatura do Tratado de Saragoça, Portugal pagou 350 mil ducados à Espanha em troca das ilhas Molucas, "berço de todas as especiarias". Na América do Sul, porém, as discussões continuavam candentes.

Nesse sentido, o acordo de paz entre França e Espanha pareceu duplamente prejudicial a Portugal. Em 1544, ao mesmo tempo que encerrava sua desgastante guerra contra Francisco I, o imperador Carlos V criava o vice-reino do Peru, com sede em Lima. No ano seguinte, os espanhóis descobriram Potosí, uma fabulosa montanha de prata de onde extrairiam 6 mil toneladas do metal. A descoberta dessa mina inigualável, que também fora sofregamente procurada pelos portugueses, reacendeu o interesse da Espanha por toda a região, na qual se incluía a bacia do Prata, foco de permanentes conflitos fronteiriços com Portugal.

Portanto, em fins de 1548, com pelo menos 13 das 15 capitanias virtualmente arruinadas, o Brasil se encontrava ameaçado, no litoral, pela insidiosa presença dos franceses e, no interior, pelo avanço resoluto dos espanhóis rumo à bacia do Prata e ao pantanal Mato-grossense, a partir da cidade de Assunção, fundada em 1537 no Paraguai. Além do mais, a maneira mais fácil de chegar a Assunção para quem vinha da Europa era por terra, a partir de São Vicente e Cananeia (ambas no litoral sul de São Paulo), bem como das ilhas de São Francisco do Sul e de Santa Catarina, nas quais os castelhanos planejavam construir vilas e fortalezas, até porque ambas de fato ficavam dentro de suas possessões.

Esse foi o quadro que D. Antônio de Ataíde e Fernão d'Álvares devem ter exposto em suas confabulações com D. João III tão logo ficaram sabendo da morte do donatário da Bahia. E foi a partir dele que a decisão sobre os novos destinos do Brasil começou a ser encaminhada.

CORTAR UM DEDO

O novo regime implicaria, no entanto, consideráveis gastos para o Tesouro Régio. E, naquele ano de 1548, muito mais do que o Brasil, o Marrocos ou mesmo a Índia, o que perturbava o conde da Castanheira era a falta de dinheiro. Na verdade, desde sua coroação, em dezembro de 1521, D. João III enfrentava constantes aflições financeiras. Os problemas acentuaram-se em 1537, quando uma grave crise econômica abalou a Europa e fez com que os juros da dívida externa de Portugal saltassem de 15% para 25% ao ano.

Os empréstimos no exterior começaram a ser feitos em larga escala por D. Manuel, pai de D. João III. Em 1536, a dívida externa já era de quase 2 milhões de cruzados. Em 1544, com o agravamento da crise europeia, ultrapassara os 3 milhões (dos quais 2,2 milhões devidos aos financistas de Flandres, nos Países Baixos – a maior parte deles judeus expulsos de Portugal).

Para saldar os débitos, a Coroa já recorrera a todos os expedientes. Em 1544, por exemplo, as Cortes, reunidas em Torres Novas, resolveram tomar "empréstimos compulsórios" da população. Mas, como nobres e fidalgos (e, eventualmente, até seus criados) ficavam isentos daquele tipo de tributação, arrecadaram-se do restante da população apenas 250 mil cruzados, com os quais não foi possível pagar mais do que um quarto dos juros devidos. No ano seguinte, o rei decidiu recomeçar a vender títulos da dívida pública (então chamados "padrões de juro"), repetindo o que fora feito em 1529.

O conde da Castanheira considerava as medidas desastrosas. No primeiro semestre de 1548, enviou uma carta sombria ao rei: "No modo de que está sua Fazenda, representam-se-me tantas desesperações que muitas vezes me parecem que vêm mais da minha compleição melancólica do que d'outra coisa", refletia. "E já me aconteceu algumas vezes de, para me tirar dessa dúvida, buscar alguns homens de muita idade e experiência para saber deles a diferença que há deste tempo ao passado que eles tinham visto de maiores necessidades. A maioria me disse que nunca tamanhas foram. E alguns acham que já houve outras tais, e que se remediaram."

Ataíde desconfiava dos depoimentos otimistas; vinham, julgava ele, de homens que "cuidavam pouco nelas" (ou seja, de gente que não dava muita atenção às questões financeiras), porque, para o conde, "alguns costumes mui novos" tinham tornado a crise de então bem pior do que qualquer outra. Ele citou que "costumes" eram aqueles: "Foi começar-se a tomar dinheiro a crédito. E desde que se começou a tomar até agora nunca outra coisa se fez. E porque ainda isso não bastava para se remediarem os problemas, se começaram a vender padrões de juro [títulos da dívida pública]. (...) E o pior é que agora já não há quem os compre."

Se a Coroa não restringisse drasticamente seus gastos e emitisse sinais públicos da atitude, Ataíde previa o cancelamento dos empréstimos, pois, cedo ou tarde, os financistas de Flandres perceberiam que D. João III estava se endividando além da conta: "Os câmbios [ou empréstimos] me parecem que hão de durar pouco; e muito mais pouco se virem que Vossa Alteza não se põe em ordem. Porque os mercadores não vivem se não de olhar o modo de vida das pessoas com quem fazem contratos e que podem meter na cadeia; e até pelos jeitos julgam se hão de confiar nelas; quanto mais de reis que se, por derradeiro, não lhes podem pagar, não podem eles mandar-lhes prender."

Embora Ataíde quase se desculpasse por falar sobre dinheiro – "o qual Vossa Alteza, com seu grande ânimo e real condição, tem em tão pouca conta" –, a carta terminava com uma metáfora que, apesar de corriqueira, era definitivamente perturbadora: "Devem d'aver algum modo de se cortarem as despesas, porque um homem permite cortarem-lhe um dedo por não perder a mão, e a mão por não perder o braço. E neste negócio não receio que, por não cortar uma cousa, se perca ela e outra mais, senão todas totalmente e sem nenhum remédio."[19]

O MOSTEIRO DE RATES

São Pedro de Rates, terra natal de Tomé de Sousa, fica a cerca de 40 quilômetros da cidade do Porto, no norte de Portugal. O principal marco da cidade é o sólido e imponente mosteiro do qual era abade o pai do futuro governador-geral do Brasil. Construído no ano de 1100, em estilo românico – com "fachada simples rematando em frontão, a colunata de arco completo e tetos laterais baixos dividindo as águas", conforme a descrição do historiador Pedro Calmon –, o mosteiro pertencia à ordem beneditina "dos monges negros de Cluny". Mais tarde, foi ocupado pelos "monges brancos de Cister". O templo se encontrava "solitário e esquecido" até João de Sousa assumir o posto de abade vitalício por volta de 1500, pouco antes do nascimento de Tomé.

Assim, antes de começar a gastar dinheiro no Brasil e, com isso, resguardar a rota marítima para a Índia e assegurar a posse da colônia sul-americana, era preciso enxugar despesas em algum lugar. O Conselho Régio, no qual a voz do conde eventualmente se impunha, propôs então o abandono das fortalezas de Alcácer Ceguer (ou Ksar es-Seghir) e Arzila, no Marrocos, onde, desde 1540, o venerado líder tribal Mohamed al-Cheik, tido como *shorfa* (descendente direto de Maomé), havia se proclamado líder de uma nova dinastia, a Sádida, declarando o início da jihad, ou guerra santa, contra os cristãos.

O recuo no Marrocos – de onde Portugal não se retirou inteiramente, mantendo fortalezas em Tânger, Ceuta e Mazagão – fazia parte da estratégia do Conselho Régio de privilegiar o domínio das rotas de navegação pelo Atlântico, vital para a manutenção do espaço marítimo necessário para os navios lusitanos poderem continuar singrando a Rota do Cabo. Nesse contexto, houve grande valorização dos arquipélagos atlânticos (Açores e Cabo Verde) e, em consequência, do próprio Brasil.

O HOMEM DA ESPADA

Destituído de suas complexidades administrativas e de seus desdobramentos políticos, econômicos e até ideológicos, o Governo-Geral era basicamente um plano de ocupação militar do Brasil.

Nada mais natural, portanto, do que a nomeação de um militar para o cargo de primeiro governador-geral. A escolha recaiu em Tomé de Sousa.

Embora fosse um oficial de carreira com elogiada folha de serviços prestados no Marrocos e na Índia, reconhecido na corte "pelo tino e pelo siso",[20] Sousa não foi alçado ao posto apenas pelas qualidades pessoais. Filho bastardo de um abade e dono de uma língua ferina, por mais heroicas que tivessem sido suas ações nos campos de batalha da África e do Oriente, homem como ele dificilmente seria nomeado para um cargo tão importante se a escolha dependesse apenas do currículo. O que certamente influenciou a indicação de Tomé de Sousa foram suas relações de parentesco: o futuro governador do Brasil era primo-irmão de D. Antônio de Ataíde, o pai do plano do Governo-Geral.

Apesar de Tomé de Sousa ser parente em primeiro grau não só de Antônio de Ataíde como de Martim Afonso de Sousa, sempre teve uma vida muito diferente da deles. Além de ser o primo pobre, era, como já se disse, um bastardo. O pai de Tomé, João de Sousa – irmão da mãe de Ataíde e do pai de Martim Afonso –, ocupava desde 1510 o cargo vitalício de prior (ou abade) do mosteiro de São Pedro de Rates *(veja boxe na página ao lado)*, a cerca de 40 quilômetros da cidade do Porto, no norte de Portugal.

Antes do Concílio de Trento, o celibato do clero ainda não tinha a importância que viria a adquirir. Mesmo assim, a situação do abade já suscitava comentários, por ele "viver com bastante dissolução e pouca memória de seu estado".[21] Amancebado com Mécia Rodrigues de Faria, João de Sousa teve sete filhos.

"Senhor de juro e herdade" do mosteiro, o prior estava autorizado a "comer-lhe todos os rendimentos".[22] Em 1514, porém, o rei D. Manuel obteve do papa autorização para "tomar posse das rendas de todos os mosteiros do reino". A verba seria supostamente destinada a comendas (ou recompensas) a todos os que "na guerra aos mouros servissem a Deus e ao rei". Assim, em 25 de maio de 1515, João de Sousa recebeu a visita de um corregedor, João de São Miguel, que transferiu todos os "frutos, fazendas e bens" do mosteiro de Rates para a Ordem de Cristo, que fora anexada pela Coroa. Embora tenha permanecido prior até o fim de seus dias, João de Sousa nada pôde legar a seus descendentes, nem mesmo ao primogênito Tomé, nascido em 1503.

Assim, por volta dos 15 anos de idade, o futuro governador-geral do Brasil transferiu-se para Lisboa. Por ser "menos dotado de bens de fortuna e menos categorizado" que os dois primos, teve, "desde muito novo, que recorrer ao exercício das armas e, como soldado, ir servir no Marrocos",[23] como apurou o historiador Pedro de Azevedo, irmão do escritor Aluísio de Azevedo e o mais devotado dos biógrafos de Tomé de Sousa.

Em 1527, Tomé de Sousa estava em Arzila, no Marrocos, caçando mouros e javalis. Os anais asseguram que ele teve desempenho heroico em uma incursão contra a aldeia rebelde de Agoni. Foi elogiado no reino; e, a julgar por uma carta de Fernão d'Álvares para Ataíde, o elogio foi transmitido ao próprio rei. O Marrocos, no entanto, ainda era uma "terra onde só se adquiria glória, se metiam lanças em mouros, e nada mais", ao passo que "a afastada Índia prometia, além das honras, grossos proventos a quem cá [em Portugal] ou lá [no Oriente] tivesse parentes altamente colocados".[24]

E Tomé de Sousa os tinha. Tanto que, em março de 1535, partiu para Cochim como capitão de uma nau. É muito provável que a indicação para o novo cargo tenha partido do conde da Castanheira, que, em carta enviada ao primo em comum, Martim Afonso, em janeiro de 1535, disse: "Cada vez vou lhe achando mais qualidades boas, tendo sobre todas a de ser sisudo."[25]

Dois anos mais tarde, já de volta a Portugal, Tomé de Sousa galgou mais um degrau na escala social: D. João III lhe conferiu os privilégios de "escudeiro fidalgo" da Casa de el-Rei em julho de 1537. A ascensão teve continuidade em 1544, quando o governador de Ceuta o armou "cavaleiro fidalgo". Graças a tal mercê, não apenas ele, mas "todos seus caseiros, mordomos e lavradores que estiverem a lavrar suas terras e quintas e outros que continuamente com ele viverem ou servirem" ficavam dispensados do pagamento de "peitas, fintas, talhas, pedidos ou empréstimos". Isso significa que, na condição de fidalgo, Tomé e seus subalternos ficaram dispensados do pagamento de quase todos os tipos de impostos então existentes em Portugal.

De 1544 a 1548, o nome do futuro governador do Brasil some das crônicas. O biógrafo Pedro de Azevedo supõe que ele estivesse "administrando a fortuna que granjeara e gozando as delícias da vida conjugal". O recolhimento não impediu Tomé de Sousa de permanecer lembrado na corte. Quando, em meados do século XVI, um autor anônimo reuniu uma coleção de frases célebres no livro *Ditos portugueses dignos de memória*, as citações de Tomé de Sousa ocuparam três páginas. Entre referências mais ou menos agressivas a bastardos, cristãos-novos e desembargadores, e até menções a "um urinol", há um momento especialmente sombrio – quem sabe fruto da amarga conclusão a que ele chegara após 25 anos de andanças pelo império e vivências na corte:

"Todo o homem é fraco e ladrão" é uma das frases atribuídas a Tomé de Sousa registradas nos *Ditos portugueses dignos de memória*.[26]

Não se sabe exatamente quando Sousa foi escolhido para ser o primeiro governador-geral do Brasil e capitão-general da Fortaleza do Salvador. Embora a decisão já estivesse tomada em 19 de novembro de 1548 – como comprova a carta enviada a Caramuru –, a nomeação só foi oficializada pela carta régia assinada em 7 de janeiro de 1549. Naquele dia, Sousa compareceu à Chancelaria Real, onde jurou obediência ao rei e ao *Regimento Régio*, que então lhe foi entregue. Ficou decidido também que o governador receberia um salário anual de 400 mil reais, que ele logo tratou de embolsar adiantados.

Dali a menos de um mês, Tomé de Sousa partiria para o Brasil.

O LONGO BRAÇO DO FISCO

Além da ocupação e defesa do espaço brasileiro – e do sonho ainda vivo de encontrar riquezas minerais na América –, outro motivo decisivo para o estabelecimento do Governo-Geral foi de fundo fiscal. Afinal, a desordem generalizada das capitanias transformava o vasto território sul-americano na menos lucrativa das possessões ultramarinas de Portugal (*veja na página 58 a tabela das rendas das colônias portuguesas no século XVI*).

Para fiscalizar a coleta de impostos, dízimos, sisas e rendas – obrigação que, até então, se concentrara nas mãos dos donatários e de uns poucos agentes reais (os odiados recebedores e vedores) –, D. João III nomeou um "provedor-mor da Fazenda da Terra do Brasil". As primeiras linhas do

Regimento Régio, assinado a 17 de dezembro de 1548 em Almeirim, deixam claros os motivos que levaram à criação do cargo: "E porque as minhas rendas e direitos nas ditas terras [do Brasil] até aqui não foram arrecadados como cumpria, por não haver quem provesse nelas (...) e para que a arrecadação deles se ponha em ordem como a meu serviço cumpre, ordenei mandar ora às ditas terras uma pessoa de confiança que sirva de provedor-mor de minha fazenda."

A escolha recaiu em Antônio Cardoso de Barros, funcionário da Casa dos Contos. Mais do que "uma pessoa de confiança" do rei, Cardoso de Barros era um dos protegidos de D. Antônio de Ataíde, de quem era subordinado direto no Conselho da Fazenda. Ele já havia sido agraciado com a doação de uma capitania no Brasil, a do Ceará – e fora o único donatário a não empreender a colonização de seu lote, o que consiste em uma exceção de todo injustificável.

O salário do provedor-mor era de 200 mil reais por ano – metade do que era pago ao governador, mas quantia bastante considerável para a época, superior ao salário de um juiz.

Nada mais se sabe sobre a trajetória pregressa de Antônio Cardoso de Barros, nem que idade tinha quando se tornou o primeiro "ministro da Fazenda" do Brasil. Embora desfrutasse da proteção de Ataíde, era um burocrata de carreira que havia dedicado toda a sua vida profissional ao serviço na Casa dos Contos. De outro modo, não seria escolhido para um cargo cuja principal obrigação consistia justamente em fiscalizar e revisar as contas tomadas pelos escrivães e contadores.

RECEITAS DO ESTADO PORTUGUÊS (em 1588, em reais)

Reino – 677.283$174
Índia – 288.942$300
Ilha da Madeira – 24.240$000
Açores – 30.000$000
Guiné – 16.400$000
Mina – 40.000$000
Angola – 13.200$000
Brasil – 11.000$000

Fonte: História da Expansão Portuguesa, de Francisco Bethencourt e Kirti Chaudhuri

A Casa dos Contos era o "núcleo central de controle das receitas e despesas do reino",[27] onde se arquivavam todos os livros-caixa, documentos fiscais e contas da Coroa e do rei. O órgão surgira, de acordo com a historiadora Virgínia Rau, com o objetivo de exercer "uma apertada vigilância na contabilidade pública, efetuada por indivíduos da confiança do monarca". Apesar da fiscalização mais rígida, "nem por isso acabaram as fugas de prestação de contas à Fazenda, que se faziam sob as mais variadas formas".[28]

A passagem do tempo – pelo menos do tempo de serviço – também parece ter sido uma preocupação constante na Casa dos Contos, tanto que lá foi instalado um dos cinco únicos relógios então existentes em Lisboa. Só que, em geral, ele estava uma hora atrasado com relação aos demais.

O PODER DO JUDICIÁRIO

Em Portugal, a prática administrativa e a estrutura do Direito haviam estabelecido (com base em precedente romano) a separação entre questões fiscais e questões jurídicas. Talvez por isso, mais do que provedores, vedores ou contadores, o núcleo da burocracia imperial acabaria constituído por desembargadores, magistrados e juízes. O Desembargo do Paço, um corpo jurídico criado para dar assessoria em todos os assuntos ligados a questões legais e administrativas, logo se tornou mais importante do que a Casa dos Contos e se impôs como o órgão central na estrutura burocrática do império.

Era natural que assim fosse, pois as sociedades ibéricas dos séculos XV e XVI consideravam a administração da justiça "o atributo mais importante do governo e a justificativa primeira do poder real".[29] Não por acaso, no centro de virtualmente todas as cidades portuguesas, no reino ou no ultramar, erguia-se o pelourinho: a temível coluna de pedra que simbolizava a autoridade régia e à sombra da qual as autoridades liam proclamações e puniam criminosos.

O pelourinho

A aplicação da justiça ajudava a manter intacto um dos preceitos fundamentais do mundo ibérico: o de que aquela era uma sociedade desigual, rigidamente hierarquizada, na qual "havia homens de maior condição e de baixa condição", divididos de acordo com a classe a que pertenciam. Tal desigualdade "fazia parte da representação mental coletiva, era algo natural" e, justamente por isso, "encontrava sancionamento cabal na lei geral do reino".[30]

Os crimes eram punidos de acordo com a "qualidade" do infrator, fosse ele um "peão" ou um "fidalgo". Conforme as *Ordenações Manuelinas*, "peões" (ou "homens a pé", que não podiam servir o rei a cavalo, como os "cavaleiros") eram pessoas de "baixa condição". A "pena vil" (pena de morte) e os açoites (em geral executados em público, nos pelourinhos) estavam reservados quase que exclusivamente a eles.

Acima dos peões, escalonavam-se as pessoas de "maior condição": escudeiros, cavaleiros, vereadores, magistrados, escrivães – vários deles "fidalgos" ("filhos de algo"), tidos como "gente limpa e honrada" e, portanto, livres de açoites e da condenação à morte (a não ser em casos excepcionais). A ascensão social não propiciava, portanto, apenas melhores condições de vida: representava também a obtenção de uma série de privilégios jurídicos, além, é claro, da isenção de impostos.

Quando os reis D. João II, D. Manuel e D. João III deflagraram o processo que iria impor o poder do Estado e estabelecer a monarquia centralizada, ficou evidente que o sistema judiciário seria um aliado natural na obtenção desses propósitos. "Racional" e sistemática, a instituição oferecia à Coroa os mais amplos e eficientes mecanismos de controle sobre a população – o que incluía não apenas o próprio código penal, mas também o processo burocrático de arquivamento de dados e informações, uma grande inovação na época.

O jogo de interesses que se estabeleceu a partir de então cedo se revelou uma via de mão dupla: à medida que o Judiciário ia, rápida e quase que imperceptivelmente, tornando-se o núcleo administrativo do reino (e, a seguir, do império), os magistrados – desembargadores, juízes, corregedores e escrivães, ou seja, os "letrados" – passavam a desfrutar de doses crescentes de poder, influência e riqueza.

O DESEMBARGO DO PAÇO

No topo do sistema judiciário português se encontrava o Desembargo do Paço. Instituição criada em fins do século XV para dar assessoria ao rei em todos os assuntos ligados a questões legais e administrativas, o Desembargo do Paço começou a se tornar o órgão burocrático central do império depois da reforma promovida por D. João III através de um "diploma" assinado em 10 de outubro de 1534.

O Desembargo do Paço passou a exercer controle absoluto sobre o aparelho judiciário. Tal controle se iniciava com o exame dos "letrados" para o exercício da magistratura (a chamada "leitura dos bacharéis") e se estendia pelos pareceres requeridos para as suas promoções. Eram os desembargadores do Paço que autorizavam o exercício da advocacia, examinavam tabeliães e escrivães e ratificavam (ou não) seus provimentos, além de confirmar as eleições dos novos juízes. Estavam autorizados ainda a conceder cartas de fiança e de seguro, bem como despachar provisões, alvarás e licenças.

Mas o que realmente transformava o Desembargo do Paço na "instituição nuclear do sistema político-administrativo português"[31] era o poder de arbitrar os conflitos de competência entre os demais tribunais e conselhos do reino. Além disso, seus decretos podiam ser "equiparados aos do próprio rei",[32] uma vez que, como o monarca, "os desembargadores do Paço podiam dispensar as leis, ao contrário do que sucedia aos demais juízes e tribunais". É natural, portanto, que os desembargadores fossem chamados de "sobrejuízes".

A instituição, ainda assim, mantinha uma estrutura bastante simples: era composta apenas por um presidente, seis desembargadores, um porteiro, sete escrivães e um tesoureiro. Todas as sexta-feiras à tarde esses homens se reuniam com o rei "para discutir a formulação e a correção das leis, a designação de novos magistrados e a condição política e legal do reino".[33]

Os encontros se davam na Casa de Despacho dos Desembargadores do Paço, logo chamada de "casinha".[34]

OS "FILHOS DA FOLHA"

Tornar-se desembargador do Paço era o ápice da carreira judiciária em Portugal. Bacharéis, escrivães, juízes, provedores, ouvidores e corregedores lutavam para obter promoções que os aproximassem daquele cargo, ainda mais que cada promoção implicava maior salário e maiores privilégios.

Tais privilégios, estabelecidos pelas *Ordenações Manuelinas*, incluíam uma série de isenções fiscais e imunidades jurídicas, além de admissões em ordens religiosas e militares (como a Ordem de Cristo e a Ordem de Santiago), complementadas pela concessão de títulos nobiliárquicos, tenças e comendas. Um desembargador recebia cerca de 170 mil reais por ano. Mas os benefícios, tenças e comendas faziam esses rendimentos frequentemente ultrapassar a casa dos 250 mil reais, tornando-os os funcionários régios mais bem pagos do reino.

Infelizmente para muitos pretendentes, as promoções não dependiam, na maioria dos casos, de competência, idade, graus universitários ou do desempenho eficiente no cargo: estavam direta e quase que exclusivamente ligadas ao fato de "ter ou não o progenitor [do pretendente] servido à Coroa". É por isso que, de acordo com o historiador norte-americano Stuart Schwartz, tão logo o Judiciário fortaleceu e estreitou suas ligações com a Coroa, "os letrados começaram a assumir características de casta" e, por meio de "casamentos e ligações familiares, tornaram-se um grupo autoperpetuador",[35] virtualmente monopolizando os cargos administrativos do governo.

Para manter intacta a rede de privilégios, os filhos seguiam as pegadas dos pais, saindo do curso de Lei Canônica ou Civil (geralmente da Universidade de Salamanca, na Espanha, e, mais tarde, da Universidade de Coimbra, em Portugal) direto para o seio do funcionalismo público. Tornavam-se, assim, "filhos da folha", como então se dizia, entrando diretamente na folha de pagamento da burocracia régia.

Embora o Judiciário supostamente fosse uma instituição "racional" e "moderna", para ingressar e, especialmente, para ascender nele era preciso envolver-se em uma teia de "relações pessoais de parentesco, amizade e interesses", que, segundo Schwartz, "sempre haviam caracterizado a sociedade ibérica".[36] Como não é difícil supor, esse jogo de interesses, trocas de privilégios e tráfico de influências minou os alicerces da instituição – e manchou sua reputação.

O JUDICIÁRIO NO ULTRAMAR

Se, dentro do reino, a aplicação da justiça apresentava uma série de problemas – leniência, lentidão e burocracia excessiva –, nos territórios coloniais a situação se tornara catastrófica. Criada em 1544, a Relação da Índia foi o primeiro tribunal de apelação estabelecido fora de Portugal. Mas, conforme vários testemunhos, a instituição caracterizava-se pela "ineficiência, indolência e incompetência".[37] Segundo o cronista Diogo do Couto (1542-1616), o aparelho judiciário do Estado da Índia pouco conseguiu "além de locupletar os bolsos dos magistrados".[38]

No Brasil, a situação era ainda pior do que no Oriente. O regime das capitanias revelara-se tão ineficiente na cobrança de tributos quanto na administração da justiça. Até 1549, a Terra de Santa Cruz vivera sob o signo do arbítrio. Os amplos poderes jurídicos concedidos aos donatários em 1533 assemelhavam-se às antigas concessões outorgadas a alguns nobres nos séculos XIII e XIV; eram, portanto, poderes retrógrados, quase feudais, e estavam em flagrante conflito com a tendência de fortalecimento da autoridade real.

Abuso, corrupção e incompetência foram a regra, e não exceção, durante os 15 anos do regime das capitanias. Embora a alçada para causas cíveis concedida aos donatários fosse "cousa de espanto" (as multas podiam chegar a 20 mil reais), boa parte dos cargos judiciários era exercida por analfabetos ou degredados, homens que "não os conhece a mãe que os pariu",[39] que não "tinham livros de querelas, antes as tomavam em folhas de papel", e não dispunham de "regimento porque se regerem".[40] Esses homens, que jamais haviam estudado, muito menos prestado juramento, proferiam as "sentenças sem ordem nem justiça".

Os processos se arrastavam indefinidamente. Tal lentidão talvez não fosse de todo nociva: segundo um contemporâneo, as sentenças eram tão arbitrárias que, "se se executam, têm na execução muito maiores desordens". O quadro geral configurava "uma pública ladroíce e grande malícia",[41] conforme o depoimento do desembargador Pero Borges, primeiro ouvidor--geral do Brasil.

Não poderia haver centralização de poder na América portuguesa enquanto as questões da justiça permanecessem no ponto em que se encontravam em 1548. E, não havendo justiça, dificilmente haveria colonização. Pelo menos é esse o raciocínio que transparece na carta que um certo Afonso Gonçalves, capitão da vila pernambucana de Iguaraçu, escreveu para o rei D. João III em 10 de maio de 1548: "Há muita gente nessa capitania [de Pernambuco] e mais haveria, e mais segura, se Vossa Alteza tivesse aqui justiças suas, porque terras novas como estas não se povoam e sustentam senão com justiça (...), da qual aqui há muita falta".[42]

É uma coincidência significativa o fato de o capitão de Iguaraçu ter escrito para o monarca apenas dois dias antes de o colono Luís de Góis enviar, de Santos, a carta que a historiografia clássica considera o impulso decisivo para o estabelecimento do Governo-Geral. Enquanto Góis pedia proteção militar, Gonçalves clamava pela presença de "juízes régios (...) e instituições judiciais isentas",[43] sem as quais, como observou o historiador lusitano Jorge Couto, poucos colonos se arriscariam a morar no Brasil.

O HOMEM DA LEI

Ao decretar a instauração do Governo-Geral, a Coroa pretendia garantir a defesa da terra, a cobrança de impostos e a aplicação da justiça real no Brasil. O homem escolhido para a árdua tarefa de levar a lei e a ordem para os trópicos foi o desembargador Pero Borges, ex-corregedor de Justiça no Algarve.

Por meio de um alvará régio assinado em Almeirim em 17 de dezembro de 1548, Borges foi nomeado o primeiro ouvidor-geral do Brasil. No mesmo dia e local, recebeu o regimento que definia seus poderes e atribuições. Ao contrário dos regimentos concedidos ao governador-geral e ao provedor--mor, o do ouvidor-geral nunca foi encontrado. Mas o historiador Francisco de Varnhagen supõe que fosse "análogo" àquele entregue ao 18º ouvidor-geral, Paulo Leitão de Abreu, nomeado para o cargo em 14 de abril de 1628.

Uma carta enviada ao rei por Pero Borges em fevereiro de 1550 permite recuperar as prerrogativas de seu cargo. Como suprema autoridade da Justiça na colônia, o ouvidor-geral podia condenar à morte, "sem apelação", indígenas, escravos e "peões cristãos livres",

Selo de Pero Borges

desde que o governador-geral concordasse com a pena. Em caso de discordância, o réu e os autos do processo deveriam ser enviados para um corregedor em Portugal. Nas "pessoas de mor qualidade", o ouvidor tinha "alçada até cinco anos de degredo" e, no cível, "alçada até 60 mil reais" (o triplo da alçada concedida aos donatários e o dobro da dos tribunais da corte). Borges estava autorizado, ainda, "a entrar nas terras dos donatários por correição e ouvir nelas ações novas e velhas".

Embora devesse permanecer "sempre na mesma capitania em que o governador se encontrar" ("salvo havendo ordem em contrário ou se o bem do serviço assim o exigir"), os poderes de Pero Borges eram independentes dos de Tomé de Sousa – que, aliás, não fora autorizado a castigar nem a anistiar, a não ser em comum acordo com o ouvidor-geral. As atribuições do cargo equiparavam Pero Borges aos desembargadores da Casa de Suplicação, que eram os magistrados de alto nível em Portugal, abaixo apenas dos desembargadores do Paço.

A "TRISTE CELEBRIDADE" DO DR. BORGES

Apesar do poder concentrado em suas mãos, Pero Borges não tinha a ficha limpa. Em 1543, quando ocupava o cargo de corregedor de Justiça em Elvas, no Alentejo, próximo à fronteira com a Espanha, Borges foi encarregado pelo monarca de supervisionar a construção de um aqueduto. Quando as verbas se esgotaram sem que o aqueduto estivesse pronto, "algum clamor de desconfiança se levantou no povo".[44] Os vereadores da Câmara de Elvas escreveram ao rei solicitando investigação do caso. Em 30 de abril de 1543 D. João III autorizou a abertura de um inquérito.

Uma comissão parlamentar averiguou detidamente as contas e apurou que Borges "recebia indevidamente quantias de dinheiro que lhe eram levadas à casa, provenientes das obras do aqueduto, sem que fossem presentes nem o depositário nem o escrivão".[45] O prosseguimento das investigações comprovou que Pero Borges desviara 114.064 reais – equivalentes a um ano de seu salário como corregedor.

Em 17 de maio de 1547, depois de o julgamento ser postergado durante três anos por meio de uma série de recursos e "demandas" impetrados pelo próprio réu, o doutor Borges foi condenado "a pagar à custa de sua fazenda o dinheiro extraviado". A mesma sentença o suspendeu "por *três anos* do exercício de cargos públicos". O corregedor retornou a Lisboa, "deixando atrás de si triste celebridade".[46]

Mas então, no dia 17 de dezembro de 1548, exatos um ano e sete meses após a sentença, o mesmo Pero Borges foi nomeado, pelo mesmo rei, ouvidor-geral do Brasil, cargo que pode ser comparado ao de ministro da Justiça. A carta de nomeação entregue a Borges no mesmo dia determinava que "todas as autoridades e moradores da colônia lhe obedeçam e cumpram inteiramente suas sentenças, juízos e mandados, em tudo o que ele (...) fizer e mandar".

Em 15 de janeiro de 1549, duas semanas antes de partir para o Brasil, o ouvidor-geral ainda recebeu de D. João III a promessa de que, "se bem servisse", seria promovido a desembargador da Casa de Suplicação tão logo retornasse ao reino. Não foi o único agrado feito a Borges: em 17 de janeiro, o rei concedeu a Simoa da Costa, mulher do ouvidor-geral, uma pensão anual de 40 mil reais, paga durante o tempo em que seu marido estivesse no Novo Mundo.

Para servir no Brasil, Borges receberia 200 mil reais por ano, mais que o salário nominal de um desembargador do Paço (170 mil reais brutos, como já foi dito). Sob suas ordens diretas viria uma dúzia de funcionários, entre eles o escrivão Brás Fernandes (40 mil reais por ano) e o meirinho Manuel Gonçalves (20 mil reais anuais). Após uma série de reuniões na corte, algumas delas com o rei, os três principais servidores da Justiça no Brasil conseguiram embolsar seus salários antes de partir de Portugal, e só então se prepararam para zarpar para o Brasil na frota do governador-geral, que já se encontrava fundeada no porto, aguardando por eles.

OS "FERRADOS"

Nenhum relato original descreve o embarque dos tripulantes da armada comandada por Tomé de Sousa. Mas a cena pode ser vislumbrada pelo ponto de vista daqueles que, embora no extremo oposto da escala social, não deixavam de ser "homens do rei": os degredados, que viriam cumprir suas penas no Brasil.

Era um espetáculo ao qual o povo de Lisboa estava acostumado: desde o começo da expansão ultramarina, no início do século anterior, levas de prisioneiros deixavam a famigerada Cadeia do Limoeiro em sombria procissão rumo à zona portuária – e dali para as longínquas fortalezas e colônias de além-mar.

Embora frequente, a cena sempre impressionava transeuntes, comerciantes, marujos e todo o populacho; o exílio era tido como uma pena terrível e temível. "Quem vai degredado de sua pátria", anotou um magistrado português, "é privado de seus pais, parentes e amigos, e vai passar a vida entre estranhos e desconhecidos – e isso basta para a passar miserável e tristemente. Por essa razão, os juízes devem cuidar para não impor esta pena aos culpados com facilidade."[47]

Entretanto, desde que o degredo se tornara a política oficial para ocupação dos novos territórios, os juízes passaram a aplicá-lo com crescente "facilidade". A comutação da pena de morte em degredo virou praxe a partir do momento em que ficou claro que Portugal, com pouco mais de 1 milhão de habitantes, não dispunha de recursos humanos suficientes para ocupar suas vastas possessões coloniais.

O aparelho judiciário apressou-se então em colaborar com o projeto expansionista do império. O historiador norte-americano Timothy Coates[48] calcula que, entre 1550 e 1755, cerca de 50 mil portugueses foram enviados para o exílio. Quantos deles vieram parar no Brasil? É virtualmente impossível saber com certeza, embora, de acordo com Coates, durante os séculos XVI e XVII, a média tenha sido de aproximadamente cinquenta indivíduos por ano, o que resultaria em pouco mais de 10 mil homens ao longo de 205 anos.

Agrilhoados aos pares, pelas pernas, com uma corrente de cerca de 2 metros, os condenados emergiam dos subterrâneos do Limoeiro e, ofuscados pela claridade, arrastavam-se pelas ladeiras do bairro da Alfama em direção à ribeira das Naus, o porto localizado a cerca de meia légua (3 quilômetros) dali. Cobertos somente por uma túnica azul de algodão grosseiro, com cabelo e barba raspados, macilentos e esqueléticos, os prisioneiros marchavam atados também por um cinto de ferro preso em torno da cintura e que os mantinha separados por no máximo 1 metro entre si. Aos cativos de origem nobre era reservada a prerrogativa de serem acorrentados unicamente pelos pés.

As *Ordenações Manuelinas* estabeleciam, literalmente, centenas de delitos passíveis de condenação ao degredo. Os prisioneiros eram jogados na

O Amargo Limoeiro

Sólido e soturno, o Limoeiro se erguia nas cercanias da Sé, a catedral de Lisboa, sob a sombra do castelo de São Jorge, nas tortuosas encostas da Alfama, bairro dos marujos e antiga "Cidade Branca" dos tempos da ocupação moura. Após sediar a Casa da Moeda, o edifício fora transformado em cadeia em 1481. Uma fachada sóbria disfarçava os horrores de suas "enxovias", tenebrosas masmorras subterrâneas, gotejantes e imundas, onde a peste e outras moléstias contagiosas dizimavam os prisioneiros antes de eles terem cumprido as penas. Na maré alta, as águas barrentas do Tejo penetravam nos cárceres e subiam até a cintura dos prisioneiros.

Cadeia do Limoeiro, o "ponto focal de todo o sistema penitenciário português"[49] (*leia nota lateral*). Eram homicidas, ladrões, bígamos, blasfemos, hereges, raptores, estupradores, contrabandistas ou meramente vadios e desocupados. Muitos haviam sido presos na movimentada zona portuária de Lisboa. Aqueles capturados no interior eram enviados para a capital; vinham em levas de no mínimo seis indivíduos, trazidos sob escolta de todas as regiões do reino.

Dos territórios de exílio, o Brasil era, ao menos de início, tido como o mais temível. Condenados reincidentes, já enviados para Goa ou Angola, ao se tornarem um estorvo naquelas colônias, acabavam seus dias na América portuguesa. Quando um alvará real assinado em 5 de fevereiro de 1551 permitiu que o degredo para o Brasil fosse, em determinados casos, substituído por serviço nas galés, os tribunais estipularam que dois anos na América equivaliam a um ano nas galés, enquanto que o "exílio para toda a vida no Brasil" poderia ser substituído por dez anos nas galés (embora dez anos nas galés fosse "uma pena geralmente entendida como igual à pena de morte e frequentemente referida como tal").[50]

Mas não restam dúvidas de que um número considerável de condenados ao degredo ou às galés se safava antes de cumprir a pena. Apesar da aura de danação que a cercava, a Cadeia do Limoeiro estava longe de ser inexpugnável, e escapar de lá não constituía nenhuma proeza – bastava ter dinheiro para o suborno. A corrupção dos carcereiros era notória, e a fuga de prisioneiros, tão constante que praticamente todos os reis de Portugal dos séculos XVI e XVII se referiram ao fato, assinando alvarás e decretos que ora ameaçavam ou condenavam os carcereiros, ora exigiam providências imediatas do diretor da cadeia.

Existem divergências sobre o número exato de degredados embarcados na frota de Tomé de Sousa. A quase totalidade dos livros assegura que eram quatrocentos. A fonte original dessa informação é Gabriel Soares de Sousa, senhor de engenho e o maior cronista de sua época, autor do admirável *Tratado descritivo do Brasil*. Mas Soares escreveu seu relato meio século após a chegada de Tomé de Sousa à Bahia, e parece ter exagerado. É possível que ele tenha involuntariamente somado todos os degredados enviados para o Brasil de 1535 até a implantação do Governo-Geral, em 1549. Após minuciosa investigação da expedição de Tomé de Sousa, o baiano Edison Carneiro concluiu que "só há notícia certa de 62 degredados". E esse é, sem dúvida, o número mais plausível de condenados que teriam vindo com o primeiro governador-geral.

Embora concorde em termos gerais com Edison Carneiro, o historiador norte-americano Timothy Coates supõe que o perdão geral anunciado em 1547 para os réus condenados pela Inquisição à morte na fogueira possa ter "contribuído para aumentar o número de degredados para o Brasil em fins do ano seguinte". Para Coates, muitos dos prisioneiros enviados ao Brasil com o governador-geral "indubitavelmente eram cristãos-novos condenados pela Inquisição". Pedro Calmon serviu-se do trecho de uma carta do padre

Nóbrega na qual o jesuíta se refere aos cristãos "tanto velhos como novos" para sugerir que muitos dos degredados de fato eram cristãos-novos (*leia nota lateral*).

O silêncio das fontes impossibilita a obtenção de respostas para perguntas óbvias – que crimes teriam aqueles homens cometido ou de que foram alguns injustamente acusados, qual sua condição social, quais as idades e os nomes –, mas não impede que se imagine os condenados acorrentados uns aos outros, marchando cabisbaixos, sujos, esfarrapados e famintos, contemplando de soslaio, e pela última vez, as movimentadas tavernas da Alfama, o suntuoso Paço d'El Rei, o enorme Celeiro Público, os mercados de peixe e de doces e o imponente prédio da Alfândega Nova, até vislumbrarem, balouçantes sobre as águas do Tejo, as escuras silhuetas dos navios que os levariam para longe de seus lares. Para sempre.

Na frota de Tomé de Sousa, os condenados estavam sob a guarda de um certo Antônio Rodrigues de Almeida, "criado do rei". Seu embarque e a distribuição pelos porões das seis embarcações hão de ter sido observados com temor e desprezo por seus futuros companheiros de viagem; afinal, além da ameaça potencial que representavam, alguns homens subiram a bordo com aparência medonha: além de postos a ferros (ou "ferrados") muitos estavam "desorelhados". O motivo para tal prática não constituía mera crueldade: os elementos mais perigosos tinham as orelhas cortadas para que pudessem ser imediatamente identificados, pois, uma vez no Brasil, viveriam em liberdade.

BATIZADOS EM PÉ

O termo "cristãos-novos" surgiu por volta de 1497, depois que o rei D. Manuel tornou o batismo e a conversão ao cristianismo obrigatórios para os judeus que viviam em Portugal. Conhecidos como "conversos", os judeus recém-convertidos já foram chamados também de "batizados em pé". As leis relativas ao tema foram promulgadas, revogadas e reabilitadas em várias ocasiões, dependendo do momento político vivido no reino. A Coroa oscilou entre a tirania e a misericórdia, mas raras vezes permitiu a saída dos cristãos-novos do reino. A distinção entre cristãos-velhos e novos perdurou até fins do século XVII.

OS RETARDATÁRIOS

A convivência forçada entre soldados, sacerdotes, carpinteiros, escrivães e marinheiros da expedição de Tomé de Sousa com cerca de meia centena de "ferrados" e "desorelhados" acabaria se tornando mais longa do que o previsto.

Embora desde o fim da segunda semana de janeiro de 1549 a frota do governador estivesse no porto com todo o material e os tripulantes a bordo, os navios não tinham recebido autorização para zarpar. Era preciso esperar por retardatários que se demoravam na corte – todos gente importante. Escrevendo para D. João III no dia 24 de janeiro, Fernão d'Álvares de Andrade, encarregado, como sempre, do despacho dos navios, implorava ao rei para que, "por amor de Deus", não se desperdiçasse o "bom tempo que cá vai".[51]

As monções de fato estavam soprando na direção e intensidade certas, estabelecendo condições ideais para a travessia do Atlântico. Mas um motivo de natureza ainda mais prática justificava a aflição de Fernão d'Álvares: a "gente d'armas" (arcabuzeiros, besteiros, espingardeiros, bombardeiros e trombetas), assentada a bordo havia cerca de dez dias, estava inquieta e descontente. "Por ser muito pobre, anda clamando, pedindo de comer", relatou Álvares ao rei. Não seria necessário relembrar ao monarca que, de

Vista de Lisboa no século XVI

acordo com uma estipulação assinada por ele mesmo, os mantimentos só começariam a ser distribuídos e os soldos pagos *após* a partida dos navios.

Na quinta-feira, 24 de janeiro de 1549, a armada estava "de todo prestes" e poderia içar velas imediatamente, ou, o mais tardar, no final de semana, como era hábito. Mas isso apenas se figuras ilustres como o ouvidor-geral Pero Borges, o provedor-mor Antônio Cardoso de Barros, o mestre da pedraria Luís Dias e o capitão-mor da costa do Brasil, Pero de Góis, "afora outros", se desvencilhassem de seus negócios na corte. Supõe-se que o motivo que retardava o embarque daqueles ilustres senhores fosse o fato de estarem tratando de receber seus salários antes da partida.

Entre os "outros" retardatários aos quais Álvares se referiu em sua carta, um deles estava, naquele momento, se dirigindo a pé desde a província da Beira, a cerca de 150 quilômetros de Lisboa, até o porto de Belém, nas cercanias da capital. Embora fosse um andarilho experimentado, havia sido convocado na última hora para se juntar à expedição. Seu atraso seria, portanto, ainda maior que o dos demais – a ponto de ele quase perder o embarque.

O apressado caminhante era um padre jesuíta. Chamava-se Manuel da Nóbrega.

O HOMEM DA CRUZ

O papel de Nóbrega na história colonial do Brasil iria adquirir tal amplitude que é impossível imaginar o que teria acontecido caso ele tivesse sido deixado para trás. Se Tomé de Sousa representava o rei e o poder da Coroa, se Antônio Cardoso de Barros simbolizava o Tesouro Régio e o longo braço do fisco e Pero Borges vinha em nome da lei e da força do Judiciário, Nóbrega, mais do que a Igreja ou a fé, personificava o vasto e sombrio poder da Contrarreforma. Não por acaso, ele iria se tornar um dos mais importantes homens do rei no Brasil.

Aos 31 anos, Nóbrega havia deparado, pouco antes, com uma encruzilhada em sua vida – e decidira trilhar o caminho mais árduo. Tendo perdido a chance de se tornar um homem do Judiciário, resolvera se transformar em um "soldado de Cristo".

Nascido a 18 de outubro de 1517, filho de desembargador e sobrinho de um chanceler-mor do reino, Nóbrega estava destinado, como era praxe, a seguir a carreira do pai. Para tanto, havia se matriculado, em 1534, no curso de Direito da Universidade de Salamanca, na Espanha. Um dos professores mais ilustres daquela instituição era Martin de Azpilcueta Navarro, renomado especialista em Direito Canônico e brilhante economista (tendo sido, de acordo com o pesquisador inglês James Buchan, o primeiro a teorizar sobre o significado da inflação e a consequente desvalorização do dinheiro),[52] e de cujo grupo de alunos Nóbrega fazia parte.

O padre Manuel da Nóbrega

Manuel da Nóbrega não precisou pagar os estudos em Salamanca. Sendo seu pai o Dr. Baltasar, "homem de muita inteireza", a quem el-Rei "encomendava cousas de muito peso",[53] o próprio D. João III concedeu uma bolsa, isto é, "moradia e favor", para o jovem Manuel estudar no reino vizinho. Em fins de 1537, quando Azpilcueta Navarro transferiu-se – "a peso de ouro" e com "salário principesco"[54] – para a recém-inaugurada Universidade de Coimbra, Nóbrega seguiu os passos do mestre e retornou a Portugal, matriculando-se na Faculdade dos Cânones em novembro de 1538. Aos 23 anos, graduou-se em Direito Canônico e em Filosofia, em junho de 1541. Antes de ingressar no Desembargo do Paço, planejava tornar-se professor da Universidade de Coimbra.

Mas como poderia um gago lecionar? Reprovado em um teste oral por ser "tardo na fala", Nóbrega se amargurou profundamente. Como o prestigiado Navarro considerava o jovem bacharel "doutíssimo por sua ciência, virtude e linhagem",[55] ainda o indicou para uma "colegiatura" no mosteiro de Santa Cruz, colado à Universidade de Coimbra. Mas, outra vez, o "cavalheiro da triste fala"[56] foi reprovado: a gagueira era obstáculo intransponível.

Nóbrega então desistiu da cátedra e resolveu se tornar padre. "Vendo que o mundo o desprezava, fez propósito de o desprezar a ele",[57] escreveu um de seus biógrafos.

Um ano e um dia após a formatura de Nóbrega, chegava a Coimbra, em 15 de junho de 1542, o padre Simão Rodrigues, um dos fundadores originais da Companhia de Jesus, a nova e muito falada instituição que em breve se tornaria a principal ordem religiosa de Portugal e uma das mais atuantes do mundo. Rodrigues fora lançar as bases do Colégio de Jesus, um reduto conservador cuja fundação poria fim aos avanços humanistas de Coimbra. Alguns meses após sua chegada, "mestre Simão" foi procurado por um desiludido Nóbrega. Mais do que um mero padre do clero secular, o bacharel rejeitado estava disposto a se tornar jesuíta.

Em 21 de novembro de 1544, aos 27 anos de idade, Manuel da Nóbrega entrou como noviço na Companhia de Jesus. Era uma decisão coerente com seu estado de espírito. Afinal, como Simão Rodrigues dissera em carta ao criador da ordem, Inácio de Loyola, a "Companhia tem um fundamento que é a abjeção e desprezo do mundo e, mediante essa loucura, sempre Deus a ajudou e com especiais dons favoreceu. É necessário que sejamos mesmo loucos por Cristo (...), porque Deus bendito escolhe aquele que é louco e fraco do mundo para confundir os fortes".[58]

Tendo como inspiração os *Exercícios espirituais* de Loyola, Nóbrega mergulhou em uma espécie de jornada iniciática movida a jejuns, meditações, eventuais açoites e outras "mortificações". Em fevereiro de 1547, desfilou pelas ruas de Coimbra com um crucifixo, uma caveira e vários ossos humanos "para mover os folgazões à compulsão durante as profanas festas carnavalescas".[59] No inverno de 1548, decidiu percorrer o Caminho de Santiago, a mais famosa rota de peregrinação da cristandade na Europa, sobrevivendo de esmolas e migalhas, decidido a ser pobre "no prato e no trato". Eventualmente, tentava pregar – sempre "a muito descontentamento do povo e meu, porque eu sou quem sou".[60]

Fosse quem fosse, Nóbrega estava começando a se transformar no missionário que, menos de sete anos mais tarde, já no Brasil, seria assim descrito por um de seus discípulos: "Se vísseis o Nóbrega veríeis um homem que não o parece, um homem de engonços, de pele e ossos. Um rosto de cera amarela (...), uns olhos sumidos, com um vestido que não o sabeis se o

Símbolo da Companhia de Jesus

foi alguma hora, os pés descalços, esfolados do sol. Seu comer são suspiros, seu beber lágrimas pela conversão dos infiéis e pela má vida dos cristãos."⁶¹ Um genuíno discípulo de Inácio de Loyola.

Ao retornar da peregrinação pelo Caminho de Santiago, Manuel da Nóbrega tornou-se o primeiro "procurador dos pobres" da Companhia de Jesus em Portugal. Era um cargo de confiança exercido por quem conhecia Direito e estava apto a defender os desvalidos em geral: "viúvas, enfermos, encarcerados e todos aqueles que não podem contratar um advogado".⁶² O desempenho do cargo levou-o à província da Beira em janeiro de 1549. Quando lá estava, foi informado de que deveria retornar a Lisboa, juntar-se à expedição de Tomé de Sousa e partir imediatamente para o Brasil.

Manuel da Nóbrega fora escolhido para dirigir a primeira missão da Companhia de Jesus no Novo Mundo.

OS GUERRILHEIROS DE CRISTO

Aprovada oficialmente pelo papa em setembro de 1540, a Companhia de Jesus tornou-se a mais dinâmica, influente e polêmica das novas ordens religiosas surgidas na Europa após Martinho Lutero ter lançado, em 1517, o manifesto que rachou a Igreja. Com uma estrutura rigidamente monástica, quase militar, a ordem não despontou apenas como um grupo de combate à Reforma; transformou-se em uma das forças motrizes que fez brotar a própria Contrarreforma.

Seu fundador e primeiro "general", Inácio de Loyola (*leia nota lateral*), imaginava aquela

O GENERAL DE JESUS

Nascido Iñigo López de Oñaz, em 1491, o futuro Inácio de Loyola era um fidalgo basco de vida aventurosa e turbulenta, "entregue", segundo ele mesmo, "às vaidades do mundo, ao exercício das armas e vencido pelos pecados da carne". Sua vida começou a mudar em maio de 1521, quando, durante o cerco dos franceses a Pamplona, foi atingido entre as pernas por uma bala de obus. Com a parte inferior da perna direita estraçalhada, a barriga da perna esquerda dilacerada e, muito provavelmente, impotente, Iñigo leu a obra Vida de Cristo, *do frade cartucho Ludolfo da Saxônia, e decidiu se tornar um "mendigo de Deus". Manco e de "magreza espantosa", cabelos e unhas muito longos, partiu em peregrinação até Jerusalém em março de 1523. Na volta, em agosto de 1529, matriculou-se no Colégio de Santa Bárbara, em Paris, para estudar teologia. Lá, reuniu seis alunos e com eles fundou a Companhia de Jesus.*

75

"Sociedade de Jesus" como uma elite moral, intelectual e espiritual disposta a defender o papado em qualquer circunstância, lutar ferrenhamente contra o protestantismo e espalhar a fé católica por todos os recantos do planeta. Seus membros, instigados pelos estatutos da ordem a "militar como soldados de Deus, sob a bandeira da cruz", iriam se transformar em autênticos guerrilheiros de Cristo, inflexíveis cruzados do catolicismo, que o historiador inglês Charles Boxer comparou a uma "tropa de choque espiritual" e o português Alexandre Herculano definiu como a "milícia papal". Fundada por um andarilho, a ordem seria essencialmente andarilha. Seus integrantes em breve estariam espalhados do Canadá ao Japão, do Tibete à Amazônia, atuando como a vanguarda universal da Contrarreforma.

O Brasil cedo se tornaria uma das principais províncias da companhia – e em raras porções do globo a influência dos jesuítas haveria de perdurar por tanto tempo e com tal profundidade.

Embora a sede da ordem ficasse em Roma, não restam dúvidas de que, a princípio, o impacto global dos jesuítas teve seu epicentro em Portugal. Isso porque, atendendo a solicitação de D. João III – que seguira o conselho de seu assessor Diogo de Gouveia, diretor do colégio onde Loyola tivera a ideia de fundar a Companhia de Jesus –, o papa Paulo III determinou que o líder dos jesuítas cedesse seis de seus discípulos para que o rei de Portugal desse início ao utópico projeto de catequizar a Índia e outras partes do Oriente. "Seis? O que irá me sobrar para o resto do mundo?", teria replicado Loyola, que, àquela altura, não reunira mais do que 15 seguidores. Por conta do reduzido contingente, o "general" dos jesuítas foi autorizado a liberar apenas dois discípulos. Em compensação, escolheu o espanhol Francisco Xavier e o português Simão Rodrigues, cofundadores da ordem e seus íntimos colaboradores.

OS "APÓSTOLOS" EM PORTUGAL

Xavier e Rodrigues chegaram a Lisboa em abril de 1540, antes mesmo da fundação oficial da Companhia de Jesus. Lá, foram recebidos com todas as honras e passaram a ser chamados de "apóstolos". Tão forte foi o impacto que causaram na corte que o rei pensou em desistir de enviá-los à Índia. Mas ambos insistiram em executar a missão, e D. João III se viu na contingência de autorizar a partida de Xavier para o Oriente, embora tenha forçado Rodrigues a permanecer no reino, a contragosto. Naquele início de 1540, Portugal atravessava um período em que inquietações religiosas e debates filosóficos eclodiam por todo o país: na corte, no meio intelectual e na cena universitária. Aproveitando-se daquela instabilidade e das mudanças provocadas por ela, o irascível Simão Rodrigues iria se tornar uma das figuras centrais da grande "viragem" prestes a se abater sobre a cultura, a educação e o catolicismo em Portugal.

Decidida a dirigir os rumos da educação em Portugal e em todas as suas colônias, a Companhia de Jesus serviu-se da crescente influência junto ao rei para estabelecer sua própria rede de escolas no reino. Em julho de 1542, Rodrigues foi a Coimbra com a missão de fundar um Colégio de Jesus na cidade que era o maior centro intelectual de Portugal. Lá, como já foi dito, acabou sendo procurado por Manuel da Nóbrega e o recebeu como noviço. Como todas as escolas jesuíticas, o Colégio de Jesus de Coimbra estava preso a conceitos pedagógicos medievalistas. O currículo era rigidamente ortodoxo e, embora a doutrina fosse de base aristotélica, o grego e também o hebraico eram vistos como línguas "suspeitas", assim, os alunos se dedicavam quase que exclusivamente ao latim.

Em 1546, Portugal tornou-se sede da primeira Província da Companhia de Jesus fora de Roma. Para o cargo de provincial, Inácio de Loyola, obviamente, escolheu Simão Rodrigues. Com seu poder fortalecido e os laços com a Coroa estreitados,

MESTRE SIMÃO

Simão Rodrigues de Azevedo, nascido no norte de Portugal em 1510, provinha de família nobre. Com barba e cabelos negros, alto, forte e atlético, tinha ideias radicais e temperamento explosivo. Além de se tornar o principal responsável pelo pleno estabelecimento da Companhia de Jesus em Portugal, ele iria provocar uma série de transtornos e embaraços futuros para Inácio de Loyola e a direção da ordem devido ao crescente radicalismo. Ele foi afastado do cargo em 1555.

mestre Simão não precisou nem de meia década para alcançar um de seus principais objetivos: assumir o controle absoluto da educação no reino e em suas colônias, especialmente no Brasil, e denunciar os intelectuais humanistas à Inquisição. O humanismo jamais voltaria a florescer em Portugal nem em suas colônias.

Mesmo profundamente envolvido no processo de implantação da Contrarreforma, Simão Rodrigues ainda sonhava em viajar para o Novo Mundo. "Quero ser o primeiro no Brasil, pois não mereci ser o segundo na Índia", havia escrito ele a Loyola, sem esconder a pontada de ressentimento por não ter sido enviado para o Oriente com Francisco Xavier. Por isso, no segundo semestre de 1548, tão logo se iniciaram os preparativos para que a frota de Tomé de Sousa zarpassse rumo à Bahia, ficou decidido que Rodrigues seguiria nela. Em dezembro daquele ano, porém, o Tribunal do Santo Ofício instaurou um novo processo contra o brilhante cronista e filósofo Damião de Góis, suspeito de ser simpatizante do protestantismo por conta de suas ligações com o filósofo Erasmo de Roterdã. Simão era a principal testemunha de acusação. Viu-se, por isso, impedido de viajar. Manuel da Nóbrega foi então chamado às pressas para substituí-lo.

E assim, enquanto Nóbrega marcha célere desde o norte de Portugal até o porto de Belém, um ciclo se encerra para que outro possa começar.

No instante em que os navios de Tomé de Sousa soltam as amarras para singrar a rota que Pedro Álvares Cabral percorrera meio século antes, a lei e a ordem, o poder burocrático e o longo braço do fisco avançam rumo ao Brasil. A armada também trazia em seu bojo a intricada teia de um funcionalismo público ineficiente e corrupto e a voracidade de um sistema tributário pesado e injusto. Representada por Manuel da Nóbrega, a Igreja igualmente enviava suas sementes. E elas também vingariam, enraizando a mentalidade jesuítica na nova terra.

A colônia se desenvolveria sob o signo do dogmatismo: sem livros, sem universidades, sem imprensa e sem debates culturais – em síntese, sem a diversidade e o frescor do humanismo renascentista. "A inteligência brasileira viria a constituir-se submetida à direção exclusiva da Companhia de Jesus, sob a égide da Contrarreforma e do Concílio de Trento", diagnosticou o crítico Wilson Martins em sua *História da Inteligência Brasileira*. "Esse desejo de perpetuar a ignorância (...) condicionaria as perspectivas mentais do Brasil por três séculos."

PLANTA ORIGINAL DA CIDADE DE SALVADOR

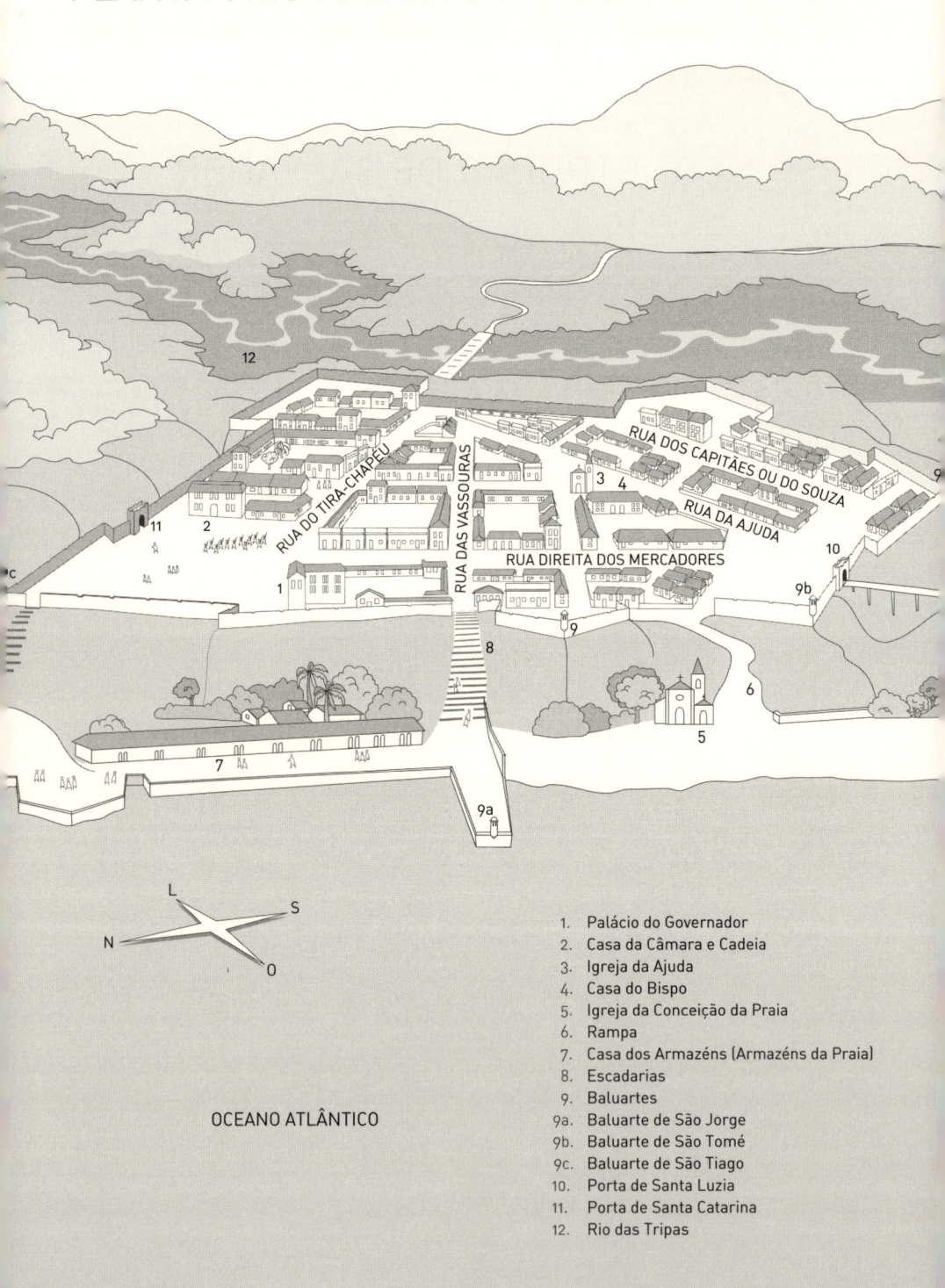

RUA DO TIRA-CHAPÉU
RUA DAS VASSOURAS
RUA DOS CAPITÃES OU DO SOUZA
RUA DA AJUDA
RUA DIREITA DOS MERCADORES

OCEANO ATLÂNTICO

1. Palácio do Governador
2. Casa da Câmara e Cadeia
3. Igreja da Ajuda
4. Casa do Bispo
5. Igreja da Conceição da Praia
6. Rampa
7. Casa dos Armazéns (Armazéns da Praia)
8. Escadarias
9. Baluartes
9a. Baluarte de São Jorge
9b. Baluarte de São Tomé
9c. Baluarte de São Tiago
10. Porta de Santa Luzia
11. Porta de Santa Catarina
12. Rio das Tripas

II
A CONSTRUÇÃO DE SALVADOR

Em uma sexta-feira, 1º de fevereiro de 1549, após três meses de intensos preparativos, a frota comandada por Tomé de Sousa zarpou do porto de Belém. Uma pequena e emocionada multidão – mulheres, filhos, parentes e amigos dos que estavam a bordo – reuniu-se, como de hábito, nos arredores da torre de Belém para se despedir daqueles que partiam. Erguida em 1514 junto à foz do Tejo, na zona oeste de Lisboa, a cerca de 2 léguas (aproximadamente 12 quilômetros) do centro da cidade, a torre era a última imagem de Portugal avistada pelos marujos antes de seus navios enfrentarem as incertezas do oceano – bem como a primeira visão da afortunada minoria que concluía a viagem de volta.

Seis embarcações constituíam a armada do governador: as naus *Salvador*, *Conceição* e *Ajuda*, as caravelas *Rainha* e *Leoa* e o bergantim *São Roque*. Junto com a frota, seguiam também dois navios mercantes armados às custas de Fernão d'Álvares de Andrade. Ao todo, é provável que houvesse pouco mais de quinhentos homens a bordo, e não os mil (seiscentos soldados e quatrocentos degredados) aos quais em geral se referem os livros de história do Brasil. Os navios, de todo modo, estavam abarrotados.

Além de cerca de 130 homens em cada nau, oitenta por caravela e cinquenta no bergantim, qualquer espaço disponível nos porões e no convés fora ocupado pelas "achegas" citadas no *Regimento Régio* dado a Tomé de Sousa. Era o material necessário para as obras da cidade, a bagagem profissional dos artífices e os pertences pessoais dos passageiros, reunidos em um sem-número de arcas e baús, colocados entre centenas de milhares de objetos de "resgate" – foices, facas, tesouras, espelhos, anzóis e contas de vidro – que seriam usados no escambo com os indígenas.

A essa mixórdia é preciso acrescentar a indispensável "matalotagem", ou seja, as provisões necessárias para o sustento de meio milhar de pessoas durante três meses de viagem marítima. A água, o vinho e os mantimentos seguiam em cerca de seiscentos tonéis de madeira de aproximadamente 1,5 metro de altura por 1 metro de diâmetro. A capacidade dos navios era medida justamente pelo número de tonéis que podiam ser embarcados – origem da palavra "tonelagem", ainda em uso. Uma nau podia transportar cerca de 150 tonéis; uma caravela, uns oitenta.

O trabalho a bordo era árduo. Mesmo assim, a alimentação oferecida aos tripulantes pouco diferia daquela servida aos prisioneiros encarcerados no Limoeiro: punhados dos duríssimos "biscoitos de marear", carne salgada, lentilhas, vinagre e banha. Embora as quantidades concedidas aos marujos fossem maiores do que as servidas aos presos, a ração não ultrapassava 2.500 calorias diárias. Estudos recentes comprovam que, "face às pesadas exigências que uma tão esforçada atividade náutica impunha àqueles homens, tais rações eram não só insuficientes, como não respeitavam, minimamente, outras leis básicas da alimentação".[1] Cada tripulante recebia ainda cerca de 1,5 litro de vinho – por dia.

A "GENTE D'ARMAS"

Em seus porões, os navios comandados por Tomé de Sousa também transportavam munição, artilharia, armamentos e outros artefatos bélicos, uma vez que a expedição fora encarregada de vários objetivos militares. Não é surpresa, portanto, que, dentre os passageiros, a "gente d'armas" fosse a maioria: eram 65 soldados, 32 espingardeiros, 22 bombardeiros, sete besteiros e seis trombetas, totalizando 132 combatentes.

Esse pequeno exército estava preparado para enfrentar "cinco, até seis mil homens de peleja" da nação Tupinambá, além de um punhado de traficantes franceses de pau-brasil. Embora recebessem soldo, nenhum daqueles homens era soldado profissional – simplesmente porque Portugal não possuía, à época, exército regular. Seus combatentes eram mercenários, voluntários ou, na maior parte, desocupados alistados à força.

Em tempos de fortalecimento do poder monárquico,

a inexistência de forças armadas no reino preocupava D. João III. Tanto é que, dali a seis meses, no dia 7 de agosto de 1549, dando sequência à série de medidas centralizadoras, o soberano iria decretar "obrigações militares gerais", tornando recrutáveis todos os homens entre 20 e 65 anos nascidos em Portugal.

A lei, de todo inexequível, parece jamais ter saído do papel, já que, mais de meio século depois, a situação ainda não se modificara. Escrevendo em 1610, o viajante francês Pyrard de Laval não hesitava em afirmar que os soldados portugueses desembarcados na Índia eram quase todos "filhos de camponeses e outra gente de baixa condição, apanhados à força desde a idade de 12 anos", que nunca tinham visto uma guerra e "não sabiam como se portar em combate".[2] Os bombardeiros, em sua maioria "artífices, sapateiros ou alfaiates", ignoravam como "dar um tiro de peça quando necessário".

É claro que a "gente d'armas" enviada à Bahia não era muito diferente. Até porque, em 1549, "o Brasil ainda assumia uma posição francamente periférica do ponto de vista militar (...), sendo a guerra com os índios desvalorizada por não se basear em artilharia e armas de fogo (...) e a morte à mão dos nativos" vista como menos "digna do que em África ou na Índia".[3] A prova do quão ineficientes eram os soldados alistados na expedição de Tomé de Sousa não tardaria a vir, e seria dada justamente pelo homem encarregado de comandá-los: o capitão-mor da costa do Brasil, Pero de Góis.

Em 1550, após breve conflito com traficantes franceses travado ao largo da costa do Rio de Janeiro, Góis escreveria para o rei assegurando que, em seu contingente, não havia "um único homem que em mais de cinquenta tiros pudesse meter pelo menos um dentro". Todos os seus comandados "diziam e juravam que por força os fizeram vir para o Brasil e que em sua vida nunca entraram no mar, nem usaram de bombardeiros".[4]

Apesar da notória ineficiência, os salários pagos aos combatentes não eram desprezíveis – especialmente em se tratando de gente do povo. Os bombardeiros alistados na expedição de Tomé de Sousa, por exemplo, ganhavam 800 reais por mês. Um espingardeiro recebia 600 reais mensais, e um besteiro, 550. Os trombetas, encarregados de soar os toques de avanço ou recuo dos soldados, embolsavam o maior soldo da tropa: 1.200 reais mensais. Os soldados rasos ganhavam 500 reais por mês.

O capitão-mor Pero de Góis recebia 200 mil reais por ano – e, como outras autoridades, tratara de embolsá-los adiantados.

A "GENTE DO MAR" E OS ARTESÃOS

A "gente do mar", responsável pela condução e manutenção dos navios, contribuía em número considerável para o contingente da expedição. Dentre pilotos, marinheiros, grumetes, calafates e pajens distribuídos pelas seis embarcações, eram 93 homens a bordo (aproximadamente vinte em cada nau, cerca de 15 nas caravelas e dez no bergantim). Ao contrário dos soldados, os marujos eram "autênticos profissionais, frequentemente instruídos e, sobretudo, respeitados".[5] Apesar da maior qualificação, o salário de um marinheiro era pouco superior ao de um bombardeiro: 900 reais mensais. Um grumete recebia 600 reais por mês, e um pajem, apenas 400 reais.

Mas os objetivos da expedição, como se sabe, não eram somente militares. Por isso, um conjunto de artesãos, cujas habilidades eram indispensáveis à construção da nova cidade, misturava-se à soldadesca e à marujada, perambulando entre as cobertas dos navios. Esses artesãos vinham sob o comando do "mestre da pedraria" Luís Dias, arquiteto de renome, responsável pelo projeto e encarregado de supervisionar as obras da primeira capital do Brasil. Da equipe de Luís Dias faziam parte 15 carpinteiros, nove ferreiros, oito serradores, oito telheiros, cinco caieiros, quatro serralheiros, quatro carvoeiros e três cavouqueiros, além de 16 pedreiros – um total de 72 profissionais que, tão logo se iniciassem as obras, seriam auxiliados por pelo menos 62 degredados. Esses artesãos ganhavam, em média, 1.200 reais por mês. Os degredados, cujas penas incluíam trabalhos forçados, recebiam ainda assim 330 reais por mês (abaixo do soldo mínimo de 360 reais).

Marujos em ação em nau do século XIV

OS LETRADOS

A cidade erguida pelo esforço de artesãos, pedreiros e degredados (com o inestimável auxílio dos indígenas) seria controlada por uma equipe de burocratas bem pagos. Além do governador-geral, quatro funcionários régios partiram de Lisboa de posse de regimentos que lhes conferiam ampla jurisdição sobre todas as capitanias e a costa do Brasil. Três deles, como já se viu, eram conselheiros diretos de Tomé de Sousa: o provedor-mor da Fazenda, Antônio Cardoso de Barros; o ouvidor-geral, Pero Borges; e o capitão-mor da costa, Pero de Góis. O quarto funcionário com plenos poderes era Gonçalo Ferreira, o tesoureiro das Rendas, que ganhava 80 mil reais por ano.

Vários outros servidores foram nomeados para cargos públicos de menor nível. Não restam dúvidas de que esses "eram muitos; eram demais para o serviço que havia", conforme observou o pesquisador Edison Carneiro. Tanto que, menos de dois anos após a chegada da expedição ao Brasil, Tomé de Sousa escreveria ao rei sugerindo a fusão de alguns cargos e a extinção de outros, com o objetivo de desafogar o erário real, "porque é o negócio quase todo um e não é muito" e alguns funcionários "folgam todo o tempo".

Para uma cidade de menos de mil habitantes, haviam sido nomeados sete escrivães, um "número com certeza desproporcionado para as coisas do Governo-Geral".[6] Como acontecia no reino, aos escrivães cabia supervisionar o trabalho dos contadores, almoxarifes, vedores e feitores, dos quais cerca de vinte se encontravam a bordo. Havia até um "tesoureiro dos defuntos", Brás de Alcoforado. Os escrivães ganhavam em média 40 mil reais por ano.

Além dos funcionários da Fazenda, havia ainda os servidores da Justiça. Entre tabeliães, meirinhos, escrivães e "licenciados", eram cerca de 15 os homens enviados para trabalhar sob o comando do desembargador Pero Borges. É lícito identificar, portanto, um rasgo de hipocrisia no aparente espanto demonstrado por Borges em fevereiro de 1550, ao desembarcar na capitania de Porto Seguro para uma visita de inspeção. Naquela ocasião, em carta ao rei, o desembargador relatou em tom indignado: "Só nesta vila, que nem tem cem vizinhos, havia quatro tabeliães, dois inquiridores, um escrivão dos órfãos e outros oficiais..."[7]

Não era muito diferente a situação de que ele mesmo desfrutava em Salvador.

A ARRAIA-MIÚDA E OS FIDALGOS

Embora o corpo administrativo representasse a essência da expedição, a frota do governador não trazia só burocratas – nem apenas soldados, artesãos, marujos e "desorelhados" e "ferrados". Além de um médico, um relojoeiro, um boticário e um barbeiro, seguiam também 51 homens listados tão somente como "trabalhadores". Era a chamada arraia-miúda, cujos salários raramente ultrapassavam os 360 reais mensais mínimos. Ainda assim, muitos deles jamais receberiam seus ordenados – pelo menos não em dinheiro.

Em contraponto à arraia-miúda, também embarcaram pelo menos 15 fidalgos – alguns deles de nascimento (sendo, portanto, literalmente, "filhos de algo") e outros que haviam comprado seus títulos nobiliárquicos (os chamados "cavaleiros fidalgos"). Ambos os grupos faziam parte "da nobreza arruinada que tentava refazer-se no Brasil".[8] Por um capricho real – no qual parece justo notar um requinte de humilhação –, esses nobres estavam sujeitos à ordenação que proibia, na colônia, o uso de brocados e rendas.

Apesar de alguns cronistas terem se referido à presença de casais na expedição, o número de homens que seguiram para o Brasil acompanhados das esposas deve ter sido mínimo. A falta de mulheres europeias era tão gritante que se transformaria em um dos principais problemas da colônia em geral e da nova cidade em particular.

Não restam dúvidas, porém, de que muitos dos tripulantes eram casados. A questão é que haviam preferido deixar as mulheres no reino. O exemplo vinha de cima: o governador despedira-se em Lisboa de Catarina da Costa – da qual, mais tarde, se consumiria em saudades. Simoa da Costa, mulher de Pero Borges, "não quisera atravessar o Mar Oceano". O mestre da pedraria, Luís Dias, iria, dali a poucos meses, implorar para que o rei o deixasse voltar para Portugal, pois não aguentava mais viver sem a "velha que lá tinha", Catarina Pires. O provedor-mor Cardoso de Barros também não trouxe a esposa, mas, nesse caso, dado o destino trágico que o aguardava, foi melhor para ela.

Mesmo com a ausência quase total de mulheres, a esquadra de Tomé de Sousa era, como quase a maioria delas, um pedaço flutuante de Portugal. Transportava gente de todas as classes e todos os matizes, da fidalguia à arraia-miúda, e trazia intactos os desvãos da sociedade ibérica. Uma mera passada de olhos na lista de passageiros, identificando seus nomes e os salários que aqueles homens receberiam no Brasil, revela que a mesma desigualdade existente em Portugal estava sendo transplantada para os trópicos.

O *REGIMENTO RÉGIO*

O escrivão da armada do governador era um tal Nuno Alves. Como seu diário de bordo jamais foi encontrado, deve-se às cartas do padre Manuel da Nóbrega o relato de como a viagem se passou. E passou-se extraordinariamente bem. Conforme o depoimento do jesuíta, a frota cruzou o Atlântico em 56 dias, "sempre com ventos prósperos, sem que sobreviesse nenhum contratempo, antes com muitos favores e graças de Deus".[9]

É razoável supor que Tomé de Sousa tenha aproveitado aquelas oito semanas de uma navegação sem sobressaltos para aprofundar a leitura do minucioso *Regimento Régio* que definiria seu governo. Com 48 artigos e mais de vinte páginas, o documento era um detalhado plano para a ocupação militar e a exploração colonial do Brasil. Embora assinado pelo rei, sabe-se que foi redigido pelo conde da Castanheira. Graças aos informes que havia recebido, D. Antônio de Ataíde mostrou-se capaz de uma análise bastante precisa da situação em que se encontrava a colônia, referindo-se aos condicionalismos náuticos e geográficos da costa, à presença astuciosa dos franceses e à insurreição generalizada dos nativos, além de também fazer um balanço do descalabro que grassava em praticamente todas as capitanias.

Tão metódico e minucioso é o documento, que durante bom tempo vários historiadores o chamaram de "Carta Magna" ou de "primeira Constituição do Brasil". Embora se trate de evidente anacronismo, como analistas mais modernos não se cansam de observar, a comparação faz algum sentido. Ao estabelecer novas políticas nos âmbitos jurídico, administrativo e fiscal, ao traçar uma nova política indigenista e propor o plano de ocupação militar do território colonial, o *Regimento* traçou novos rumos para o Brasil.

As múltiplas determinações do *Regimento Régio* eram, ainda assim, bastante similares aos forais das capitanias hereditárias, entregues 15 anos antes aos donatários. A diferença primordial estava na centralização do poder: a maior parte dos privilégios anteriormente concedidos aos capitães do Brasil era transferida agora para as mãos do governador-geral, representante do monarca. As questões tributárias e jurídicas também passavam a ser função exclusiva dos homens do rei, sem a intermediação, em geral ineficaz, dos funcionários anteriormente designados pelos donatários.

Enquanto Tomé de Sousa se preparava para exercer seus poderes e desempenhar suas tarefas, o padre Nóbrega teria empregado aqueles dois meses em alto-mar para "fazer muitos exercícios de devoção, com os quais foi de muito proveito a todos os da nau",[10] pelo menos de acordo com seus biógrafos, sempre tão pios. O próprio Nóbrega, entretanto, revela apenas que induziu toda a tripulação da nau capitânia, a *Ajuda*, a se confessar.

Se realmente pregou para soldados e marinheiros, Nóbrega não o fez sozinho. Sob suas ordens, seguiam outros cinco jesuítas convocados para a missão de catequizar os nativos do Brasil. Eram os padres Juan de Azpilcueta Navarro (sobrinho do mestre de Nóbrega, Martin de Azpilcueta Navarro), Leonardo Nunes (um cristão-novo recém-convertido a quem os indígenas de São Paulo apelidariam de Abarebebê, ou "padre voador") e Antônio Pires, acompanhados pelos noviços Diogo Jácome e Vicente Rodrigues (o Vicente "Rijo"). Seriam eles os primeiros discípulos de Inácio de Loyola a aportar no Novo Mundo, e em breve estariam em intensa atividade, como se poderia esperar de aplicados "soldados de Cristo".

TODOS OS SANTOS DA BAHIA

Na ensolarada manhã de 29 de março de 1549 – uma sexta-feira, como no dia da partida –, após exatas oito semanas de viagem, a frota do governador avistou terra. Eram os baixios arenosos de Tatuapara (hoje praia do Forte), que se prolongavam até a ponta de Itapuã. Depois de deixar para trás os pontiagudos recifes do rio Vermelho – a temível barreira de corais onde, trinta anos antes, Caramuru naufragara –, os navios de Tomé de Sousa contornaram a ponta do Padrão, penetrando, um a um, na baía de Todos os Santos.

Aquela era – e ainda é – uma porção extraordinariamente bela do litoral brasileiro. Mesmo que, para os navegantes portugueses do século XVI, vantagens estratégicas sobrepujassem supostos encantos paisagísticos, a baía distinguia-se como um acidente geográfico notável, imponente sob qualquer ponto de vista. Com cerca de 200 quilômetros de perímetro e mais de mil quilômetros quadrados de superfície, aquele mar interior rompia a linha retilínea da costa para constituir um pequeno mediterrâneo – resguardado, seguro e amplo o suficiente para abrigar "não só todos os navios de Vossa Majestade, como as armadas dos monarcas da Europa".[11]

Suas águas, de um azul translúcido, eram repletas de ilhas verdejantes – quase cem delas. As margens, vestidas de matas e mangues, eram pontilhadas por um colar de praias e enseadas de areias faiscantes. Rios de águas escuras, transportando ricos sedimentos, desenhavam meandros indecisos ao redor de pequenos tabuleiros de arenito antes de mergulharem vagarosamente no mar por entre os bancos de corais. Soprando de sudeste, bons ventos asseguravam chuvas regulares e constantes. Quando o sol tornava a luzir em céu límpido, a terra exalava aromas adocicados.

As águas do mar e dos rios eram tão piscosas que, durante anos, em um paradoxo apenas aparente, pescadores profissionais mal podiam garantir seu sustento na baía. "O peixe é tanto que vai de graça...", já dissera, em 1536, o finado donatário Francisco Pereira. Eram garoupas, meros, pargos, xaréus, bonitos, dourados e corvinas, além de dezenas de outras espécies, muitas das quais desconhecidas dos portugueses.

Nos meses de maio, junho e julho, época da procriação, baleias afluíam às águas tépidas do Recôncavo em tal quantidade que mais pareciam "carpas num viveiro". Era frequente vê-las encalharem nas praias e baixios. Os moradores da orla dissecavam-lhes então os corpos, removendo a manta de gordura, que utilizavam para fazer óleo. Tais encalhes eram bem-vindos, pois os portugueses estavam incapacitados de arpoar baleias "por desconhecimento das técnicas apropriadas, em que eram incontestáveis autoridades, na época, bascos franceses e espanhóis".[12]

Os inesgotáveis recursos alimentares oferecidos pelo Recôncavo Baiano não se restringiam às águas. A floresta, que vestia a terra para além da estreita faixa de areia, também fervilhava de vida, abrigando, no solo e nos ares, "toda a casta de animálias": antas, cotias, pacas, veados, perdizes, mutuns, galinhas-do-mato e pombos silvestres. Havia ainda uma infinidade de árvores frutíferas, repletas de cajus, pacovas, umbus, mamões, pitangas, sapotis, maracujás, cupuaçus e gabirobas.

Por fim, mas não por último, os "bons ares" que ali sopravam eram "reconhecidamente vitais", a ponto de a região ter sido definida como "um quase segundo paraíso, em perpétua primavera, donde raramente andam desterradas as pestes e ramos delas, as doenças contagiosas",[13] como anotou, sem os exageros habituais, um antigo cronista franciscano.

Em determinados trechos da costa e em algumas ilhas do litoral da África, a barreira das febres palustres, das águas estagnadas e dos calores malsãos bloqueara o avanço da colonização portuguesa. Assim, por mais "amortecida" que a "sensibilidade para o exótico" pudesse se encontrar entre aqueles grandes exploradores, como bem observou Sérgio Buarque de Holanda,[14] não deixariam eles de reconhecer de imediato a "bondade" de uma baía como a de Todos os Santos. E assim de fato havia sido desde o dia de sua descoberta, 1º de novembro de 1501.

Embora logo tenha se destacado como uma das joias mais vistosas no vasto colar de conquistas ultramarinas dos portugueses, meio século já se havia passado desde a incorporação da Bahia ao curso da história da expansão europeia sem que suas águas transparentes pudessem refletir uma cena imponente como aquela que se desenrolou na manhã de 29 de março de 1549, no instante em que ali ancoraram as seis embarcações da armada do governador-geral, mais as duas naus mercantes de Fernão d'Álvares de Andrade, com suas bandeiras desfraldadas e um bando de homens debruçados nas amuradas.

BELEZA E DANAÇÃO

Nunca se saberá com certeza qual a primeira impressão que Tomé de Sousa – um veterano das praias e costas da África e da Índia – teve da Bahia naqueles primeiros dias. Das várias cartas que o governador deve ter enviado para o rei, apenas duas foram preservadas, e ambas tratam basicamente de assuntos administrativos. Mas o padre Nóbrega, que jamais havia deixado a Península Ibérica, ficou fascinado com o que viu. Em carta a seu dileto mestre, Martin de Azpilcueta Navarro, escrita em 10 de agosto de 1549, ele disse: "A terra é muito fresca (...), tem muitas frutas e de diversas maneiras, e muito boas, e que têm pouca inveja às de Portugal. Os montes parecem formosos jardins e hortas, e eu nunca vi tapeçaria de Flandres assim tão bela. Nos ditos montes há animais de muitas diversas feituras, dos quais Plínio nem escreveu nem soube. Tem muitas ervas de diversos aromas e muito diferentes das de Espanha, e certamente bem resplandece a grandeza, formosura e saber do Criador em tantas, tão diversas e formosas criaturas."

Apesar da evidente beleza, aquela era também uma terra de danação para muitos dos homens a bordo – e não apenas os "ferrados". É difícil conjecturar até que ponto uma primeira impressão eventualmente favorável terá perdurado entre os tripulantes, e não custa relembrar que ninguém se encontrava ali por vontade própria. Além de repleta de cobras e mosquitos (que iriam causar sérios problemas aos primeiros colonizadores), a Bahia era habitada por indígenas de humores inconstantes e seria povoada quase que exclusivamente por portugueses "de baixa condição". Vinho, pão de trigo, camas, mulheres europeias – nada disso seria desfrutado nos trópicos. Além do mais, os burocratas escalados para dar ao novo território um resquício de ordem jurídica e fiscal não desconheciam quão árduo seria fazer carreira longe dos favores reais.

É bem possível, portanto, que inúmeros expedicionários já estivessem odiando a terra antes mesmo de tomar contato com ela.

COM OS PÉS NO CHÃO

O desembarque de Tomé de Sousa e seus comandados permanece envolto em aura um tanto fantasiosa, que não encontra base no registro documental. Escrevendo em 1758 (mais de duzentos anos depois dos acontecimentos, portanto), o frade franciscano Antônio Jaboatão arriscou-se a descrever a cena com extraordinário luxo de detalhes. De acordo com o frade, uma "bem composta e devota procissão, diante da qual iam os padres jesuítas, levando arvorada uma

Chegada de Tomé de Sousa recriada em antiga gravura

grande e formosa cruz", deixou os navios e marchou com toda a solenidade em direção à Vila do Pereira. Apesar de improvável, a cena – "tambores soando, couraças cintilantes ao sol, o estandarte real no alto, o governador e seus homens processionalmente desfilando entre alas de gente nua, esparramada pelas várzeas"[15] – vem sendo repetida ao longo dos séculos por vários historiadores.

A verdade é que simples considerações de estratégia militar devem ter impedido tamanho despropósito. Além de as notícias que possuía sobre a nova terra estarem defasadas de muitos meses, Tomé de Sousa fora alertado pelas prudentes recomendações do *Regimento Régio* sobre um possível estado de guerra (ou, quando menos, de conflito latente) entre os portugueses e os Tupinambá do Recôncavo. O governador vinha precavido contra qualquer surpresa e estava instruído para agir "o mais a vosso salvo e sem perigo da gente que puder ser".

Em vez de impor respeito e temor aos indígenas, a procissão imaginada por Jaboatão apenas iria expor toda a tripulação da armada a um ataque caso a Bahia não estivesse em paz. "Não terá sido com tais imprudências", observa Edison Carneiro, "que Tomé de Sousa mereceu as esporas de cavaleiro."[16] A inexistência de um cais na antiga Vila do Pereira é outro detalhe crucial que ajuda a desfazer o mito de um desembarque em massa. O mais provável é que o governador tenha transformado o episódio não em uma procissão de cunho religioso, mas em cautelosa operação militar, levada a cabo "com todos os cuidados e precauções de uma manobra de guerra".[17]

A primeira medida de Tomé de Sousa deve ter sido o envio de emissários a terra – sentinelas avançados que desembarcassem à procura do capitão Gramatão Teles ou, quando menos, em busca de Caramuru e de seu genro, Paulo Dias Adorno, a quem o próprio rei escrevera. Só depois de ter se certificado de que a terra estava pacificada, o governador terá autorizado o desembarque – e, ainda assim, parcialmente, uma vez que a "gente do mar", auxiliada por alguns artilheiros, certamente permaneceu a bordo para defender os navios, enquanto a "gente d'armas" vigiava a praia.

Além de ser o único ponto de apoio dos recém-chegados, os navios eram preciosos tanto como meio de transporte, defesa e fuga quanto pela inestimável carga que traziam. E, dada a precariedade da Vila do Pereira, com reduzidíssimo número de habitações aproveitáveis, boa parte dos homens deve ter pernoitado a bordo ao longo de várias semanas. Por fim, quase todo o material e as guarnições que estavam nos porões e no convés não seriam levados de imediato para terra simplesmente porque a nova cidade não seria construída no local onde se erguia a "povoação que antes era".

O desembarque, ainda assim, há de ter adquirido certa solenidade, já que, em carta ao seu superior, Simão Rodrigues, redigida em agosto de 1549, o padre Nóbrega, sempre atento a qualquer vantagem tática, não deixaria de registrar o impacto que a manobra provocou entre os nativos: "Estão espantados de ver a majestade com que entramos e estamos", disse. "E temendo-nos muito, o que também ajuda."

A mesma carta revela ainda que Caramuru cumprira à risca as ordens do rei, não apenas armazenando mantimentos como apaziguando os indígenas: "Este homem, com um seu genro [Paulo Dias Adorno], é o que mais confirma as pazes com esta gente, por serem eles seus amigos antigos." E o melhor é que a Bahia não estava apenas em paz: "A terra cá achamo-la boa e sã. Todos estamos de saúde, Deus seja louvado, mais são do que partimos", afirma Nóbrega.

Independentemente da maneira como se desenrolaram, aquele dia e os seguintes estavam destinados a adquirir enorme importância simbólica e factual na história do Brasil. Passados 48 anos, dez meses e 29 dias do desembarque de Cabral, os portugueses estavam novamente colocando os pés em uma praia da Bahia – agora para deflagrar de vez a colonização do vasto território que lhes pertencia na costa ocidental do Atlântico.

MÃOS À OBRA

Ao desembarcar, Tomé de Sousa deve ter-se encontrado de imediato com o capitão Gramatão Teles, velho companheiro nas lutas contra os mouros no Marrocos e que, como já se viu, desde fins de janeiro de 1549 estava instalado, com cerca de trinta comandados, na antiga Vila do Pereira. Mas essa é apenas uma conjectura. O que se sabe, com certeza, é que, já em 31 de março de 1549, um domingo, Nóbrega rezou missa naquilo que chamou de "uma maneira de igreja". Era a pequena capela de pau a pique com cobertura de palmeira que a mulher indígena de Caramuru, a Tupinambá Catarina Paraguaçu, mandara erguer, havia quase duas décadas, na colina acima da

Vila do Pereira, onde hoje fica a igreja da Graça, no bairro de mesmo nome, nas proximidades do centro de Salvador. Paraguaçu havia sido batizada e, segundo algumas fontes, tornara-se católica fervorosa. Por volta de 1530, fez construir a igrejinha na qual Nóbrega celebrou a primeira missa rezada por um jesuíta no Novo Mundo.

Para acompanhar as ações de Tomé de Sousa e de seus comandados a partir de 1º de abril, basta seguir as instruções que lhe dava o *Regimento*. Tão preciso e detalhista era o documento concebido por Ataíde e assinado pelo rei, que cada passo do governador-geral havia sido previamente especificado, restando-lhe estreita margem para eventuais decisões próprias.

"Tão logo estiverdes em posse da cerca que fez Francisco Pereira Coutinho", rezava o *Regimento*, "mandareis reparar o que nela está feito e fazer outra cerca junto dela, de valos e madeira, ou de taipa, como melhor vos parecer que a gente possa estar agasalhada."[18] Assim, enquanto a cerca e a Vila do Pereira eram restauradas, os integrantes da expedição foram se "agasalhando" na nova terra.

Embora tido como "muito escrupuloso", o padre e pesquisador setecentista Rafael Galanti afirmou, sem citar provas documentais, que, naqueles primeiros dias, Tomé de Sousa hospedou-se na casa de Caramuru e que o ouvidor-geral e o provedor-mor ocuparam as moradas de Paulo Dias Adorno e Afonso Rodrigues, genros do náufrago e homiziados na Bahia havia mais de uma década. A hipótese é remota, especialmente no caso do governador, que podia dispor do relativo conforto de seu camarote na nau capitânia – local que, se não fosse mais agradável do que uma choupana Tupinambá (e provavelmente o era), com certeza se mostrava mais seguro.

O *Regimento* estabelecia que, tão logo a Vila do Pereira estivesse protegida e cercada, Tomé de Sousa deveria dar início ao plantio das lavouras que garantiriam o sustento de suas tropas e seus funcionários. Foi o que ele fez, e cedo as vizinhanças da Vila do Pereira se encontravam cercadas de roças.

EM BUSCA DO SÍTIO ADEQUADO

Apesar de a reocupação da Vila do Pereira – a partir de então chamada de Vila Velha – ter grande importância estratégica e óbvio significado simbólico, o *Regimento* era claro: "Sou informado", anotou o rei, "que o lugar em que ora está a dita cerca não é conveniente para se aí fazer e assentar a fortaleza e povoação que ora ordeno que se faça, e que será necessário fazer-se em outra parte, mais para dentro da dita baía."

Como de costume, as determinações estavam corretas: a Vila do Pereira havia sido erguida próxima demais à entrada da baía, o que a tornava alvo relativamente fácil para eventuais inimigos vindos de alto-mar. Além disso, seu porto se revelara pouco abrigado dos ventos, especialmente os de sudeste. Para completar o quadro desfavorável, não havia, nos arredores do vilarejo, nenhuma fonte d'água abundante.

Assim sendo, pouco depois de chegar ao Brasil Tomé de Sousa defrontou-se com a tarefa vital de escolher o lugar onde ergueria a "cidade-fortaleza", destinada a ser, conforme as palavras de frei Vicente do Salvador, "como coração no meio do corpo": o ponto a partir do qual se daria "favor e ajuda às demais povoações" do Brasil e "de onde se ministrasse a justiça e se provesse os negócios da Fazenda régia".

Não era missão fácil. "Para não tomar por sobre si só o peso dessa mudança", anotou o cronista Francisco de Andrade, "Tomé de Sousa mandou dizer uma missa ao Espírito Santo para que o inspirasse a encontrar o sítio adequado." O mesmo Andrade – autor da *Crônica de D. João III* e, portanto, uma espécie de historiador oficial do rei (além de filho de Fernão d'Álvares de Andrade) – afirma também que o governador trazia de Portugal ordens explícitas para "edificar a nova cidade" na península de Itapagipe (*veja mapa na pág. 196*). Após vistoriar o local, no entanto, Tomé de Sousa teria "entendido o quão diferente juízo faz das coisas a vista ou a mera informação delas" e, por julgar a península "sítio pouco acomodado para seu intento", teria decidido, por conta própria, procurar outro lugar.

Francisco de Andrade não cita sua fonte, mas com certeza não se baseou no *Regimento*, no qual o rei ordenava tão somente que se erguesse a fortaleza "mais para dentro da dita baía (...), em sítio sadio e de bons ares e que tenha abastança de águas e porto em que bem possam amarrar os navios", sem explicitar nenhuma localidade específica do Recôncavo. De todo modo, segundo alguns historiadores, Tomé de Sousa teria realmente ficado em dúvida entre Itapagipe e outra península próxima, a de Paripe. O que se pode afirmar, com certeza, é que por cerca de um mês o governador percorreu várias vezes toda a "curva" setentrional do Recôncavo em cuidadosas missões de reconhecimento. Quando enfim precisou escolher o local onde ergueria a cidade-fortaleza, acabou favorecido pela sorte e pelo acaso.

O LUGAR IDEAL

Como a Vila do Pereira não oferecia um porto seguro, o governador mandou fundear a armada na primeira grande enseada dentro da baía. Justo em frente àquele ancoradouro natural, localizado a apenas 1 légua (ou cerca de 6 quilômetros) do antigo povoado, erguia-se uma colina de cerca de 100 metros de altura, com uns 350 metros de largura e aproximadamente 1 quilômetro de comprimento no sentido norte-sul. Após minuciosa inspeção, ficou evidente que se tratava do lugar ideal para construir a primeira capital do Brasil.

Era o ponto mais alto da costa naquela margem da baía, pois os pequenos morretes que se sucediam em blocos, orlando o mar a partir da ponta do Padrão, atingiam seu ponto culminante justo naquele promontório. Apesar de uma estrutura irregular, a colina possuía um cume plano, protegido por todos os lados.

Para oeste, despencava até o mar em um desnível abrupto de cerca de 80 metros, o que lhe concedia a aparência de uma falésia. "Tão perpendicular o declive que é quase impraticável o subir por ele um gato sem que se precipite", diria, anos mais tarde, um antigo cronista da Bahia.[19] Para leste, o promontório era delimitado pelo rio das Tripas, cujos meandros pantanosos formavam charcos e lamaçais virtualmente intransponíveis. No sentido norte-sul, os limites do morrete eram estreitos e ladeados por depressões, sendo por isso facilmente defensáveis.

Voltada para o poente, a colina se erguia a meio caminho entre as brisas terrestres e marítimas. As fontes eram tantas e tão generosas que, embora escrevesse muitos anos mais tarde, um observador ainda podia afirmar que "toda a montanha, na sua fralda, geme água".[20] Por fim, à frente da ribanceira, ficava o amplo e "acomodado" porto no qual a esquadra estava fundeada e onde o mar, além de limpíssimo, era protegido, com a vantagem adicional de possuir "uma grande fonte bem à borda d'água", que servia para abastecer os navios.

Do topo daquela esplanada, em dias claros, tão frequentes na Bahia, era possível avistar, em um amplo semicírculo, o panorama que se espraiava desde a entrada da barra até os imprecisos e longínquos limites do Recôncavo. Era um vasto território, praticamente ainda todo em poder dos Tupinambá. Quase em frente à falésia, erguia-se a ilha de Itaparica, onde viviam os nativos que tinham matado o donatário Pereira. Por trás dela, em um horizonte distante, delineava-se o perfil aplainado dos montes Parajuí, "o trono do sol poente" dos indígenas. Ao lado daquelas colinas esmaecidas, recortando o sertão verdejante e inexplorado, o rio Paraguaçu despejava uma torrente forte o bastante para quase adoçar as águas do Recôncavo.

Como diria Nóbrega em carta redigida um pouco mais tarde, tratava-se de um "muito bom sítio sobre a praia, em local de muitas fontes, entre mar e terra e circundado de águas" – exatamente o que o *Regimento* determinava e o que Tomé de Sousa estava buscando.

O *Regimento Régio* estabelecia também que, antes de tomar sua decisão, o governador se assessorasse com "práticos", ou seja, "pessoas que bem entendam". Quem teriam sido os conselheiros de Tomé? Boa parte dos historiadores assegura que o principal deles foi o próprio Caramuru. Embora Diogo Álvares vivesse há quatro décadas na Bahia, e muito possivelmente conhecesse cada reentrância do Recôncavo, é pouco provável que Sousa tenha recorrido a ele na hora de decidir o local onde seria erguida a futura capital.

Caramuru, bom amigo dos franceses, jamais desfrutaria da confiança do governador-geral. Tanto que seu nome virtualmente some da história a partir daqueles dias, uma vez que Tomé de Sousa e seus comandados raramente se referiram a ele. Como bem observa Edison Carneiro: "Vemos a figura lendária de Diogo Álvares esfumar-se na insignificância desde o dia 29 de março de 1549, surgindo apenas, uma ou outra vez, como simples fornecedor de farinha de pau à nova cidade."[21]

A brusca alteração do status até então desfrutado por Diogo Álvares é um dos tantos aspectos que revelam a guinada histórica que o Governo-Geral provocou no Brasil. Caramuru, afinal, era o típico exemplo da prática até então comum entre os portugueses de "lançarem" náufragos ou degredados nas terras por eles descobertas com a missão de estabelecer os primeiros contatos com os nativos e aprender sua língua. Bem ou mal, Caramuru cumprira aquela missão – e não havia mais lugar para ele agora que a colonização oficial se iniciava. Em vez do marido de Paraguaçu, quem vai adquirindo importância progressiva é Paulo Dias Adorno, genro de Caramuru, foragido de São Vicente (onde havia matado um colono) e refugiado na Bahia. Em 1554, Paulo Dias Adorno tornou-se cavaleiro da Ordem de São Tiago, com direito a 12 mil reais de tença, ou pensão, por ano.

Tudo indica que o principal assessor de Tomé de Sousa na hora de eleger o sítio da futura fortaleza do Salvador tenha sido o mestre da pedraria Luís Dias, que deixara o reino com a missão de supervisionar a execução do projeto, sendo o principal responsável pelas obras de construção da cidade.

O MESTRE DA PEDRARIA

Quem era o arquiteto encarregado de erguer a primeira capital do Brasil? Cavaleiro da Casa Real, com foros de fidalgo, Luís Dias fora nomeado pelo rei para o cargo de mestre da pedraria, com salário de 72 mil reais por ano. Era ele quem trazia as "amostras" e "traças" – ou seja, as plantas arquitetônicas – que serviriam de base para a construção da nova cidade. Embora tenha viajado para a Bahia em companhia do filho, Cosme Dias, "homem d'armas", e do sobrinho, o pedreiro Diogo Pires, "muito bom oficial", Dias jamais se afeiçoou ao Brasil, nem parece ter compreendido a importância do Governo-Geral, da Cidade do Salvador e das obras que dirigia.

Para isso, certamente, contribuiu o fato de sentir-se "velho e maldisposto" ("eu não tenho a metade da força que tinha, nem a metade da vista"), de desconfiar dos indígenas ("este gentio [...] está um pouco duvidoso, porquanto maus os fez o demônio"), de receber poucos mantimentos ("eu, da Páscoa para cá, não tenho pão de Portugal, nem vinho"); de estar consumido de saudades da mulher, Catarina Pires ("a velha que lá tenho"); de julgar que, se morresse no Brasil, teria um destino atroz ("hei de ir direto ao inferno"); e, acima de tudo, pela amarga circunstância de não ter recebido "um só ceitil" do soldo ao qual tinha direito, exceto a metade de seu primeiro ordenado anual, que tomara adiantada antes de zarpar para o Brasil – tudo conforme uma carta que enviou para o reino em agosto de 1551.

Ainda assim, a Luís Dias estava reservado um papel primordial não só no nascimento da primeira capital da colônia como na própria história do urbanismo português dentro do processo, que então se iniciava, de expansão além-mar. Embora nada se conheça da formação profissional ou do currículo pregresso de Dias, com certeza se tratava de um homem capacitado para o exercício da função, sendo um dos tantos "funcionários do urbanismo"²² que começavam a adquirir posição de destaque no reino.

Luís Dias foi indicado para o cargo de mestre da pedraria pelo prestigiado arquiteto Miguel de Arruda. Este, por sua vez, além de parente dos irmãos Diogo e Francisco de Arruda (o último foi o construtor da admirável torre de Belém e das fortalezas de Safim e Azamor, no Marrocos), era o então "mestre de obras das fortificações do reino, lugares d'além e Índias". Arruda havia sido também um dos discípulos do grande arquiteto Benedetto de Ravena, mestre italiano que, a pedido de D. João III, o imperador Carlos V enviara a Portugal em 1541.

Em tempos de fortalecimento do poder monárquico e de intensos conflitos com os berberes do norte da África, D. João compreendera a necessidade de aprimorar suas fortalezas e de conceder um mínimo de ordenação racional às cidades portuguesas, que cresciam em ritmo acelerado. O homem encarregado de fazê--lo, especialmente no âmbito da arquitetura militar, foi Benedetto, que, no mesmo ano em que chegou a Portugal, partiu para Mazagão, no Marrocos, em companhia de Miguel de Arruda, João de Torralva (genro de Arruda) e João de Castilhos – uma trinca de construtores notáveis.

Ao longo do tempo em que esteve em Mazagão na companhia de

A CIDADE TRANSATLÂNTICA

A fortaleza de Mazagão foi construída em 1514, sob a direção de Francisco e Diogo de Arruda. Com o aumento do poder dos xarifes da dinastia Sádida, o baluarte passou a sofrer o assédio constante do exército mouro. Por isso, em 1541, D. João III autorizou a reformulação da fortaleza, de acordo com o projeto de Benedetto de Ravena. Tratava--se de uma obra inovadora, com estrutura quase inexpugnável, planta quadrangular, baluartes, cisterna e fosso que a separava do continente. Mazagão foi evacuada em 1769, depois de um novo cerco mouro. As 340 famílias portuguesas que lá viviam foram então transferidas para os arredores de Macapá, no Amapá, na Amazônia brasileira. Em 1783, uma epidemia matou a maior parte da população e a Vila Nova de Mazagão foi abandonada – e engolida pela floresta. Suas ruínas só foram redescobertas em janeiro de 2004 e estão sendo escavadas.

Benedetto de Ravena, Arruda teve a oportunidade de escutar do mestre uma série de preleções sobre a arte de fortificar cidades. "Ouvi-lo falar nisso é uma música", recordaria mais tarde. E Mazagão de fato se tornou um marco na história das fortificações portuguesas além-mar, estabelecendo o surpreendente e inovador vínculo entre arquitetura militar e civil que ajudou a deflagrar um surto experimentalista não apenas nos territórios coloniais, mas no próprio reino.

Salvador se transformaria em um símbolo ainda mais sólido do que Mazagão. Afinal, como já notaram os especialistas, a primeira capital do Brasil foi "a pedra de toque" que marcou o verdadeiro início de uma revolucionária política de urbanização dos territórios ultramarinos, estabelecendo o momento em que "o projeto imperial começou a volver-se em projeto colonial".[23]

"Salvador foi o primeiro tramo a marcar o vínculo entre as cidades 'reguladas' e as cidades da futura escola portuguesa de urbanização da Índia", anotou Walter Rosa em seu ensaio *Cidades hindo-portuguesas*. O erguimento daquela "fortaleza forte" iria comprovar que os portugueses estavam determinados a transformar as meras franjas litorâneas que até então constituíam seu império em um território colonial, fortificado e urbanizado.

NOVOS VALORES, ANTIGAS TRADIÇÕES

A primeira capital do Brasil se materializaria aos poucos como o fruto mais concreto de uma série de antagonismos não apenas arquitetônicos e urbanísticos, mas políticos, econômicos e administrativos. Seu traçado, suas ruas e seu casario, seus prédios oficiais e sua zona residencial, o próprio conceito, tão lusitano, que acabaria por dividir o núcleo urbano em Cidade Alta e Cidade Baixa – tudo era reflexo das perplexidades típicas de um período de transição. Uma época cujo olhar estava voltado para novos valores, mas cujos alicerces permaneciam fincados em antigas tradições.

Tão evidente era esse embate que, em Portugal, aquele momento da história da arquitetura tem sido

Uma besta

definido como o choque entre dois estilos: o primeiro, chamado de "ao antigo" (ou "ao romano"), confrontava-se com seu sucedâneo, batizado de "ao moderno". A nomenclatura não poderia ser mais reveladora das transformações em andamento.

O conflito entre o bem público e o patrimônio particular, o choque dos desígnios reais com os anseios particulares, a evidente transmutação de um sólido legado medieval, de inspiração muçulmana, para um período já permeado pelos ventos renovadores do Renascimento – eis os ingredientes que encontraram campo fértil para se desenvolver, simultaneamente em comunhão e em confronto, no topo da colina que Tomé de Sousa escolheu para sediar a primeira capital do Brasil.

Antes mesmo de nascer, deixando no papel as "traças" e "amostras" trazidas por Luís Dias para concretizar-se na forma de um emaranhado de ruas, baluartes e casas, a Cidade do Salvador já carregava a semente da multiplicidade. Os sinais da trama urbana original podem ser lidos com didática clareza ainda hoje, pois os acréscimos e transformações trazidos pelos séculos não foram capazes de transfigurá-los por completo.

Como observou o professor Cid Teixeira, "em uma só cidade, dois tempos da história do Ocidente se encontram e se completam",[24] pois a fortaleza do Salvador e a vila que surgiu à sua sombra apresentam-se simultaneamente medievais e renascentistas. Embora seguisse um plano regular e racional, a fortaleza seria erguida à maneira dos castelos da Idade Média, na crista de uma montanha – em evidente anacronismo com as inovações renascentistas advindas da Itália que propunham a construção das praças de guerra em terrenos planos. Ao mesmo tempo, os homens d'armas que defendiam a capital portavam tanto arcabuzes da mais moderna tecnologia como bestas do mais autêntico medievalismo.

A cidade era, por um lado, uma praça-forte cujo próprio surgimento representava a mentalidade já um tanto retrógrada do "espírito de Cruzada": a fortaleza do Salvador estava sendo construída para determinar a ocupação de um território de além-mar ameaçado e, em boa parte, ainda em poder do gentio (não só os Tupinambá do Recôncavo Baiano, mas os Tamoio do Rio de Janeiro e os Caeté e Potiguar da Paraíba e de Pernambuco, todos bons amigos dos franceses).

Além disso, a Cidade do Salvador surgia para ser não só um núcleo administrativo, de acordo com as novas regras de centralismo monárquico, como também um polo comercial e mercantilista essencialmente burguês: uma base de apoio à navegação "entre a Europa consumidora e o Oriente produtor".[25]

Acima de tudo, nascia para ser a capital do império português no Novo Mundo.

DESORDEM PITORESCA

A extraordinária capacidade de adaptação dos portugueses aos rigores e exigências dos trópicos revela-se com clareza na forma como Salvador foi construída. As "amostras" trazidas por Luís Dias – tido como o "decano dos arquitetos brasileiros"[26] – sugeriam um traçado regular e ordenado. Mas o projeto original seria pragmaticamente readaptado às irregularidades do terreno. Surgiriam, assim, as ruelas tortuosas, os largos e as pequenas praças nitidamente medievais, derramando-se em natural e pitoresca desordem por determinadas partes da encosta, como ainda hoje se observa na área do Pelourinho.

Nada pode ser mais indicativo dessa readaptação do que a dessemelhança entre a porção medieval (basicamente residencial) da Cidade Baixa e a ordem geométrica, de inspiração clássica, que caracteriza o núcleo central da Cidade Alta, onde foram erguidas as "Casas de Sua Majestade": o Palácio do Governador, a Casa da Cadeia e Câmara e a Praça e Igreja da Sé. Mesmo em seu coração administrativo, porém, a regularidade do traçado urbano se revelaria muito menos rígida do que a do modelo implantado pelos espanhóis em suas cidades americanas.

O hibridismo da primeira capital do Brasil refletia-se também no material empregado nas obras. Os homens comandados por Tomé de Sousa utilizaram-se amplamente da mão de obra nativa e se serviram das técnicas de construção indígenas. Ao contrário dos prédios oficiais – de estilo europeu, em pedra e cal, mais tarde recobertos por telhas de barro –, as primeiras moradias eram de pau a pique e taipa de pilão, recobertas por folhas de palmeira pindó.

A cidade cresceu rapidamente. Seu perfil eriçado, que de súbito alterou a linha do horizonte no topo da falésia ancestral, deixava claro que, daquela vez, meio século após o desembarque de Cabral, os portugueses tinham vindo para ficar.

DIFICULDADE E INCERTEZA

O início da obra, no entanto, foi árduo e incerto. O mestre da pedraria, Luís Dias, em carta a Miguel de Arruda, dá a entender que sequer estava seguro da continuidade do projeto: "Muitas casas se podem fazer nessas ladeiras, se isso houver de ir adiante."[27] Pouco mais tarde, teria a ousadia de declarar – e dessa vez para o próprio rei, com mal disfarçado desprezo – que considerava cumprida sua missão nos trópicos: "Isso me parece que sobeja e basta para esta terra."[28]

Apesar do aparente desinteressse de Dias, tão logo o sítio da futura cidade foi demarcado, em uma área triangular com aproximadamente 100 metros de lado e cerca de 350 metros de base, os comandados de Tomé de Sousa lançaram-se ao trabalho com rapidez e ardor. As obras iniciaram-se muito possivelmente no dia 1º de maio de 1549 – data a partir da qual, conforme os registros documentais, os salários da maior parte do pessoal que viera na armada começaram a ser pagos. Isso permite supor que a escolha do lugar onde a nova cidade seria construída prolongou-se por todo o mês de abril. Cabe observar que os salários dos burocratas empossados em cargos administrativos começaram a vencer um mês antes, em 1º de abril, embora eles sequer tivessem no que ou onde trabalhar.

A primeira ação prática consistiu em desmatar o terreno no topo da falésia. Com foices, facões e enxadas – ferramentas de metal que, cinquenta anos depois da chegada dos europeus, ainda mantinham inalterado seu fascínio sobre os indígenas –, o emaranhado espinhoso do cume foi desbastado, muito provavelmente pelos próprios nativos. Ao contrário de outras áreas circundantes do Recôncavo, o alto da colina escolhida para sediar a cidade não se encontrava recoberto pela densa mata atlântica – circunstância que sem dúvida facilitou o trabalho.

Ainda assim, pelo menos um autor, o norte-americano A. J. R. Russell--Wood, afirma[29] – embora sem citar fontes – que, ao começarem as obras, as picadas de insetos e cobras, além de inúmeros casos de disenteria, afligiram os recém-chegados, mantendo permanentemente ocupados os dois médicos da expedição, o físico e cirurgião Jorge de Valadares e o boticário Diogo de Castro, ambos cristãos-novos. Além de os expedicionários estarem se adaptando ao novo ambiente, os degredados, que continuavam nus como haviam desembarcado, encontravam-se em precárias condições de saúde.

Se as moléstias dos "ferrados" não mereceram observações dos primeiros cronistas da cidade, o mesmo não ocorreu com sua escandalosa nudez. No dia 22 de junho de 1549, o provedor-mor da Fazenda, Antônio Cardoso de Barros, autorizou que se pagassem ao almoxarife Antônio Rodrigues de Almeida cerca de 55 mil reais para a compra de roupas para 62 degredados, "por alegarem não poderem servir nas ditas obras por andarem despidos". Mais tarde, distribuíram-se entre eles "28 jórneas [manto largo, sem mangas e com fendas laterais], 28 calções, 28 gualteiras [espécie de ceroula] e 56 camisas".

Com tais peças os "desorelhados" recobriram seus corpos e chagas.

A PRIMEIRA ESTACADA E AS NOVAS MURALHAS

A data da liberação da verba utilizada para vestir os "degredados" permite supor que eles não tomaram parte no desmatamento da área escolhida para sediar a cidade. O passo seguinte – a construção de uma estacada no topo e nas laterais da colina – também foi atribuição dos indígenas. É o que se pode concluir graças a outra ordem de pagamento, assinada em 12 de maio de 1549, pela qual o mesmo Antônio Cardoso de Barros determinava ao tesoureiro das Rendas, Gonçalo Ferreira, que liberasse – "sem orçamento prévio, pela urgência da obras" – 22 foices, quatro enxadas, seis machados, 24 machadinhas, cinco dúzias de espelhos, 13 dúzias de pentes, 42 tesouras, uma tesoura "das da Alemanha" e 9.210 anzóis.

Esse material de "resgate" foi entregue aos nativos em troca das madeiras fornecidas para o erguimento da paliçada em torno do local das obras, "para com ela segurar os soldados e trabalhadores de alguma invasão do gentio desmandado", conforme as palavras de frei Jaboatão. Mas essa primeira cerca da Cidade do Salvador não passava de uma simples paliçada de troncos pontiagudos, em tudo similar às "tranqueiras de pau a pique" que protegiam as aldeias dos nativos e as feitorias e primeiras vilas dos portugueses no Brasil.

A cerca era provisória e seria substituída pelas muralhas que, em breve, envolveram a futura cidade-fortaleza. Os novos muros, mais sólidos e mais altos, de madeira e taipa, pedra e barro, recobertos de cal, se revestem, como tantos outros aspectos da nova capital, de forte simbolismo. De acordo com o urbanista Walter Rosa, já "no Portugal da Baixa Idade Média, 'fazer vila' equivalia ao ato de cercar (...), enquanto que, nas crônicas da Índia, 'fazer fortaleza' confunde-se com a própria ação de urbanizar".[30] Na mesma vertente, ao buscar uma definição daquilo que nos séculos XV e XVI se considerava como cidade, o grande historiador francês Fernand Braudel recorreu ao clássico *Dictionnaire* de Furetière, publicado em 1609, de acordo com o qual "uma cidade só poderia ter direito a esse título caso fosse cercada por muralhas".

As muralhas começaram a ser construídas dentro do circuito interno da paliçada, seguindo o mesmo trajeto ou um bastante similar. A primeira alternativa, de "trabalho a salário", foi "um ensaio" que, conforme o historiador baiano Teodoro Sampaio, "parece não ter provado bem".[31] As ordens de pagamento revelam a liberação de ordenados mensais de 1.800 reais ao pedreiro Fernão Gomes, 750 reais ao também pedreiro Francisco Gonçalves e 1.200 reais aos serradores Francisco Afonso e Antônio Gonçalves em troca de serviços prestados no erguimento dos muros. Mas algo não saiu a contento no ritmo ou na qualidade das obras, e no dia 20 de dezembro de 1549 ficou decidido que a muralha e seus baluartes seriam feitos não por trabalhadores assalariados, mas em regime de empreitada, como tantas outras obras da cidade que nascia.

Como se davam tais empreitadas? As obras mais importantes ou urgentes eram postas em hasta pública e concedidas por "arrematação" ao empreiteiro que desse o menor lance. Em dia de sessão ordinária, o porteiro da Câmara – funcionário municipal cujo cargo era vitalício – botava o pregão. Depois, saía às ruas, com um ramo verde às mãos, apregoando, em voz alta, o menor lance que lhe fora oferecido. Como em um leilão, dizia: "Dou-lhe uma, dou-lhe duas e outra mais pequena...", para em seguida entregar o ramo ao empreiteiro que houvesse feito a oferta mais vantajosa, caso não sobreviesse outra de menor valor. Aceito o lance, um escrivão lavrava o auto, assinado pelo arrematante, pelo porteiro e por oficiais da Câmara, que serviam de testemunhas. O auto valia como um contrato para a realização da empreitada, cujo custo não poderia exceder o orçamento previamente aprovado. No entanto, como se verá, o costume de superfaturar o valor das empreitadas iria se tornar comum na Bahia.[32]

A obra dos muros e baluartes foi arrematada por vários empreiteiros, dentre os quais os mais importantes foram Pero de Carvalhais e os irmãos Belchior e Rui Gonçalves. Pero de Carvalhais venceu várias outras empreitadas, tornando-se um dos principais artífices de Salvador. Belchior Gonçalves – que mais tarde trabalhou na construção do Açougue da Cidade, da Casa da Pólvora e da Casa dos Contos (estas duas erguidas na praia da Ribeira, na zona logo conhecida como Cidade Baixa) – arrematou, naquela ocasião, "o levantamento de um lanço de parede de pedra e barro", bem como "outro lanço, também de pedra e barro, no baluarte de Santa Cruz".

O material utilizado nas muralhas (madeira, barro e pedra) foi, mais uma vez, fornecido pelos indígenas e custou aos cofres públicos "32 machados, 48 foices, 11 enxadas, 51 dúzias de tesouras, 51 mil anzóis, 144 furadores, 49 podões e 14 dúzias de facas da Alemanha". O carreto da madeira foi avaliado em 2 mil anzóis, pagos pelo almoxarife Cristóvão de Aguiar.

Antes do fim de 1549 também foram mandados levar às contas da Fazenda Real "11.500 anzóis, três anzóis de três por um real, 670 tesouras, 27 foices, 30 cunhas, 22 enxadas, sete machadinhas, sete machados, 31 podões, 100 espelhos e uma bainha de faca da Alemanha", entregues aos nativos em troca de "azelhas, cipós, varas e (...) outras muitas coisas" utilizadas no arremate das muralhas. Um machado valia 200 reais, ao passo que foices, enxadas e podões custavam 150 reais cada. Uma espada não saía por menos de 450 reais.

Antes do fim do ano de 1550, os muros e seus respectivos baluartes estavam prontos. Mas, conforme assegura o velho ditado, a pressa é inimiga da perfeição, e as muralhas erguidas com tanta rapidez não parecem ter recebido a devida atenção. Cerca de seis meses mais tarde, no início do segundo semestre de 1551, parte delas desabou após uma chuvarada. Luís Dias, que supervisionara as obras, admitiu que as paredes tinham sido mal taipadas: "Eu com um dardo que trazia na mão as desmanchava", revelou, em carta escrita a seu superior, Miguel de Arruda, em 15 de agosto de 1551.

AS PORTAS E OS BALUARTES

A muralha possuía apenas duas portas dando entrada à cidade: uma ao norte, a de Santa Catarina (assim batizada em homenagem à rainha), no atual largo do Pelourinho, e outra ao sul, a de Santa Luzia, onde hoje fica a praça Castro Alves. Ambas eram guarnecidas por baluartes e tinham pontes levadiças que se deitavam sobre o fosso que cercava a cidadela.

Embora tais portas protegessem o vale do rio das Tripas (ou Ribeiro), tudo leva a crer que a porta de Santa Luzia, no extremo sul da cidade, fosse a mais concorrida e a mais bem defendida. Por três motivos: dava acesso mais fácil ao porto, ficava próxima ao lugar onde se realizava uma feira semanal e, por fim, servia às pessoas que vinham da Vila Velha para a cidade. Já a porta de Santa Catarina era usada basicamente pelos jesuítas em suas incursões diárias à aldeia Tupinambá que se localizava no monte do Calvário, mais tarde chamado monte do Carmo, nas cercanias da cidade, aproximadamente 3 quilômetros ao norte.

Os baluartes (ou "estâncias"), também de madeira e taipa, foram erguidos para proteger as portas e outros pontos estratégicos da muralha. Como tantos detalhes relativos à cidade nascente, o número de estâncias

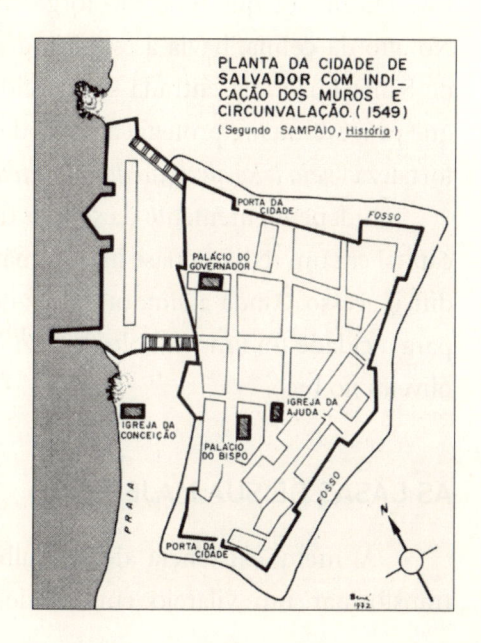

PLANTA DA CIDADE DE SALVADOR COM INDICAÇÃO DOS MUROS E CIRCUNVALAÇÃO. (1549)
(Segundo SAMPAIO, História)

originais é motivo de controvérsia entre os "biógrafos" da primeira capital do Brasil. De acordo com o cronista Gabriel Soares de Sousa, seriam seis – informação que boa parte dos historiadores da cidade trata de repetir sem maiores contestações. Mas Soares escreveu na década de 1580, e documentos mais antigos parecem demonstrar que eram apenas quatro os baluartes então existentes: dois de frente para o mar, dois para a "banda da terra".

O mais importante era o baluarte de São Jorge, plantado sobre um rochedo na ponta sul da praia da Ribeira, no sopé da colina, à beira-mar. Ele defenderia a cidade de um eventual ataque por mar – nesse caso, provavelmente deflagrado por navios franceses, armados com artilharia pesada. Embora de madeira, a estância de São Jorge era "tão forte que se espera que dure vinte anos", pois, conforme Luís Dias, foi construída com "paus de mangue, que se criam n'água e são como ferro". A pequena torre era guarnecida por "duas esperas de marca maior que vieram do reino, dois camelos [boca de fogo de grosso calibre], dois falcões [boca de fogo de cano longo e pequeno calibre] e uma dúzia de berços [boca de fogo curta separada da câmara que atirava balas de ferro fundido de pequeno calibre]".

Mais ao norte, ainda à beira-mar e também na Ribeira, na baixa da ladeira do Taboão, ficava o baluarte de Santa Cruz, assim denominado em referência ao primeiro nome que batizara a terra descoberta por Cabral. Esse era menor que o de São Jorge, mas também feito de madeira e taipa. No alto da colina, havia a estância de São Tomé, erguida ao lado da porta de Santa Luzia, na entrada sul da cidade, além do baluarte de São Tiago, que provavelmente protegia a porta de Santa Catarina, no extremo norte da fortaleza (*veja a localização dos baluartes no mapa de Salvador na página 80*).

Independentemente da solidez dos muros e do número de baluartes, a capital era um reduto quase inexpugnável por ficar no topo de uma colina de difícil acesso. Ainda assim, ou talvez por isso mesmo, o emblema escolhido para a cidade foi um símbolo de paz: uma pomba branca com um ramo de oliveira no bico.

AS CASAS DE SUA MAJESTADE

A mera existência de muralhas fortificadas não seria capaz de transformar um vilarejo em cidade na verdadeira acepção da palavra, como observa o historiador Fernand Braudel. No caso dos núcleos urbanos portugueses, a instalação de uma série de "aparelhos" e equipamentos estatais mostrava-se fundamental para que tal status fosse atingido.

Dentre essas construções figuravam o Palácio do Governador, a Câmara dos Vereadores e a Cadeia (que, quase sempre, como em Salvador, funcionavam no mesmo prédio), a Santa Casa de Misericórdia e os conventos das ordens religiosas mais importantes, além de uma praça central, um mercado, fontes e chafarizes. Outro emblema definitivo de "civilidade" muito caro aos lusitanos era o pelourinho: a coluna de pedra onde os infratores de baixo estrato social eram punidos exemplarmente, erguida bem no centro de suas cidades. Salvador logo teria todos esses prédios e aparelhos, evocativos do poder régio.

Assim que o terreno foi limpo, e enquanto era erguida a primeira paliçada, a área escolhida para sediar a futura cidade começou a ser "afeiçoada" conforme as plantas – as "amostras e traças" – que Luís Dias trouxera do reino. Foi estabelecido o alinhamento das ruas e das praças, demarcado o sítio dos futuros edifícios públicos e o local por onde passariam os muros e se situariam os baluartes e portas da fortaleza.

Os dois edifícios mais importantes eram as Casas de Sua Majestade (ou Palácio do Governador) e a Casa da Câmara e Cadeia. Ambos ficavam de frente para a praça principal, na parte norte da cidade, formando um ângulo de 90 graus um com o outro (*veja o mapa na página 80*). Embora não haja notícia certa sobre a construção, sabe-se que a fachada do palácio voltava-se para o norte, sobre a praça, com a ala esquerda dando vista para o mar. O prédio de linhas retangulares servia, como o nome indica, de residência para o governador. Mesmo sendo a sede do Governo-Geral, era uma edificação térrea de taipa e, como as demais, recoberta a princípio apenas por folhas de palmeira. Mas, com uma porta central e janelas em todas as fachadas, era uma boa construção e serviu de residência para os governadores-gerais até 1663, quando Francisco Barreto de Menezes a reconstruiu em pedra e cal.

Apesar de menos importante que o Palácio do Governador, a Casa da Câmara e Cadeia era o único prédio da nova cidade que se elevava além do rés do chão. O sobrado de dois andares, destinado a sediar os despachos do governador, foi a primeira construção erguida no topo da colina. Se não estava pronta nos últimos dias de junho de 1549, com certeza já possuía acomodações suficientes para audiências, uma vez que, naquela ocasião, ali foi assinada a autorização para a entrega de vários objetos de "resgate" aos indígenas – facas, foices, anzóis e tesouras, como de costume – em troca de madeira, palma e "outras coisas" utilizadas na edificação do prédio.

No andar de cima do sobrado seriam construídas, mais tarde, as salas de vereança e de audiências dos juízes ordinários. Mas somente sob o governo de Duarte da Costa surge menção, em documentos fidedignos, ao Senado da Câmara, que parece não ter funcionado durante o governo de Tomé de Sousa. Além do porte diferenciado, o sobrado ostentava uma torre quadrangular coroada por um sino, que, como era costume nas aldeias portuguesas, conclamava os moradores a ouvir os comunicados mais importantes do governo. O mesmo sino era tocado diariamente para marcar a abertura e o fechamento das portas e pontes levadiças da cidade, respectivamente às seis e às 19 horas. O serviço do "toque do sino de correr" era atribuição do carcereiro, então chamado "ministro da Cadeia".

No *Livro das Provisões da Fazenda* existe, na data de 24 de setembro de 1549, uma ordem de pagamento em favor de um João d'Álvares, nomeado "ministro da Cadeia". O cárcere parece ter sido inaugurado pelo marujo Afonso Gonçalves, mestre da caravela *Leoa*, rebaixado a marinheiro em consequência do roubo de "certos cabos" e de "seis canadas de vinho" (cerca de 15 litros). Encarcerado no dia 15 de maio, ele ainda foi condenado pelo provedor-mor a ter descontados 24 mil reais de seus vencimentos.

A "SÉ DE PALHA"

Poder e religião sempre caminharam juntos, e, por isso, no centro das cidades portuguesas, invariavelmente eram construídas igrejas. Não foi diferente em Salvador – ainda mais que aos recém-chegados parecia importante sacralizar um núcleo habitacional que surgia do nada em meio a um vasto território ainda em poder do "gentio". Assim, o vigário Manuel Lourenço, que viera na armada do governador, logo fez levantar uma pequena capela, coberta de palha, sob a invocação de Nossa Senhora da Ajuda. A imagem da padroeira foi retirada da nau *Ajuda*, da frota de Tomé de Sousa.

Era essa a Sé da Bahia, a primeira igreja da Cidade Alta, logo chamada de "Sé de Palha" – expressão corriqueira até a década de 1950 na Bahia, como referência a algo antigo ("velho como a Sé de Palha"). Situada a pequena distância da Casa da Câmara e Cadeia e das Casas de Sua Majestade, a igreja era uma construção provisória. A Sé definitiva seria erigida em 1553, entre o hospital e o Colégio dos Jesuítas, no extremo norte da capital, em local escolhido pelo governador.

Em permanente desacordo com o clero secular, os jesuítas queriam distância dele. Por isso, Manuel da Nóbrega pretendia erguer uma capela fora dos limites da muralha, muito provavelmente no monte do Carmo. Embora fosse grande admirador dos jesuítas, Tomé de Sousa não quis ouvir as razões de Nóbrega e, citando as possibilidades de guerra com os indígenas, reservou-lhes um terreno junto "aos chãos destinados à Sé".

"Duas igrejas juntas não é bom", contra-argumentou Nóbrega antes de relutantemente ceder às determinações do governador. Embora o jesuíta desejasse um edifício se não imponente pelo menos duradouro, teve de se contentar com uma construção simplicíssima "de taipa de mão e de palha", erguida pelos padres "sem ajuda dos moradores". A capelinha não durou muito: "Se nos cai", diria Nóbrega em carta de maio de 1552.

Na porção inferior de seu terreno, à beira-mar, os padres edificaram uma bacia de captação de um filete d'água que brotava da rocha, na baixa da ladeira do Taboão. O lugar ficou conhecido como fonte dos Padres, mas, depois que seus pequenos alunos indígenas e órfãos vindos do reino começaram a se banhar ali, passou a ser chamado de Água de Meninos.

As Casas de Sua Majestade, no centro de Salvador, em desenho de Diógenes Rebouças

Anos mais tarde, já com o auxílio da Fazenda, os jesuítas construíram armazéns de mercadorias à beira-mar e, "corrigindo o declive da ribanceira, montaram um elevador de carga – o Guindaste dos Padres –, que trazia essas mercadorias da praia para o Terreiro".[33]

O centro geográfico e político da Cidade Alta era a praça, e foi em torno dela que se ergueram os edifícios-sede dos governos geral e local. No meio daquele logradouro público, erguia-se o pelourinho. Apesar de acanhada em suas dimensões – um antigo cronista da Bahia chegou a descrevê-la como "um pequeno quadrado com 87 passos andantes" –, os moradores "corriam touros ali" pelo menos até 1584. Quem dá a notícia é Gabriel Soares de Sousa, para quem o local se tratava de "uma honesta praça".

A CIDADE BAIXA

Antes mesmo de a cidadela alterar a silhueta do topo da colina, a zona à beira-mar já fervilhava de atividade. Isso porque, tão logo foi escolhida a falésia sobre a qual a fortaleza seria erguida, os navios da frota do governador levantaram âncoras do pequeno porto localizado quase em frente à ponta do Padrão, na Vila Velha, e se transferiram definitivamente para o novo ancoradouro. Ali os portugueses ergueram um grande armazém e, a seguir, uma igreja, a alfândega e dois baluartes.

A primeira providência parece ter sido a construção do armazém "onde se recolheu o sal e outras coisas".[34] Dentre essas "outras coisas" estava o mantimento distribuído semalmente à tropa, aos marujos e aos obreiros. A ração diária – vinho, biscoitos e lentilhas, mais sal, vinagre e azeite – era igual para todos e equivalia a 400 reais por mês. O responsável pelas provisões era o almoxarife Cristóvão de Aguiar. Ele devia distribuí-las "a todos que tivessem ordenado de el-rei".[35]

O primeiro armazém, provisório – "mero tejupar de varas, taipa e colmo", de acordo com Pedro Calmon[36] –, teria ficado pronto já em 11 de abril de 1549, pois as rações começaram a ser oficialmente entregues a partir daquele dia e o *Regimento* determinava que só fossem distribuídas "da feitura dele em diante". O prédio definitivo, construído mais tarde em regime de empreitada pelo já citado Pedro de Carvalhais, foi chamado Casa dos Armazéns. Muito longo e estreito, ocupava quase toda a parte fronteira ao porto (*veja mapa na página 80*).

A movimentação nos arredores dos armazéns era intensa. À maneira indígena, os obreiros devem ter feito pequenas choupanas recobertas de folha de palmeira para se abrigar do sol. "Na faina dos primeiros dias", descreve Teodoro Sampaio, "galgava essa gente a montanha pela manhã e descia com o entardecer a pernoitar nas naus."[37]

À medida que os prédios oficiais eram erguidos na coroa do morro, um amontoado de choupanas e oficinas – "uma improvisada rancharia"[38] – ia surgindo quase espontaneamente na beira da praia. Dessa forma, para além de qualquer planejamento racional, Salvador foi criando, orgânica e simultaneamente, sua Cidade Alta e sua Cidade Baixa. Transplantava-se assim para os trópicos um conceito urbanístico que já se solidificara no reino – em Lisboa e no Porto, por exemplo – e que era de nítida influência muçulmana.

A parte baixa da cidade era chamada de "a Praia" ou "a Ribeira", pois ali ficava a ribeira das Naus ou ribeira do Góis, que servia de ancoradouro, doca e estaleiro. A zona portuária foi construída sob a supervisão de Pero de Góis, capitão-mor da costa do Brasil. Além do porto, ali ficava a "aguada" dos navios. Perene e copiosa, a chamada fonte do Pereira abastecia a armada e saciava a sede dos obreiros. O "patrão" da Ribeira, que recebia 2 mil reais por mês, era Pero Rabelo, "homem que há anos sabe sobre esta costa e serve nela de piloto", conforme Tomé de Sousa.

Desde o início das obras, o porto parece ter sido muito movimentado. O transporte das mercadorias e dos produtos trazidos pelos nativos se fazia em canoas – as "ubás" dos indígenas –, em caravelões, bergantins e outras embarcações a vela. Com o início das obras, o tráfego marítimo entre a Ribeira e a Vila Velha, onde o governador ainda armazenava certos apetrechos, tornou-se especialmente intenso. O material para a construção da paliçada, por exemplo, foi transportado no barco que pertencia a Afonso Rodrigues, um dos genros de Caramuru. Outros produtos essenciais, como a farinha produzida em Tatuapara, o carvão vegetal, a cal e as telhas, também vinham à cidade por mar, e seu preço incluía a condição de serem "postos à borda d'água", ou seja, na Ribeira.

De acordo com o *Regimento*, o governador deveria mandar construir, "com a maior brevidade e diligência", navios a remo, tanto para servir à economia interna da cidade como para defendê-la dos corsários franceses.

Para estimular a feitura das embarcações, foram decretadas várias isenções fiscais, e os armadores não apenas não pagavam impostos como ganhavam "mercês" da Fazenda Real.

Ao norte da ribeira das Naus ficava a Casa dos Armazéns. Perto dela se erguia a Casa da Fazenda e Contos, ou simplesmente Casa dos Contos, onde despachavam o provedor-mor Antônio Cardoso de Barros e seus assessores. A cobrança de impostos e taxas era a principal fonte de renda da Coroa, e, por isso, o ritmo de trabalho na Casa dos Contos fora estabelecido pelo *Regimento*.

O contador e o escrivão dos Contos, por exemplo, davam expediente das sete às 11 e das 14 às 18 horas. Em caso de falta, os funcionários eram punidos com descontos em seus ordenados: um cruzado para o contador e 200 reais para o escrivão. Mas, como ainda havia pouco movimento, antes de partir em visita de inspeção às capitanias do Sul, em janeiro de 1550, Cardoso de Barros determinou que os oficiais da Fazenda e dos Contos só precisavam trabalhar um período, e apenas nas segundas, quartas e sextas – em tais dias, porém, ficavam obrigados a comparecer ao trabalho "mesmo que não houvesse o que fazer".[39]

Ainda na ribeira do Góis, o artífice Belchior Gonçalves construiu, por empreitada, a Casa da Pólvora, em pedra e barro. Também na parte baixa da cidade foram feitas as ferrarias, que, a princípio, trabalhavam apenas para o Governo-Geral, sendo obrigadas por lei a entregar "toda ferramenta e cunhas" que produzissem ao tesoureiro das Rendas. Todos aqueles edifícios públicos, recobertos de início com folhas de palmeira, começaram a ser "telhados com telha" no início de 1551, segundo o depoimento do mestre da pedraria, Luís Dias.

Toda manhã, levas de operários e degredados, em companhia de seus auxiliares indígenas, subiam os quase 100 metros que separavam a beira-mar da colina. As rotas morro acima, todas árduas, eram três. Duas parecem ter sido escadarias: a mais importante, e primeira a ser aberta, subia desde a rua da Praia, iniciando-se mais ou menos nas proximidades da fonte do Pereira e chegando à praça central. Chamou-se mais tarde ladeira da Misericórdia. A outra ladeira começava por detrás da ribeira das Naus, nos arredores da igreja da Conceição da Praia, e, no meio da subida, bifurcava-se para alcançar a travessa da Ajuda por um lado e os fundos das Casas de Sua Majestade por outro. Mais ao sul, existia uma ladeira transitável por carros; também partia das proximidades da igreja da Conceição da Praia e ficou conhecida como ladeira da Montanha.

Para vencer o aclive, os primeiros moradores de Salvador recorriam também a elevadores e balanças. A ideia original parece ter partido dos jesuítas, que fizeram o já citado Guindaste dos Padres. O sistema era o de balança: o peso colocado na parte de cima, ao ser liberado, fazia subir a carga colocada na parte de baixo. Os jesuítas cobravam 40 vinténs "por viagem". Mais tarde, um outro elevador, esse público, foi instalado na praça central. Foram os modestos antepassados do atual Elevador Lacerda.

ALTOS E BAIXOS

A parte alta, chamada de Cidade, concentrava a burocracia político-administrativa, a maioria dos prédios públicos e a igreja. A parte baixa, ou Praia, sediava o porto, o armazém, a alfândega e a Casa dos Contos, transformando-se por isso no território por excelência dos comerciantes e dos marinheiros.

O conceito de Cidade Alta e Cidade Baixa não foi resultado da mera adaptação dos portugueses às condições geográficas do local. Foi também a materialização espacial das várias encruzilhadas que caracterizam a época em que Salvador nasceu. O desnível parecia representar o conflito entre Estado e iniciativa privada, a transição da informalidade do urbanismo medieval e das influências muçulmanas para as novas cidades "reguladas". Além disso, a primeira capital do Brasil reproduzia, além-mar, a mesma estrutura da capital do império: "Era o ideal de construir, em cada território, uma nova Lisboa." A atitude reforçaria "a dimensão de 'capitalidade' concedida à nascente urbe", observou Paulo Pereira em *Portugal no alvorecer da modernidade*.

No final de 1549, oito meses após o início das obras, era tão pequeno o número de edificações já concluídas – talvez apenas o armazém, a Casa da Câmara e Cadeia, a "Sé de Palha", o hospital, a ribeira das Naus e as primeiras muralhas – que não se poderia dizer que a cidade já estivesse pronta. De qualquer forma, as obras parecem ter avançado em ritmo tão acelerado que acabaram propiciando o surgimento de um mito historiográfico: o de que o próprio governador teria arregaçado as mangas e, literalmente, posto a mão na massa. A informação foi publicada em 1627 por frei Vicente do Salvador (nascido na cidade em 1564), que supostamente a teria obtido em relatos de contemporâneos do primeiro governador: "Ouvi dizer a homens de seu tempo (que ainda alcancei alguns) que ele [Tomé de Sousa] era o primeiro que lançava mão do pilão para os taipais e ajudava a levar a seus ombros os caibros e madeiras para as casas, mostrando-se a todos companheiro e afável (parte mui necessária nos que governam novas povoações)." Há quem conteste a afirmativa (*leia nota lateral na pág. 117*).

A CIDADE DAS OITO RUAS

Eram apenas oito as vias que cortavam a cidade: quatro longitudinais, maiores e mais importantes, e quatro travessas paralelas. Planejado em formato regular – "em grade", de acordo com os preceitos renascentistas –, o traçado logo foi adaptado às irregularidades do terreno. Mesmo sem seguir um rígido desenho prévio, as ruas possuíam claras intenções de ordenamento e alguma constância na largura, em nítido exercício de urbanismo "regulado", bastante afinado com os tempos de centralismo monárquico.

As duas principais ruas de Salvador corriam de sul a norte e faziam com que a cidade se comunicasse em linha reta quase que de um extremo a outro. Ambas ficavam apertadas entre a borda da falésia que se debruçava sobre o mar e as ribanceiras do rio das Tripas. A mais importante era a rua Direita do Palácio (depois rua Direita dos Mercadores e hoje rua Chile). Ela partia da porta de Santa Luzia (onde hoje fica a praça Castro Alves), no extremo sul da cidade, passava entre as Casas de Sua Majestade e a Casa da Câmara e Cadeia, atravessando o centro da praça e seguindo através dos terrenos destinados à Sé e ao Colégio dos Jesuítas, para terminar na porta de Santa Catarina, nos limites setentrionais do povoado (*veja pág. 80*).

A segunda rua longitudinal, paralela à rua Direita e a leste dela, era a rua da Ajuda. Havia uma terceira via longitudinal, menos frequentada e de menor importância. Era a rua do Brejo (mais tarde, rua dos Capitães ou do Sousa), que, com 168 metros, corria junto aos muros na parte leste da cidade. Como o nome indica, passava próximo aos lodaçais do rio das Tripas.

As demais ruas de Salvador corriam no sentido oeste-leste; eram mais curtas e estreitas, pouco mais do que meras travessas. A maior delas era a rua do Tira-chapéu, assim chamada, de acordo com a tradição recolhida por Teodoro Sampaio, porque, "sendo próxima do Palácio do Governador, era uso naqueles tempos descobrir-se o transeunte em sinal de respeito". A rua do Tira-chapéu (mais tarde rua da Assembleia) cruzava em frente às Casas de Sua Majestade, passava pela praça do Palácio e pela fachada lateral da Casa da Câmara e Cadeia.

RUAS *VERSUS* CASAS

Nas cidades portuguesas, as ruas, além de estreitíssimas – em geral com menos de 30 palmos (cerca de 3 metros) de largura –, ainda eram tomadas pelo avanço das varandas e dos muxarabis, os populares "puxadinhos", que se debruçavam sobre as vias. Revela-se aí mais uma das facetas do conflito entre bem público e propriedade privada. No caso de Salvador, onde o costume de fazer os puxadinhos se repetiu, os interesses particulares em geral se sobrepunham ao bem comum.

"As posturas e resoluções da Câmara de Vereadores ficavam nos papéis públicos", conta Sampaio. "Cada qual construía sua casa e corria sua cerca à feição de suas comodidades e interesses. Não é raro ler-se, nas vereações daquele tempo, a declaração de um indivíduo que invade uma rua com o alpendre de

COM A MÃO NA MASSA

O historiador baiano Edison Carneiro rebate a informação dada por frei Vicente e repetida pela maioria dos livros sobre a construção de Salvador. Diz Carneiro: "Basta correr os olhos pelos documentos para notar a inconsistência da notícia. Era tal o número de mandados baixados a cada dia que é muito difícil que sobrasse tempo ao governador para exibir sua força física – sem falar nos achaques da idade. Esses mandados dão apenas uma pálida ideia do tempo gasto na discussão dos vários problemas sugeridos pela construção da cidade. Nem havia pressa que justificasse tal atividade extraoficial de Tomé de Sousa. Não somente a terra estava em paz como havia braços suficientes entre o pessoal vindo na armada para os trabalhos de edificação. Evidentemente, havia coisas mais importantes em que se ocupar o governador".

sua casa, ou com alguma das dependências dela, com a promessa de tudo desmanchar quando nessa rua houver mais trânsito e lhe for a demolição reclamada."

Desajeitadamente alinhado nas ruas estreitas, de cerca de 3 metros de largura, o casario baixo, com seus puxadinhos e beiradas salientes, exibia aspecto "inestético e monótono", ainda na avaliação de Sampaio. Feitas às pressas, e com material de ocasião, as casas "duravam pouco, logo reclamando reforma".

Enquanto na Praia as casas se voltavam para o mar, dando as costas à falésia, no alto as construções se dobravam sobre a cidade. As casas eram tão baixas que um indivíduo de estatura mediana "mal podia ficar em pé dentro delas".[40] Repetiam, nesse sentido, o padrão utilizado no reino, onde o pé-direito raras vezes ultrapassava 1,70 metro. Segundo as investigações do arquiteto português Manuel Sílvio Conde, mais da metade das casas de Lisboa no século XVI tinha apenas "entre 11 e 30 metros quadrados de área".[41]

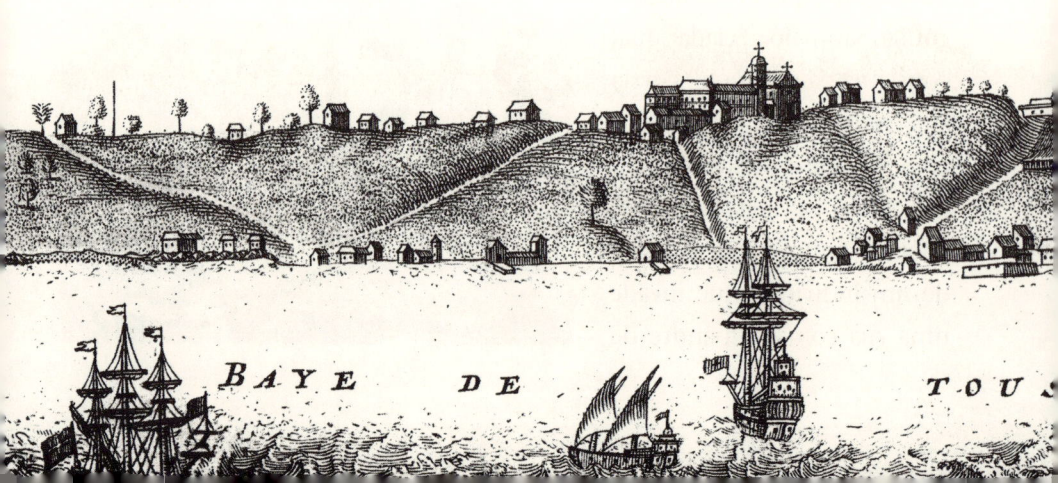

Se assim era no reino, não é difícil imaginar como terá sido em Salvador. Além de escuro, pouco ventilado e diminuto, o espaço interno das residências era despojado. Dentro daquelas paredes de taipa, que raras vezes tinham mais do que 40 centímetros de largura, erguidas sobre alicerces também de taipa, havia pequenos tamboretes, uma ou outra cadeira de espaldar com encosto de pele de porco e "baús de boi" (ou couro). Eventualmente, utilizavam--se tapetes de pele de onças-pintadas, mas nunca faltava a rede de algodão, chamada de "rede de bugre", cujo uso os portugueses tinham aprendido com os indígenas e que, nos trópicos, substituía, com vantagens, a cama.

Nos utensílios domésticos, a predominância dos objetos nativos era ainda mais visível. O vasilhame grosseiro de "barro da terra", ao lado das gamelas de madeira, cuias e cumbucas para guardar a "farinha de pau", ocupava o lugar dos equivalentes usados no reino. Era uma sociedade que se tornava progressivamente mestiça nos usos e costumes. A carência de verbas não se restringia a casas e casos particulares, e "pouco melhor era o aspecto dos edifícios públicos, com seus telhados novos e maior número de janelas, mas sem ornatos ou vidraças", conforme Teodoro Sampaio.

Havia, contudo, pelo menos duas boas casas em Salvador. Uma delas, como não seria difícil imaginar, era a do mestre da pedraria Luís Dias. Não se sabe com certeza onde ficava, mas foi comprada em 27 de julho de 1553, por 16 mil reais, pelo segundo governador-geral, Duarte da Costa, que nela mandou abrigar seis órfãs que trouxera do reino para se casarem no Brasil. A outra casa – na verdade, duas conjugadas – pertencia a Pero de Góis, capitão-mor da costa do Brasil. "Apalaciadas", eram as mais nobres residências de Salvador. Foram compradas por 80 mil reais pelo rei, durante o governo de Duarte da Costa, para servirem de moradia ao primeiro bispo do Brasil, Pero Fernandes Sardinha. As casas de Pero de Góis ficavam atrás da Sé, na esquina da rua Pão de Ló, que a partir de 1553 ficou conhecida como rua do Bispo.

Se as casas tinham bom preço, o valor dos terrenos, mesmo dentro da área fortificada, era baixo. Em 1580, uma área com 10 braças (22 metros) de frente "e bom fundo, nas ruas mais centrais da cidade", valia 13.500 reais.

Perfil da cidade de Salvador por volta de 1695

FAZER A FEIRA

A concentração urbana, que formava um xadrez de ruas e becos, era mais densa nas vizinhanças da porta de Santa Luzia, não só em consequência da maior facilidade de comunicação entre aquela zona e o porto, mas principalmente em função da proximidade com o local da feira onde os colonos "resgatavam" com os indígenas. O *Regimento* havia determinado a realização de uma feira com o propósito de regular as relações entre nativos e colonos (proibindo o comércio direto entre ambos), estabelecer um controle sobre o abastecimento e manter o equilíbrio de preços.

Para facilitar o comércio, o espaço da feira foi definido à beira-mar, nos arredores da igreja da Conceição da Praia, "onde abicavam as canoas vindas de toda parte". A reconstituição mais vívida da feira é de Teodoro Sampaio: "Alastravam-se pelo solo as mercadorias trazidas pelos índios e pequenos lavradores da vizinhança da cidade. Aos produtos tão vários e esquisitos da cerâmica indígena – potes, panelas, alguidares, moringas, cuscuzeiros, cachimbos e pratos – para ali trazidos à cabeça das nativas, a que acompanhavam os curumins nus, conduzindo frutas de várias sortes e penas de cores vivas, ajuntavam-se o algodão em rama, as cordas e tecidos grosseiros feitos com ele, as embiras e fibras diversas, os rolos de cipó para as cercas e construções de taipa, os pavios para as candeias, a cera da terra, o bálsamo de copaíba, as raízes medicinais, o almíscar de jacaré e os produtos vários da farmacopeia indígena, entre os quais o fumo, então conhecido como 'erva santa.'" Os animais de caça – antas, suaçus, cotias, pacas, tatus, capivaras – eram abundantes, e os nativos vinham vendê-los, abatidos ou vivos. Vivos vinham também os animais de estimação tão admirados pelos portugueses (e europeus em geral – tanto os que estavam no Novo Mundo quanto os que nunca deixaram seu continente): macacos, saguis, papagaios, araras, tuins e "bom e variado número de aves canoras".

O preço das mercadorias obedecia à lei da oferta e da procura; dependiam da necessidade que houvesse, da natureza, das safras e das dificuldades de produção e transporte. Entretanto, o governador estava autorizado pelo rei a fixar "os preços que vos parecerem que honestamente podem valer as mercadorias que na terra houver e assim as que vão do reino e de quaisquer outras partes". A intervenção do Estado, no entanto, parece ter sido limitada, ocasional e nem sempre eficiente.

Os pesos e medidas variavam; às vezes, eram os do reino, às vezes, os da terra. Os atravessadores beneficiavam-se da confusão e, sempre que podiam, fraudavam pesos e preços. Havia dois funcionários da Câmara, os chamados "almotacés", encarregados de fiscalizar os pesos, medidas e preços das mercadorias. Mas sua ação era muito contestada e vários deles não duraram mais do que dois meses no cargo. Os produtos eram taxados, e os impostos pareciam excessivos. Assim, o povo, "com voz em grita, requeria em nome de Deus e de Sua Majestade que se não lhe botasse nova imposição".[42]

Combinados de antemão, ou arbitrados no momento pelos funcionários da Fazenda, os preços foram se estabilizando. Um saco de carvão, por exemplo, custava 35 reais, e 1 alqueire (13,8 quilos) de farinha, 100 reais. A farinha de mandioca, ou de "pau" (assim chamada para se diferenciar da farinha de trigo, vinda do reino), era o alimento básico dos nativos e dos recém-chegados. Havia a farinha fresca, de duração limitada, e a "farinha de guerra", mais resistente, embora mais áspera e menos substancial. Delas se faziam tapiocas, mingaus e beijus, mais saborosos e digeríveis do que a farinha pura. Com o aipim cozinhavam-se bolos "semelhantes, no gosto, a pão fresco", segundo Nóbrega. A pacova, a banana brasileira (o "figo de Adão"), era muito procurada, conforme Gândavo, "porque, assadas verdes passam por mantimento, e quase têm a sustância do pão".[43] Havia também "muitas castas" de milho, como disse o jesuíta Fernão Cardim, "e dele fazem pão, vinho e se come assado".[44]

ONDE SE COME O PÃO E A CARNE

Apesar dos beijus, tapiocas e "pães" de aipim, milho e banana, o que mais fazia falta "para a população reinol que ainda não se afeiçoara de todo à terra, nem lhe estimava na mesma conta os produtos alimentícios", era, sem dúvida, o pão de trigo. "O abastecimento daquele gênero não era, porém, seguro e abundante", lembra Sampaio. "Os perigos do mar eram muitos, e os lucros, poucos e arriscados. O mercado da cidade desequilibrava-se a miúdo. O pão encarecia com a escassez da farinha. Os padeiros violavam as posturas, e a Câmara de contínuo intervinha, regulando peso, qualidade e preços, coibindo os abusos ou oferecendo medidas conciliatórias entre o consumidor e o produtor".[45]

Mais problemas para a Câmara do que o pão, só mesmo os provocados pelo comércio da carne de gado. Além de animais de caça e pesca "da terra", os primeiros povoadores de Salvador dispunham de pequenas criações de animais domésticos vindos da Vila Velha, de outras capitanias ou diretamente de Portugal e de suas colônias: pombos, galinhas, patos, perus, cabras, ovelhas, porcos, jumentos, cavalos, éguas e bois. Quando a caravela *Galega* trouxe os primeiros bois para a cidade, em 1550, Tomé de Sousa mandou carregá-la de pau-brasil e a enviou de volta a Cabo Verde, de onde viera, para trazer mais bovinos – nesse caso, porém, menos pela carne e leite do que para tração e reprodução dos rebanhos.

No ano seguinte, em carta ao rei, Tomé de Sousa afirmava que o gado vacum era "a maior nobreza e fartura que pode haver nessas partes". Em meados de 1551, já era tal o número de bois que "se podia pagar o soldo de alguns homens d'armas com vacas e novilhos".[46]

A Casa dos Açougues foi construída naquele mesmo ano pelo pedreiro Belchior Gonçalves, em regime de empreitada. A construção era colada – fazia "parede-meia", como então se dizia – à Casa da Câmara e Cadeia. A proximidade não parece ter sido casual: o corte, o peso, a distribuição e a venda de carne bovina configuravam uma das principais atribuições dos almotacés.

Os talhos eram dados em arrematação em hasta pública. A pesagem da carne era polêmica e "levantava as queixas do público". Uma lei vedou que os talhos fossem feitos por escravos negros ou índios. Mas, como "os abusos não cessavam", ficou determinado que deveria sempre haver um "homem livre" para pôr os pesos na balança. A medida não bastou e, por isso, a Câmara criou o cargo de "repesador". A carne tinha preço fixo, considerado alto pelo povo: 10 reais por arratel (459 gramas). Na tentativa de baixar os preços, a Câmara colocava seguidos pregões para o arrendamento dos talhos a quem se dispussse a vender por menos, mas isso raramente acontecia.

TRIPAS AO RIO

O abate do gado se dava no Curral do Conselho, como então se chamava o matadouro. Esse abatedouro ficava em uma baixada nos arredores da porta de Santa Luzia, no limite sul da cidade, próximo do local onde, mais tarde, surgiu o mosteiro de São Bento, justo nas nascentes daquele que, em função dos dejetos decorrentes dos abates, ficou conhecido como rio das Tripas. Não é de surpreender que, cerca de dois anos depois da construção do Curral do Conselho, o curso d'água que banhava Salvador já estivesse poluído.

O rio das Tripas arrastava-se, preguiçoso, em volta da cidade, fazendo duas grandes curvas em "B". Ora mais raso, ora mais profundo, alargava-se em poças, inundando todo o vale e o transformando "num vasto e perigoso tremedal".[47] A corrente nascia a sudeste da porta de Santa Luzia, no lugar chamado ladeira das Hortas, seguia para nordeste e, depois de passar pelas "costas" da cidade, desaparecia sob a terra para ressurgir colorida de barro, no rio Vermelho, jogando-se no oceano Atlântico.

O rio e seu extenso brejo foram uma das razões para Tomé de Sousa plantar Salvador na colina à beira-mar. O córrego valia por um fosso natural; era uma barreira intransponível para os recursos militares da época. De início, a água era boa para beber, mas os animais domésticos, especialmente bois e porcos, pisando-lhe as nascentes, logo levaram os moradores a ter que se utilizar de outros mananciais de água potável. Dois séculos mais tarde, o professor de grego, e um dos maiores cronistas da Bahia, Luís dos Santos

A beberagem dos indígenas

Vilhena relatava: "Não há dentro da cidade uma única fonte cuja água se possa beber, mas poucas são as casas que não tenham sua poça em que a aproveitam; toda, porém, é salobra."

Felizmente para eles, os portugueses não bebiam apenas água. Sua bebida favorita era, evidentemente, o vinho. As "várias sortes" de vinho do reino e das ilhas constituíam "artigo obrigado do comércio de importação e cousa até de maior valia do que o próprio pão, do ponto de vista do fisco".[48] Mas o vinho, se não era raro, com certeza era caro. Os recém-chegados, por isso, logo se voltaram para os "vinhos da terra": o cauim, poderoso fermentado de mandioca dos indígenas; o vinho de caju, "tão abundante a encher pipas, de cor a modo de palhete"; e "outras 32 variedades fabricadas pelo gentio", de acordo com a contabilidade de Simão de Vasconcelos, entre as quais os vinhos de aipim, milho e ananás.[49]

A fabricação e venda do "vinho de mel", como então se chamava a cachaça, era proibida por lei sob a alegação de que a bebida "arruinava a saúde da população e danava o povo baixo nas tavernas, onde se seguiam rixas e cenas de sangue". Mas a verdadeira causa da proibição estava na concorrência ruinosa da cachaça ao vinho do reino, "cuja importação muito convinha fomentar e proteger". Contudo, o "vinho de mel" raramente saía de circulação, "ora explorado às escâncaras a despeito das multas ou posturas, ora tolerado por ser a bebida do pobre e também por conveniência de alguns vereadores que eram senhores de engenho, desejosos de explorar o seu mel", segundo Teodoro Sampaio.

DOENTES E DEFUNTOS

Não foram apenas as águas da Cidade do Salvador que logo se poluíram. Suas ruas também ficaram cobertas de lixo, dejetos e esgotos, repetindo o que era usual no reino. "O lixo amontoava-se nas ruas e ao pé das casas e só era removido para o adro das igrejas ou para os terrenos públicos quando, por muito acumulado, dava para incomodar."[50] A Câmara ameaçava os infratores com multas, mas isso só os fazia jogar o lixo nas ribanceiras e baixios.

Em meio a condições de higiene tão precárias, muitos recém-chegados adoeciam. Talvez prevendo a situação, uma das primeiras decisões do governador foi ordenar a construção de uma enfermaria que cedo se transformou em hospital, "embora muito rudimentar e também de caráter provisório", de acordo com Edison Carneiro. O terreno escolhido para sediar o prédio, muito íngreme, debruçado sobre a colina à beira-mar, ficava "a distância de menos de um tiro de pedra da porta setentrional da cidade", onde, alguns anos depois, surgiria o vasto prédio da Santa Casa de Misericórdia.

O fidalgo Diogo Moniz Barreto foi nomeado provedor do hospital, com vencimentos de 800 reais por mês. Os já citados Jorge de Valadares, "físico e cirurgião", e o boticário Diogo de Castro eram os médicos. Ambos estavam na folha de pagamento do Governo-Geral. Valadares, empossado em 1º de maio de 1549, ganhava 48 mil reais por ano. Manteve-se no cargo até 1553, quando foi substituído pelo também cristão-novo Jorge Fernandes. O boticário Diogo de Castro recebia 15 mil reais por ano.

O jesuíta Antônio Pires ajudava no cuidado aos enfermos. Mas justo ele foi uma das primeiras vítimas do impaludismo. No segundo semestre de 1549, segundo carta de Nóbrega, Pires ficou "mal das pernas, que lhe arrebentaram das maleitas que teve". As primeiras e mais frequentes doenças que afligiram os portugueses no Brasil foram as febres, a malária, a bouba (doença que provoca alterações semelhantes às da sífilis), a opilação (causada pela falta de ferro no organismo e que, em geral, atacava o baço ou o fígado), o puru-puru (dermatose contagiosa que se caracteriza por manchas brancas na pele), o tétano, as paralisias, as disenterias e os envenenamentos.

Desde o início, o hospital viveu sérias aflições financeiras. O provedor Diogo Moniz encontrou uma solução engenhosa para suplementar as rendas da instituição: obteve de Tomé de Sousa a promessa de que multas impostas aos habitantes de Salvador reverteriam para a manutenção do hospital, onde, de acordo com o relato posterior de D. Duarte da Costa, "se curavam não só os enfermos da cidade, como os que vinham nos navios que aqui aportavam".

O hospital contava ainda com uma "esmola" de 100 cruzados (ou 40 mil reais) anuais que deveria ser enviada pelo rei. O dinheiro, entretanto, foi pago parceladamente e "na medida do possível, satisfazendo apenas uma ou outra necessidade mais imediata", de acordo com Edison Carneiro. Além das multas, o hospital recebia o dinheiro dos que morriam sem deixar herdeiros.

O tesoureiro dos Defuntos era Brás Alcoforado, e o testamenteiro, Diogo Moniz, provedor do hospital, a quem eram entregues os soldos e pertences dos falecidos.

"TUDO BURLARIA"

A poluição das águas, a sujeira das ruas e as doenças que afligiam os colonizadores não eram as únicas preocupações do governador e de seus auxiliares diretos. A crônica falta de dinheiro, o atraso no pagamento dos soldos, a injustificada suspensão no fornecimento de mantimentos à tropa e aos trabalhadores, as frequentes despesas extras, as suspeitas de desvios de verbas, a alta dos preços dos alimentos e do material de construção, a especulação desenfreada, a manipulação dos pesos e medidas, as prováveis irregularidades na licitação das empreitadas, o descumprimento generalizado das leis – tudo era motivo de desassossego para Tomé de Sousa e para o principal responsável pela construção da cidade, o mestre da pedraria Luís Dias.

As críticas mais contundentes partiram de Dias, talvez porque estivesse falando de seu caso particular. Na carta que enviou em 15 de agosto de 1551 para seu superior, Miguel de Arruda, Dias afirmava que "do soldo [nem] um só ceitil me deram nem pagaram, nem há de que mo pagar, [pois] o que vem do reino é ferro velho, como o que se vende na feira em Lisboa, e é com isso que se paga à pobre gente que cá trabalha, que os rendimentos do Brasil com que cá nos mandavam pagar é tudo burlaria, porque não há aqui com que se pague meio ordenado dum destes senhores".

O mestre da pedraria não estava preocupado só consigo. A falta de consideração com os homens que tinham vindo de "tão longe" para servir seu soberano também o indignava: "E os enganam com tais pagamentos e [disseram] que lhes haviam de dar de comer, mas dão-lhes um pouco de farinha de pau com um pouco de vinagre e azeite, e sem outra carne nem peixe."

Em meados de junho de 1549, o provedor-mor da Fazenda, Antônio Cardoso de Barros, ordenara ao almoxarife que, dali por diante, não fornecesse mais "mantimento de biscoito, carne, vinho e pescado" aos homens d'armas, ao mesmo tempo que determinava ao tesoureiro das Rendas que "não pagasse soldos, nem ordenados a nenhuma pessoa sem lhe fazerem certo não dever coisa alguma a Cristóvão de Aguiar, almoxarife".

A questão é que praticamente todos os integrantes da expedição deviam algo ao almoxarife. Como os salários não eram pagos, eles recorriam ao "fiado" para obter gêneros ou ferramentas no Armazém da Cidade.

O caso de Luís Dias era um pouco melhor do que os dos demais trabalhadores: ele pelo menos podia solicitar a Miguel de Arruda, um arquiteto prestigiado, que intercedesse junto ao rei. Além de reclamar que não lhe tinham pago salário durante os dois meses de viagem, Dias julgava ganhar menos do que devia: "O meu soldo é de pedreiro e não é ordenado do ofício que Sua Alteza me desse, e perdoe Deus ao [escrivão] Manuel de Moura que foi pôr na minha carta *ordenado*. Espero em Deus que Vossa Majestade me fará emendar isso."

O mestre da pedraria queria que lhe pagassem os salários atrasados em Portugal, e não no Brasil, onde possivelmente receberia não em dinheiro, mas em "ferro velho". Se tivesse que receber enquanto ainda estivesse na colônia, então que pelo menos lhe pagassem em açúcar e em Pernambuco, na capitania de Duarte Coelho, "porque ali há renda, se a há no Brasil, e o melhor açúcar que cá há". Em junho de 1553, Dias acabou recebendo 22 mil reais dos mais de 80 mil que lhe eram devidos – mas não em açúcar nem em "dinheiro de contado": o arquiteto responsável pela construção da primeira capital do Brasil foi pago em artilharia ("a saber, um berço de metal, duas câmaras e vinte pelouros", de acordo com a provisão assinada pelo provedor--mor Antônico Cardoso de Barros).

O SUMIÇO DO DINHEIRO

O numerário de fato era escasso; não havia "dinheiro de contado". Os negócios eram feitos na base do escambo: entregue aos indígenas, o material de "resgate", incluindo "o ferro velho" vindo de Lisboa, era trocado por comida ou serviços. A situação era notória, tanto que, ao solicitar que enviassem do reino operários para ajudar na construção de uma igreja, Nóbrega sugeria que viessem "já com a paga", porque, "mesmo trazendo alvará régio", não haveria como pagá-los na Bahia.

Até o governador fez menção ao problema. Ao relatar para o rei a captura de dois marujos franceses, disse: "Não os mandei enforcar porque tinha muita necessidade de gente que não me custe dinheiro." Dinheiro, no entanto, havia, ou houvera. Talvez não em moeda sonante, mas imobilizado em material bélico, nas "achegas", nos mantimentos, na armação dos navios.

Escrevendo em 1584, Gabriel Soares de Sousa calculou em 400 mil cruzados (ou 160 milhões de reais) a quantia investida por D. João III na expedição de Tomé de Sousa e nas obras iniciais da cidade. Frei Luiz de Sousa afirmou, em 1580, que outros 300 mil cruzados (ou 120 milhões de reais) foram gastos na primeira armada de socorro enviada a Salvador em 1550 sob o comando do figaldo Simão da Gama e Andrade. Investigadores modernos, baseados em fontes documentais e em suposições verossímeis, calculam em cerca de 1 milhão de cruzados (ou 400 milhões de reais) o custo da construção da Cidade do Salvador – o equivalente a um terço das receitas da Coroa.

Onde foi parar tanto dinheiro? Parte foi gasta, parte desviada. Investigando os papéis da Câmara de Salvador, Teodoro Sampaio pinta um quadro de dissolução geral: "Os infratores, de todos os gêneros, eram contumazes, e as penas não passavam de ameaças. As multas raro se pagavam. Os atravessadores de mercadorias zombavam das medidas que contra seu comércio aladroado adotavam os oficiais da Câmara. Os arrendatários dos impostos conluiavam-se com os mercadores, consentindo que estes fraudassem as almotaçarias."

Quando os pregões de arrematação das empreitadas se encerravam, o nome do vencedor, anunciado com alguma solenidade pelo porteiro da Câmara, raramente causava surpresa. Os empreiteiros loteavam as obras entre si, combinando os lances antecipadamente, muitas vezes em conluio com o leiloeiro, e superfaturando o custo das obras.

O cenário talvez cause menos estranheza quando se sabe que uma aura de suspeita pairava sobre os dois homens mais importantes do Governo-Geral logo abaixo de Tomé de Sousa. O provedor-mor Antônio Cardoso de Barros, responsável pela liberação das verbas, por exemplo, construiu um engenho no Recôncavo e, de acordo com as acusações do segundo governador-geral, Duarte da Costa, o fez com dinheiro do rei. "Homem que tem engenho e faz fazenda nesta terra é muito prejudicial à de Vossa Alteza, e como ele a tem, e muito grossa, descuidava-se muito do que cumpria a bem de seu ofício."[51]

Quanto a Pero Borges, o precedente era ainda mais grave: não fora o ouvidor-geral condenado no reino, poucos anos antes, pelo desvio de verbas de uma obra pública? E, se o fizera em Portugal, onde os mecanismos de controle régio eram muito mais rígidos, o que o impediria de fazê-lo em uma "terra ainda muito verde para se adaptar aos rigores de uma legislação transplantada e evoluída em meio tão diverso"?[52]

Não é difícil entender, portanto, o tom de desilusão da carta que Tomé de Sousa enviou ao rei em 18 de julho de 1551: "Neste janeiro de 1552, que em boa hora virá, se acabarão os três anos para que Vossa Alteza me mandou a estas partes. Por amor de Deus, que me mande ir que não sei outras palavras por onde peça porque ainda que servisse V. A. em tudo o que hei de viver no outro mundo (...) não me fartaria coisa alguma destas nem de outras para o muito que devo a V. A. e por isso não sei outro modo de falar nisso se não que outra vez peço a V. A. por amor de Deus que me mande ir para uma mulher velha que tenho e uma filha moça. E nenhum outro governador pode V. A. mandar que não faça cá melhor que eu e com menos trabalho."

O jesuíta Manuel da Nóbrega sintetizou o desgosto dos funcionários públicos enviados ao Brasil, para os quais, segundo ele, a vida na colônia se resumia a "desconsolos que se toleravam apenas até a hora de tornar para o reino". Em carta ao rei, o líder dos jesuítas acrescentou o porquê de tamanha insatisfação: "Essa terra é tão pobre, ainda agora, que dará muito desgosto aos oficiais de Vossa Alteza, maiormente àqueles que desejam se irem dela com muitos navios carregados de ouro. Deveria V. A. mandar servidores que queiram bem à terra e tirar oficiais, tantos e de tantos ordenados, que não querem mais que acabar seu tempo cá e ganhar seus ordenados, que esse é seu fim principal, pois têm sua afeição em Portugal e não trabalham em favorecer a essa terra, antes se aproveitam dela de qualquer maneira que podem."

Mal pago e com os salários atrasados, Luís Dias queria ir embora tão cedo quanto possível, como deixa claro na carta que enviou ao rei em agosto de 1551: "De maneira que, pelo presente, me parece que isto [a Cidade do Salvador] está acabado até o tempo mostrar de si mais coisas, pelo que peço a Vossa Alteza haja por bem de me mandar ir com o governador Tomé de Sousa, por ser velho e maldisposto e já ao presente não haver necessidade de mim, e nisto me fará muita esmola e mercê e muito serviço a Deus para amparo de uma velha que lá tenho, e rogarei sempre a Deus pelo acrescentamento e estado de V. A., como os da rainha e príncipe nossos senhores, que os entretenha sempre para seu santo serviço e lhe acrescente os dias da vida, amém."

A BAÍA "DE TODOS OS PECADOS"

Ao contrário dos funcionários públicos, os jesuítas tinham chegado para ficar. "Essa terra é nossa empresa, e a melhor que há no mundo", escreveu Nóbrega para seu superior Simão Rodrigues. Mal desembarcaram na Vila Velha, em março de 1549, os seguidores de Inácio de Loyola se lançaram ao trabalho com entusiasmo. Depararam, porém, com uma sociedade mameluca, típica do período inicial da ocupação portuguesa no Brasil, em total desacordo com seus preceitos religiosos e morais. O modo de vida dos colonos era motivo de escândalo e espanto para os jesuítas. "Se contarem todas as casas dessa terra", relatava Nóbrega, "todas acharão cheias de pecados mortais, adultérios, fornicações, incestos e abominações (...). Não há obediências, nem se guarda um só mandamento de Deus e muito menos os da Igreja."

Cerca de vinte homens brancos, alguns de origem desconhecida ou fugitivos da justiça, já viviam nos arredores da antiga Vila do Pereira antes da chegada de Tomé de Sousa. Seu comportamento, suas ideias e intenções horrorizaram os jesuítas. Nenhum trabalhava; viviam todos às custas do labor de suas "negras", como chamavam as escravas nativas. Cada europeu possuía três ou quatro delas – e se deitava com todas. "A gente da terra vive em pecado mortal, e não há nenhum que deixe de ter muitas negras, das quais estão cheios de filhos. Muitos cristãos (...), os quais têm não só uma concubina, mas muitas em casa, fazem batizar suas escravas sob pretexto de bom zelo e para se amancebar com elas, cuidando que por isso não seja pecado, e de par com estes estão alguns religiosos, que caem no mesmo erro."

Que o estímulo sexual era grande não restam dúvidas: as nativas circulavam pela cidade peladas e depiladas. Conforme o relato do também jesuíta José de Anchieta, não apenas andavam nuas como "não sabem negar-se a ninguém, mas até elas mesmas cometem e importunam os homens, jogando-se com eles nas redes, porque têm por honra dormir com os cristãos". Nóbrega, que considerara o problema gravíssimo, já havia solicitado esmolas de roupa: "Ao menos uma camisa para cada mulher, [pois] não parece honesto estarem nuas entre os cristãos na igreja e quando as ensinamos."

Quando a pressão dos jesuítas fez efeito e as autoridades determinaram que os indígenas deveriam andar vestidos, os padres consideraram os trajes "em demasia mui sumários". No caso das mulheres, resumia-se à chamada "tipoia", um saco de algodão com três aberturas para a cabeça e os braços. Uma faixa, em geral "mera tira de casca" atada à cintura, "afeiçoava ao talhe o tosco vestuário", que descia apenas até o meio das coxas. Os homens eram obrigados a vestir calções de pano grosso até os joelhos e uma camisa curta.

"Os antigos moradores não tinham conseguido resistir àquela vigorosa sugestão da natureza", observou Edison Carneiro. "Os homens da armada do governador também não se mostravam capazes nem dispostos a resistir." Não desconhecendo tal circunstância, Nóbrega sugeriu que se enviassem de Portugal "algumas mulheres que lá têm pouco remédio de casamento (...), ainda que fossem erradas", porque logo se casariam, tal a carência de mulheres brancas e cristãs. "Uma mulher, ama de um homem casado, que veio nesta armada [de Tomé de Sousa], pelejavam sobre ela a quem a haveria por mulher. E uma escrava do governador lhe pediam por mulher, e diziam que lha queriam forrar [libertar]."

A falta de mulheres europeias era gritante. Não se sabe quantas vieram na armada do governador, talvez apenas as duas citadas por Nóbrega. Ainda assim, dentro das residências, especialmente as que já existiam na Vila Velha, o ranger das redes era frequente, pois o número disponível de "peças" (como também se chamavam os escravos nativos) era igualmente farto. Aquela não era apenas a baía de Todos os Santos, era também "a de todos os pecados", para usar a expressão cunhada pelo historiador inglês Charles Boxer.

Não se tratava, porém, de mera questão de apetite sexual. O fato é que os portugueses amancebados também obtinham comida e serviços em troca de contatos ocasionais com as "negras da terra". Pelo que escreveu Pero de

Magalhães Gândavo em 1576, a grande maioria dos colonos tratava de adquirir escravos mal desembarcava na terra: "Por pobres que sejam, alcançam, cada um, dois pares ou meia dúzia de escravos, que pode, um por outro, custar pouco mais ou menos até dez cruzados [ou 4 mil reais]. Os mesmos escravos índios buscam de comer para si e para os senhores, e desta maneira não fazem os homens despesas em mantimentos nem com seus servos nem com suas pessoas." Além disso, as nativas "faziam todo o trabalho da casa, a farinha de mandioca e os tecidos de algodão". As "negras da terra" não eram, portanto, apenas instrumentos de prazer. Eram instrumentos de trabalho.

A relutância dos moradores em abandoná-las talvez residisse justamente nesse aspecto.

ÓRFÃS E PROSTITUTAS

A melhor solução contra o concubinato, na opinião de Nóbrega, era o envio de mulheres portuguesas, "ainda que fossem erradas". A sugestão parece ter agradado à Coroa, que, a exemplo dos degredados, já remetia para as províncias do ultramar, especialmente a Índia, órfãs e prostitutas. Rei e rainha dispensavam sua atenção, seus favores e considerável "esmola" ao Mosteiro das Órfãs, fundado em Lisboa em 1546. Lá viviam e eram educadas 21 pensionistas, filhas de ministros e servidores do Estado. D. João III ordenou que, de três em três anos, algumas daquelas moças fossem enviadas

Mulheres indígenas em gravura quinhentista

para o Brasil, recomendadas aos governadores para que se casassem com funcionários públicos.

Sob o governo de Tomé de Sousa, no entanto, vieram apenas três órfãs, todas filhas de Baltazar Lobo, comandante de uma nau da Carreira da Índia que tinha morrido em um naufrágio. Uma delas, Joana Barbosa, casou com Rodrigo de Argolo, provedor da Fazenda. Com a chegada do novo governador, Duarte da Costa, em março de 1553, viriam outras nove, sob os cuidados da criada Maria Dias. Para abrigá-las, D. Duarte comprou a casa do mestre da pedraria Luís Dias, como já foi dito. Uma delas, Clemência Dória, era filha de um doge de Veneza e casou-se, em segundas núpcias, com Fernão Vaz, capitão do bergantim *São Roque*.

Não há registros de prostitutas enviadas ao Brasil nos oito primeiros anos do Governo-Geral. O pequeno número de órfãs desembarcadas em Salvador revela que o problema da falta de mulheres não foi resolvido. Os colonos e os homens da armada continuaram, portanto, usufruindo da companhia e do trabalho das "negras da terra", ou "negras brasílicas". Ao fazê-lo, mantiveram inalterado o sistema que, nos primeiros quarenta anos de colonização do Brasil, servira aos interesses dos portugueses e os levara a estreitar laços com os nativos, já que a prática estava de acordo com a concepção de casamento e a estrutura de parentesco das sociedades Tupi (*leia nota lateral*).

A MALDIÇÃO DE CAM

Se os jesuítas manifestaram grande empenho para acabar com o que consideravam uma imoralidade sexual, o mesmo não se pode dizer da

GENROS DA TERRA

O sistema foi chamado de "cunhadismo" pelo historiador Jaime Cortesão e por outros estudiosos do tema. Darcy Ribeiro foi o mais entusiasmado pesquisador do "velho costume indígena de incorporar estranhos à sua comunidade", definindo-o como a "instituição social que possibilitou a formação do povo brasileiro". O cunhadismo, de acordo com Ribeiro, consistia em dar uma moça indígena como esposa ao recém-chegado. "Assim que ele a assumisse, estabelecia, automaticamente, mil laços que o aparentavam com todos os membros do grupo (...). A importância era enorme e decorria de que aquele adventício passava a contar com uma multidão de parentes que podia pôr a seu serviço, seja para conforto pessoal, seja para a produção de mercadorias." Conforme Cortesão, "os primeiros colonos, aos quais não faltavam tribos para acunhadar-se, tupinizaram-se pela poligamia. E não só pela poligamia, como adotando, com sua língua, muitos dos costumes e aquisições culturais".

maneira com que enfrentaram a utilização dos indígenas como escravos. Embora fossem contrários à escravização "ilegal" do gentio, adotaram uma posição ambígua e logo sucumbiram à tentação de, como os colonos, se servirem do trabalho escravo. Convencido de que não lhe enviariam operários do reino, Nóbrega não hesitou em recorrer ao "método tradicional", autorizando a compra de cativos:

"Alguns escravos que fiz mercar [comprar] para a casa [o Colégio dos Jesuítas] são fêmeas, as quais eu casei com os machos e estão nas roças apartados todos em suas casas, e busquei um homem leigo, que deles tem cuidado e os rege e governa, e nós com eles não temos conta, e só com o homem nos entendemos, e o homem com eles", escreveu Nóbrega a Simão Rodrigues. Explorando os escravos por intermédio de um leigo, Nóbrega julgava estar salvando as aparências.

O real interesse dos jesuítas, porém, aparece com clareza noutras passagens escritas por Nóbrega e seus companheiros. "A mantença [manutenção] dos estudantes [indígenas no Colégio dos Jesuítas], ainda que sejam duzentos, é muito pouco, porque, com o terem cinco escravos que plantem mantimentos e outros que pesquem (...), com pouco se manterão (...). Os escravos cá são baratos, e os mesmos pais [dos alunos] hão-de ser cá seus escravos." O trecho revela que nem mesmo a escravização dos pais pelos filhos repugnava o pragmático senso de justiça dos soldados de Cristo.

Um dos argumentos de Nóbrega para justificar a escravização dos indígenas estava relacionado ao fato de andarem nus. Por ter escarnecido da nudez de Noé, seu filho Cam foi exilado e condenado à servidão. Em um texto clássico, seu ríspido *Diálogo da Conversão dos Gentios*, escrito em 1558, Nóbrega afirmaria que, por serem descendentes de Cam, os índios do Brasil "ficaram nus e têm outras mais misérias". O pecado de Cam, convém ressaltar, legitimava também a escravização dos africanos. Além disso, Nóbrega acreditava na teoria aristotélica da "servidão natural dos povos inferiores".

SOLDADOS DE CRISTO NA TERRA TUPINAMBÁ

Os jesuítas desembarcados com Tomé de Sousa eram apenas seis, mas valiam por muitos. Tinham a disposição férrea e a disciplina rígida típicas dos soldados de Cristo. Estavam dispostos a tudo para implantar os rigores da Contrarreforma nos confins do ultramar, especialmente ao sul do Equador, onde, pelo menos segundo o ditado então em voga, não haveria pecado: "*Ultra equinoxialem non peccatur.*"

Nóbrega, o "maioral dos jesuítas", pregava à gente da armada e aos altos funcionários do governo, correspondia-se frequentemente com o reino, articulava as estratégias expansionistas da Companhia de Jesus e, apesar das limitações estabelecidas pela gagueira, proferia sermões incandescentes. Também celebrava casamentos em massa, admoestava os colonos e aglutinava grupos indígenas dispersos que viviam nos arredores de Salvador, clamando publicamente contra a escravização "ilegal" dos nativos. Ainda encontrava tempo para jejuar e se disciplinar, flagelando-se com os demais companheiros todas as sextas-feiras.

Juan de Azpilcueta Navarro, o mais culto e preparado dos discípulos de Nóbrega, foi a princípio enviado para doutrinar os moradores da Vila Velha. Mas, lá, pregou no deserto. Pouco depois, já se dedicava exclusivamente à catequese dos nativos, dos quais foi o primeiro a aprender a língua. Em agosto de 1549, apenas cinco meses após o desembarque, Navarro já era compreendido pelos indígenas, e os curumins cantavam canções compostas por ele em tupi. "Trabalhamos de saber a língua deles, e nisto o padre Navarro nos leva vantagem a todos", relatou Nóbrega.

O noviço Vicente Rodrigues, o "Vicente Rijo", também ensinava catecismo aos curumins e mantinha "uma escola de ler e escrever". Também fazia experimentos com sementes que lhe tinham sido enviadas do reino, esforçando-se para aclimatar plantas europeias ao Brasil. Antônio Pires, além de tratar "dos pobres no hospital", desdobrava-se como carpinteiro e artífice; era, segundo Nóbrega, "nosso oficial de tudo". Leonardo Nunes, o mais ativo dos jesuítas depois de Nóbrega, foi enviado, ainda no primeiro semestre de 1549, para vistoriar as capitanias de Ilhéus e Porto Seguro, acompanhado do noviço Diogo Jácome. Em breve seguiria para São Vicente – onde receberia o apelido de "Abarebebê", ou "padre voador", e seria encontrado por Nóbrega em febril atividade no início de 1553.

OS "EXERCÍCIOS ESPIRITUAIS"

As necessidades pessoais dos jesuítas eram mínimas e de fácil satisfação: tendo feito voto de pobreza e castidade, viviam de acordo com as determinações de Inácio de Loyola, comendo e dormindo pouco, trabalhando muito e se dedicando com ardor aos "exercícios espirituais" propostos pelo fundador da ordem. Embora tivessem direito ao mantimento equivalente a 400 reais por mês, geralmente pago em ferro-velho, eles o repassavam aos curumins do colégio. "Vivemos de esmolas e comemos pelas casas com os criados dessa gente principal", revelou Nóbrega a Simão Rodrigues.

A vida espartana e os sofrimentos a que se submetiam no exercício das tarefas cotidianas eram realçados por uma rotina marcada por mortificações, jejuns e penitências. "A portas cerradas", descreve Teodoro Sampaio, baseado em relatos originais dos padres, "Nóbrega e seus companheiros de apostolado disciplinavam-se todas as sextas-feiras, açoitando-se rudemente até com o auxílio de estranhos, tudo pelo amor dos que estavam em pecado mortal e pela conversão do gentio." Nas cerca de quarenta cartas que os jesuítas enviaram para Portugal entre 1549 e 1553, há mais de uma dezena de referências às disciplinas e mortificações. Embora na maioria das vezes os "exercícios espirituais" fossem realizados a portas fechadas, no interior da igreja da Ajuda, várias foram as ocasiões em que os soldados de Cristo percorreram as ruas de Salvador em ruidosas ladainhas noturnas, submetendo-se a açoites e conclamando o povo a imitá-los.

A prática não constituía novidade para Nóbrega. Na noite de 17 de julho de 1545, ele, com outros cinco companheiros, havia cruzado as ruas de Coimbra, por ordem de Simão Rodrigues, soando uma campainha, flagelando-se e bradando de quando em quando: "Inferno para todos os que estão em pecado mortal!" O mesmo mandara fazer Francisco Xavier em Ternate, uma das ilhas Molucas, em 1542, determinando que "um homem, de noite, com uma lanterna numa mão e campainha na outra, corresse todas as ruas, dando em cada uma aqueles pregões em voz alta, com grande devoção dos cristãos e temor e espanto dos infiéis".

No Novo Mundo não foi diferente: os nativos ficaram espantados e atemorizados com os flagelos. O impacto foi ainda maior quando, em setembro de 1549, o padre Navarro açoitou-se no centro de uma aldeia indígena nas cercanias de Salvador – provavelmente a que ficava no monte do Calvário, bem próxima ao centro da cidade – dizendo aos indígenas "que castigava a si para que Deus não os castigasse a eles". Em breve já eram mais de cem os índios recém-convertidos que acompanhavam os jesuítas nos "exercícios espirituais". "Muitos se disciplinam com tão grande fervor que causam confusão entre os brancos", relatou Nóbrega a mestre Simão.

Com o passar dos meses, referências à presença dos nativos naquelas práticas foram se tornando mais frequentes. "Em nossa casa, alguns dos novos convertidos vêm se disciplinar com grandes desejos e, na procissão da Semana Santa [de 1550, entre 22 e 29 de março], se disciplinaram tanto os nossos quanto alguns dos recém-convertidos", disse o líder dos jesuítas. Em março de 1553, escrevendo de São Vicente, um irmão jesuíta revelou: "Essa prática é coisa de muita devoção pelas muitas lágrimas dos índios e dos portugueses que nelas há."

Como revela essa carta, não eram apenas jesuítas e indígenas que se disciplinavam: alguns colonos os seguiam na prática. "Noite alta, era a hora dos penitentes, que as penitências severas, terrificantes muita vez, concorriam com as penalidades civis a conterem a devassidão e os crimes ocultos", narra Teodoro Sampaio. "Vultos desconhecidos, por vezes encapuçados, encaminhavam-se para a igreja da Ajuda e, a horas mortas da noite, rondavam contritos, açoitando-se em torno dos muros daquele santuário recluso e silencioso."

Aquela prática encontraria adversários na colônia. Ao desembarcar em Salvador, em junho de 1552, o primeiro bispo do Brasil, D. Pero Fernandes Sardinha, ficou chocado com a excessiva devoção de Nóbrega e de seus comandados – mas esse, como se verá, seria apenas um dos muitos temas nos quais o bispo e os inacianos entrariam em desacordo. "Com todo meu parecer", diria Sardinha em carta a mestre Simão, "sugiro que Vossa Reverência lhe avise [a Nóbrega] que não use dessas coisas por agora; nem o mande tangir campainha à noite pela cidade, nem anotem os que a elas [às disciplinas] não compareçam, porque os tais exercícios, ainda que sejam santos e virtuosos e ordenados para mortificar a carne e quebrar a soberba, todavia são mais meritórios se feitos em segredo, da maneira como se fazem nas religiões aprovadas e em vossos colégios no reino, sem o estrépito da campainha."

Sardinha voltaria ao tema várias vezes antes de proibir definitivamente as flagelações públicas.

"A ESCÓRIA QUE DE LÁ VEM"

Apesar dos rumorosos conflitos que eclodiram mais tarde entre os jesuítas e o bispo, as relações entre a Companhia de Jesus e a cúpula do Governo-Geral não poderiam ser melhores. "O governador nos mostra muita vontade. Pero de Góis nos faz muitas caridades. O ouvidor-geral [Pero Borges] é muito virtuoso, e ajuda-nos muito. Não falo em Antônio Cardoso, que é nosso pai", diria Nóbrega, como se sacramentando a "indissolúvel aliança entre a Cruz e a Coroa, o trono e o altar, a fé e o império" cimentada pelos jesuítas, diagnosticada pelo historiador Charles Boxer.

Se a ligação com os representantes do poder real era sólida, o mesmo não acontecia com os padres do clero secular que se encontravam na terra. "Dos sacerdotes ouço coisas feias", escreveu Nóbrega já na primeira carta que enviou para o reino, em 10 de abril de 1549. Cinco dias mais tarde – possivelmente após ter ouvido as histórias relativas ao clérigo João Bezerra, o "grão ribaldo" responsável pela destituição do antigo donatário da Bahia –, o líder dos jesuítas radicalizou sua posição: "Cá há clérigos, mas é a escória que de lá vem. Não se devia consentir embarcar sacerdotes sem ser sua vida muito aprovada, porque estes destroem quanto se edifica."

Além de viverem amancebados com as "negras da terra", escolhendo sempre "as melhores e de mais alto preço", os padres permitiam e até incentivavam a escravização dos indígenas, absolvendo os colonos dos "pecados mais abomináveis", tornando-lhes "largo o estreito caminho do céu". Nesse sentido, o relato de Nóbrega não poderia ser mais contundente: "Os clérigos dessa terra têm mais ofício de demônios que de clérigos: porque, além de seu exemplo e costumes, querem contrariar a doutrina de Cristo, e dizem publicamente aos homens que lhes é lícito estar em pecado com suas negras, pois que são suas escravas, e que podem ter [os indígenas] salteados, pois que são cães, e outras coisas semelhantes, por escusar seus pecados e abominações, de maneira que nenhum demônio temos agora que nos persiga, senão estes. Penso que, se não fosse pelo favor que temos do governador e dos principais dessa terra, e também porque Deus assim não o quer, já nos teriam tirado as vidas."

Enojados tanto com o concubinato e suposto desregramento dos colonos quanto com as omissões e ameaças do clero secular, os jesuítas preferiam estar entre os catecúmenos indígenas. Tão "distantes dos brancos sumidos na poligamia e na luxúria"[53] desejavam ficar que, a princípio, quiseram instalar-se fora das muralhas da cidade, no cimo do morro apropriadamente batizado de monte do Calvário, onde havia uma aldeia Tupinambá, a qual logo começaram a catequizar. Por questão de segurança, e antevendo uma eventual guerra com o gentio, Tomé de Sousa, embora grande admirador da Companhia, não permitiu a fundação de um colégio e de uma igreja extramuros. Apesar de submeter-se aos desígnios do governador, Nóbrega não duvidava de que "quanto mais longe estivermos dos velhos cristãos que aqui vivem, maior fruto se fará".

De todo modo, mais do que para reordenar a sociedade colonial de acordo com a moralidade vigente depois do advento da Contrarreforma, os jesuítas tinham sido enviados ao Brasil com a missão de catequizar o gentio. No *Regimento* dado a Tomé de Sousa, o rei afirmara: "A principal coisa que me moveu a povoar as ditas terras do Brasil foi para que a gente dela se convertesse à nossa santa fé católica." E quem melhor do que os jesuítas para fazê-lo?

Como na Índia, onde havia "corações mais benignos e não tão emperrados como os dos mouros",[54] Nóbrega, a princípio, julgou estar diante de uma tarefa fácil no Brasil. Considerando os nativos "gente que nenhum conhecimento tem de Deus, nem ídolos, que faz tudo quanto lhe dizem", o líder dos jesuítas enviou uma carta entusiástica para seu antigo mestre no reino: "Aqui, poucas letras bastam, porque tudo é papel branco, e não há que fazer outra coisa senão escrever à vontade as virtudes mais necessárias e ter zelo para que seja conhecido o Criador destas criaturas", disse ele a Martin de Azpilcueta Navarro em agosto de 1549.

Dois anos mais tarde, em setembro de 1551, o líder dos jesuítas repetiria essas palavras em carta ao rei D. João III: "Converter todo esse gentio é mui fácil coisa (...) porque em coisa nenhuma creem e estão como papel branco para neles escrever à vontade." Pouco tempo depois, no entanto, irritado com as "inconstâncias do gentio" – os hábitos nômades, humores cambiantes e apego aos velhos costumes –, Nóbrega passou a acreditar que a conversão só se concretizaria mediante "o fogo da caridade, o zelo ardente e as graças do Espírito Santo".

Conscientes de que a catequese dos indígenas era arma auxiliar de dominação e colonização, os jesuítas articularam, sob a liderança de Nóbrega, uma ardilosa estratégia baseada em três vetores: a doutrinação das crianças, a desmoralização dos pajés e a conversão dos líderes tribais. Pode-se dizer que a tática era similar ao projeto em andamento em Portugal, onde os jesuítas estavam assumindo o controle da educação, eliminando os concorrentes no âmbito da fé e lutando para cooptar o poder político.

A CHEGADA DO PRIMEIRO BISPO

Disposto a levar a cabo seu plano, e sempre atento às relações de poder entre Igreja e Estado, Nóbrega percebeu de imediato que era preciso transformar o Brasil em um bispado, separando-o da diocese sediada em Funchal, na ilha da Madeira, sob cuja jurisdição a colônia se encontrava desde 1514. Em abril de 1549, apenas uma semana após o desembarque na Bahia, ele escreveu ao mestre Simão Rodrigues garantindo que a presença de um bispo era fundamental "porque sei que [nesta terra] mais moverá o temor da justiça do que o amor do Senhor".

Os pedidos foram se tornando progressivamente insistentes, quase enfadonhos: "Muito necessário cá é um bispo (...) para castigar e emendar grandes males"; "há cá muita necessidade de um bispo para que, ele com temor e nós com amor procedendo, se busque a glória do Senhor"; "esperamos que venha o bispo, que proveja isso com temor, pois nós outros não podemos com amor". Nóbrega, porém, estabelecia uma precondição: o bispo deveria vir "não para fazer-se rico, porque a terra é pobre, mas para buscar as ovelhas tresmalhadas do rebanho de Jesus Cristo". O alerta foi reiterado pouco mais tarde: "Que venha [o bispo] para trabalhar e não para ganhar."

Simão Rodrigues tomou na devida consideração as insistentes sugestões de seu dileto discípulo e encaminhou o pedido ao rei D. João III. Em 31 de julho de 1550, atendendo à solicitação de mestre Simão, o rei de Portugal escreveu ao papa Júlio III (que tomara posse em 8 de fevereiro daquele ano) solicitando a criação de um bispado no Brasil. Para o posto de primeiro bispo, D. João sugeriu – outra vez por indicação dos jesuítas – o nome de Pero Fernandes Sardinha. O papa aprovou rapidamente ambos os pedidos

– favorecimento pouco comum – e, em 25 de fevereiro de 1551, apenas oito meses após a carta, o Brasil ganhou a própria diocese e seu primeiro bispo. Conforme os anseios de Nóbrega, Sardinha de fato viria para inspirar terror. Mas, ao contrário do que gostaria o jesuíta, o bispo estava disposto a cobrar caro por seus serviços.

Pero Fernandes Sardinha era personagem bem conhecido no Paço Real de Lisboa. Nascido em Évora em 1495, tinha fama de homem culto. Formara-se em Direito e em Teologia nas universidades de Salamanca e de Paris, dentro da mais rígida tradição escolástica, e iniciara carreira como mestre (provavelmente de latim) no Colégio de Santa Bárbara. Portanto, além de subordinado do diretor Diogo de Gouveia, com o qual sempre manteve sólida amizade, fora um dos professores de Inácio de Loyola e de Simão Rodrigues, os dois superiores de Nóbrega. Como muitos dos que conheceram Loyola em seus dias de estudante em Paris, o futuro bispo jamais foi exatamente um admirador da Companhia de Jesus.

Depois de 11 anos na França, Sardinha retornou a Portugal para lecionar Direito Canônico na Universidade de Coimbra. Nos primeiros meses de 1545, porém, foi nomeado provisor e visitador-geral da diocese de Goa, na Índia (estabelecida em 1534). Tal indicação muito provavelmente deu-se por obra de D. Antônio de Ataíde. Na "Goa Doirada", capital do império português no Oriente, fervilhante de aventureiros inescrupulosos e funcionários lenientes, o vigário horrorizou-se com a corrupção do governo de Martim Afonso de Sousa. Mesmo sabendo que criticava o primo-irmão de um dos homens mais poderosos do reino, Sardinha escreveu para D. João III relatando escândalos e desvios de verbas, "sem intenção de mexericar nem praguejar de ninguém, mas para aclarar a verdade". De todo modo, as denúncias não surtiram efeito e, no início de 1549, seguindo os passos de Martim Afonso, o vigário estava de volta a Portugal. Era clérigo em Évora quando, aos 56 anos, foi nomeado primeiro bispo do Brasil.

Sardinha transferiu-se para a colônia com salário anual de 200 mil reais e, valendo-se da mesma "largueza do rei" que já beneficiara outros altos funcionários do Governo-Geral, tratou de embolsá-los adiantados, em 7 de dezembro de 1551. Somava-se ao salário uma pensão vitalícia de 500 cruzados anuais (ou seja, outros 200 mil reais), à qual Sardinha tinha direito desde 1545 "por serviços prestados". Mesmo tendo assegurado vencimentos iguais aos do governador-geral, Pero Fernandes parece não ter considerado a remuneração alta o bastante para justificar sua transferência para o Brasil. Depois de alguns encontros com D. João III, obteve o direito sobre as "miunças" (ou miúças) do Brasil, um imposto decimal sobre a venda de coisas miúdas, como galinhas, frangos, leitões, cabritos e ovos.

Sardinha partiu do porto de Belém em 24 de março de 1552, na armada chefiada por Fernão Soares, que ia para a Índia. A 8 de abril, a expedição aportou na ilha de São Tiago, no arquipélago de Cabo Verde, na costa ocidental da África – terra que, em carta ao rei, o bispo considerou "mais rica de dinheiro que de virtudes". Depois de revelar ao monarca que recebera ofertas de suborno tão altas que dali bem poderia ter levado "uns mil cruzados", assegurou que se sentia melhor "com o título de néscio do que com o nome de cobiçoso", uma vez que "folgava muito mais com honesta pobreza do que com fazenda ganha à custa da consciência"[55] (*leia nota ao lado*).

No dia 22 de junho de 1552, o bispo enfim desembarcou na Bahia. A viagem durara noventa dias, o que havia causado grande apreensão na terra, pois muitos julgavam que a armada houvesse naufragado. "Cá parecia a todos que [a frota] não mais viria e muito nos temermos querer com isso Nosso Senhor castigar os pecados desta terra", escreveu Nóbrega. Conforme relato do bispo, os

O "Estilo Trajanino"

Na sequência da carta enviada de Cabo Verde, Pero Fernandes Sardinha compara o rei D. João III aos imperadores romanos, sugerindo ter a solução para frear os desvios de verbas nas possessões lusitanas no além--mar: "Um dos meios que a mim me parece em que esta terra (Cabo Verde) se podia reformar e muito se emendar é virem a ela superiores, tanto no plano espiritual quanto no temporal, que fossem mui isentos de cobiça e zelosos da justiça (e, cuidando nisso, me alembrou o que conta Plutarco a respeito de Trajano e de Antonino Pio, ambos imperadores romanos, os quais, quando mandavam governadores às províncias muito distantes, capitulavam com eles que não haveriam de sair de suas governanças com mais fazenda do que tinham quando entraram nelas), e sendo, pois, Vossa Alteza tão poderoso quanto Trajano e Antonino Pio, seria eu de parecer que usasse de este estilo trajanino."

navios tinham sido atingidos por ventos "nortes, nordestes e lestes tão rijos que pareciam que falavam". Apesar da "prolixa viagem", desembarcaram bem, "com toda a nau e a gente de saúde".

De início, a impressão que o líder dos jesuítas teve de Sardinha foi a melhor: "O bispo é muito benigno e zeloso e mostra-se nele bem ter amor e sentir as coisas da Companhia. Pregou no dia de São Pedro e São Paulo com muita edificação, com que muito ganhou os corações de suas ovelhas; eu trabalharei sempre por lhe obedecer em tudo, e ele não mandará coisa alguma que prejudique a nossa Companhia." Era um brutal erro de avaliação.

Por cerca de 15 dias, Sardinha morou com os jesuítas na igreja da Ajuda. Mas a simplicidade dos aposentos ocupados pelos cruzados de Loyola não estava à altura da dignidade episcopal. Por isso, no dia 9 de julho a Coroa adquiriu uma das melhores casas da nascente Salvador para abrigar o prelado. Era, como já foi dito, o imóvel construído por Pero de Góis, pelo qual o rei desembolsou 80 mil reais em duas prestações. Sardinha transferiu-se para lá de imediato. A partir de então, e pelos quatro anos seguintes, o "palácio do bispo" se tornaria o epicentro de um conflito tão grave que quase resultaria na destruição da Cidade do Salvador.

O primeiro alvo da ira de Sardinha foram justo os jesuítas. Tendo sido professor de Inácio de Loyola, Simão Rodrigues e Francico Xavier em Paris, o bispo não simpatizava com a Companhia de Jesus desde antes da fundação da ordem. Mal desembarcou no Brasil, tratou de desautorizar praticamente qualquer atitude de Nóbrega e de seus comandados. Primeiro, como foi dito, investiu contra as mortificações e as "disciplinas", banindo as flagelações públicas. Depois, proibiu que os inacianos pregassem aos indígenas em tupi, vetou o uso de cânticos e instrumentos nativos nas aulas de catequese e forçou os pequenos catecúmenos a mudarem seu tradicional corte de cabelo, pois, usando-os "ao modo gentílico, pareciam freiras". Por fim, impediu os jesuítas de frequentarem as capelas que tinham erguido nas aldeias próximas a Salvador.

Tudo isso ocorreu nas primeiras semanas após sua chegada, a ponto de Nóbrega enviar carta a Simão Rodrigues na qual revelou: "Haverá pouco mais de um mês que veio, e já o temo."

Na mesma correspondência, Nóbrega afirma que Sardinha não perdia ocasião de declarar publicamente que era "mestre [em teologia] e tinha ensinado mestre Inácio [de Loyola] e à Vossa Reverência [o próprio Rodrigues] em Paris". O bispo afirmava ainda que não estava interessado em ouvir a opinião "de trezentos Navarros e seiscentos Caetanos", referindo-se a Martin de Azpilcueta Navarro e ao cardeal Caetano (teólogo que fora professor de Navarro), aos quais Nóbrega recorria com frequência para defender os pontos de vista da Companhia.

Em tese, o confronto eclodiu porque Sardinha era contrário à catequização dos indígenas, que, de acordo com o que ele próprio teria dito a Nóbrega, "lhe pareciam incapazes de toda a doutrina por sua bruteza e bestialidade", e, por isso, "não as tinha por ovelhas de seu curral, nem que Cristo se dignaria de as ter por tais". Por isso, o bispo proibiu a confissão dos nativos por meio de intérpretes e vetou a presença dos indígenas nas igrejas de Salvador, a não ser que estivessem vestidos da cabeça aos pés.

Embora a decisão estivesse em flagrante contradição com o declarado interesse do rei de ver os nativos "convertidos à nossa santa fé católica", Sardinha não se escusou de defender a tese em carta que escreveu ao monarca, junto com a qual enviou um pequeno tratado teológico por meio do qual "Vossa Alteza verá o quão pouco aparelhados são estes bárbaros para se converterem e [por isso] mais devemos nos ocupar em que não se pervertam os brancos do que se convertam esses negros".

Vindo da riquíssima Índia, onde já fora acusado de corrupção e desvios de verbas pelo governador de Goa, Garcia de Sá (*leia pág. 217*), o bispo teria ficado "mui desgostoso com a pobreza da terra", conforme disse Nóbrega em carta aos seus superiores. Sardinha então voltou sua atenção exclusivamente para os colonos – e fez dessa relação sua principal fonte de renda, na medida em que tratou de substituir penas eclesiásticas por "penas pecuniárias". Em outras palavras, o prelado persuadiu muitos dos portugueses estabelecidos no Brasil a pagar pela absolvição de seus pecados – literalmente, e em moeda sonante.

A medida chocou Nóbrega de tal forma que tornou insustentável sua convivência com o bispo. Mas, sendo o respeito à hierarquia o alicerce primordial da fortaleza ideológica que sustentava a Companhia de Jesus, o confronto com uma autoridade eclesiástica superior era opção de todo inconcebível para o jesuíta. Embora a situação o levasse "às lágrimas e ao desespero", Nóbrega acabou favorecido pelas circunstâncias, pois, em fins de outubro de 1552, surgiu-lhe a chance ideal para se ausentar de Salvador sem que o afastamento parecesse fuga ou recuo.

SÃO PAULO DE PIRATININGA – 1554

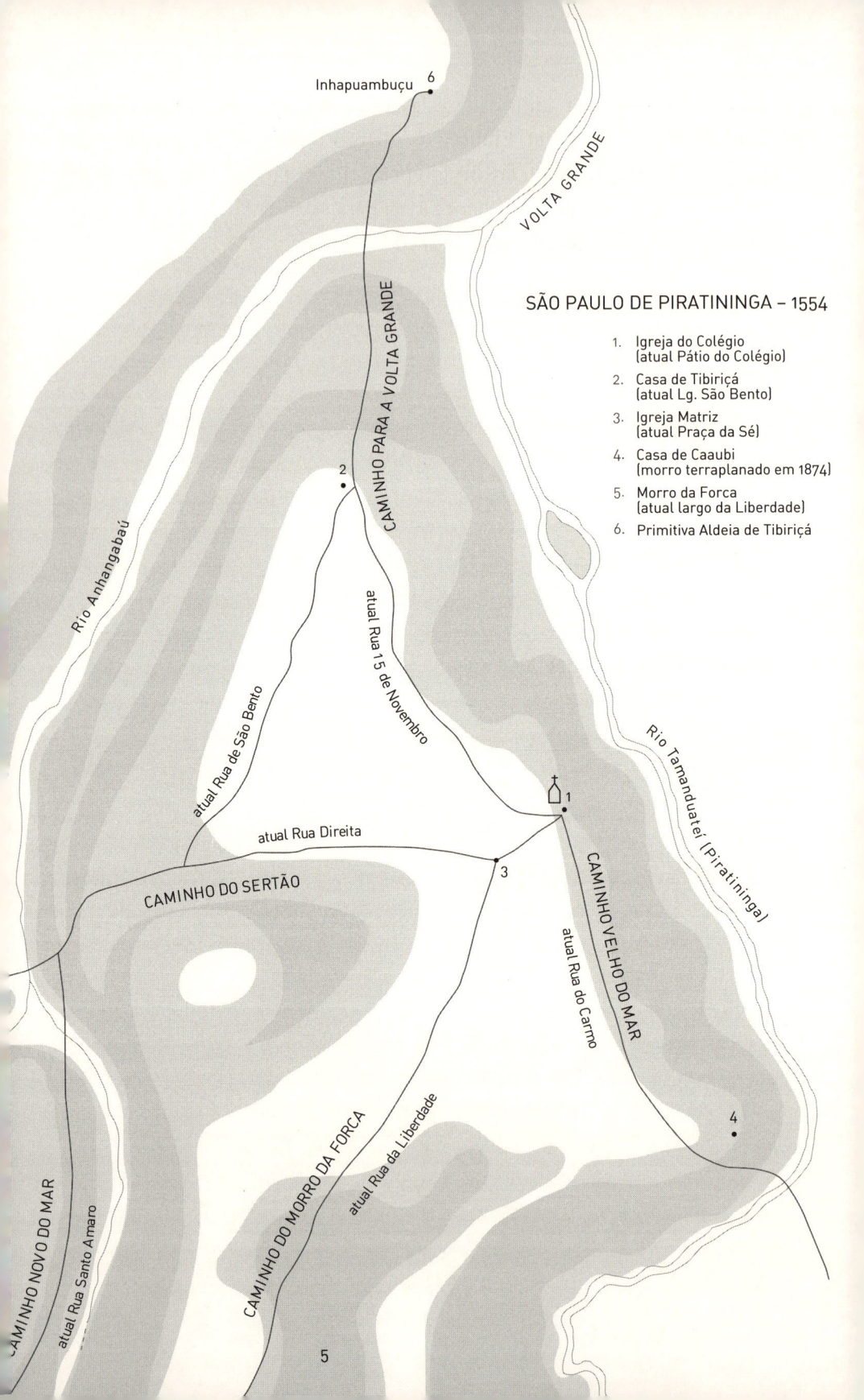

1. Igreja do Colégio (atual Pátio do Colégio)
2. Casa de Tibiriçá (atual Lg. São Bento)
3. Igreja Matriz (atual Praça da Sé)
4. Casa de Caaubi (morro terraplanado em 1874)
5. Morro da Forca (atual largo da Liberdade)
6. Primitiva Aldeia de Tibiriçá

III

A FUNDAÇÃO DE SÃO PAULO

No dia 1º de novembro de 1552, com as principais obras públicas da Cidade do Salvador já finalizadas, o governador Tomé de Sousa decidiu zarpar da Bahia para dar início à segunda parte de sua missão no Brasil: vistoriar e "dar ajuda e resguardo" às capitanias espalhadas pela costa, conforme determinava o *Regimento Régio*. Incompatibilizado com o bispo Sardinha, Manuel da Nóbrega concluiu que o melhor a fazer era partir com o governador. E foi o que fez: juntando-se à expedição – constituída pela nau *São João* e pelas caravelas *Leoa* e *Rainha*, abarrotadas com "a gente mais terrível" e "muitas mulheres de má vida"[1] –, Nóbrega deixou a nascente Salvador para trás e seguiu em direção ao Sul.

A viagem realizada pelo governador-geral e pelo líder dos jesuítas ao longo de seis meses oferece uma visão panorâmica do Brasil português meio século depois da descoberta de Cabral. Mesclando as informações fornecidas por Nóbrega e Tomé de Sousa aos relatórios feitos anteriormente pelo ouvidor-geral Pero Borges e pelo provedor-mor Antônio Cardoso de Barros – que de janeiro a outubro de 1550 já haviam percorrido a costa em companhia de Pero de Góis numa primeira vistoria –, é possível estabelecer um quadro razoavelmente preciso da situação em que se encontrava o Brasil meio século após a chegada dos portugueses.

O que se conclui a partir desses registros é que, com exceção da Cidade do Salvador, nascida do nada; da relativamente próspera capitania de Pernambuco, ao norte, e da inquieta São Vicente, ao sul, o restante da costa do Brasil permanecia virtualmente igual ao que Cabral avistara em 1500. Exceto, é claro, nos locais onde os indígenas haviam reduzido a ruínas quase tudo que os portugueses tinham construído e a certos trechos do litoral onde as tribos nativas haviam dado boa acolhida aos franceses que exploravam pau-brasil.

VIAGEM DE TOMÉ DE SOUSA AO SUL DO BRASIL
1552-1553

- Salvador
- Ilhéus
- Porto Seguro
- Espírito Santo
- Rio de Janeiro
- Angra dos Reis
- São Vicente

OCEANO ATLÂNTICO

------ Rota da viagem de inspeção de Tomé de Sousa

Cabe ressaltar, no entanto, que o governador-geral zarpou para o Sul não por opção pessoal, mas simplesmente porque de Salvador para o Norte não havia nada que pudesse fazer: Tomé de Sousa havia sido impedido pelo rei de vistoriar Pernambuco. Ainda assim, aquela capitania, localizada a cerca de 130 léguas (algo como 800 quilômetros) a nordeste da primeira capital do Brasil, era a única na qual o projeto de ocupação por obra da iniciativa privada fora bem-sucedido. A imposição real, que tanto desagradou o governador, configurava uma vitória pessoal do donatário Duarte Coelho.

A NOVA LUSITÂNIA

Cavaleiro da Casa Real, com foros de fidalgo, militar com brilhante folha de serviços prestados no Oriente, primeiro europeu a ter singrado o mar da China e visitado o atual território da Tailândia, além de filho do navegador Gonçalo Coelho (que chefiara as duas primeiras missões de reconhecimento à costa do Brasil, realizadas em 1501-2 e 1503-4), Duarte Coelho havia sido o primeiro donatário a receber uma capitania no Brasil. Em 10 de março de 1534, ele se tornara senhor de Pernambuco – que batizou de Nova Lusitânia.

Seu lote, com 60 léguas (aproximadamente 360 quilômetros) de largura, iniciava-se quase junto à foz do rio Iguaraçu, logo abaixo da ponta sul da ilha de Itamaracá, estendendo-se até a foz do São Francisco, atual fronteira entre Alagoas e Sergipe. Era a porção do litoral brasileiro mais facilmente atingível por mar para quem partia de Portugal – o que configurava considerável vantagem estratégica para o donatário.

Após vender todas as suas posses no reino e arregimentar duas centenas de colonos, trazendo também amigos e parentes, entre os quais a esposa, dona Brites de Albuquerque (tida como a primeira mulher da nobreza portuguesa a se transferir para a América), Duarte Coelho zarpou de Lisboa em outubro de 1534. No verão de 1535, depois de fundar a vila de Iguaraçu, transferiu-se alguns quilômetros para o sul, instalando-se no topo da colina à beira-mar onde hoje se ergue Olinda, sede da capitania.

Ali, Duarte Coelho fez tudo certo. Primeiro, pacificou e, a seguir, aliou-se aos indígenas da nação Tabajara, dando início ao processo de miscigenação entre colonos e nativos. Beneficiando-se do rico solo de massapê da região, estabeleceu alguns dos primeiros engenhos de açúcar do Brasil, mas combateu o desmatamento e a poluição provocada pelo despejo do bagaço de cana nos rios.

Tamanha eficiência não parece ter sido suficiente. Embora tenha descrito suas ações minuciosamente, rogando ajuda e proteção do monarca, Coelho nunca obteve resposta aos seus pedidos nem favores do rei. Suas cartas, sensatas e em tom progressivamente suplicante, forjam um retrato fiel do quadro de desregramento e desrespeito à lei que então imperava no Brasil.

Brasão de Duarte Coelho

Uma vez desembarcados no novo território, os colonos trazidos por Duarte Coelho mostraram-se dispostos a romper as amarras sociais às quais estavam submetidos em Portugal. O donatário encontrou enormes dificuldades para, em suas palavras, "dar ordem ao sossego e paz à terra". Sua capitania, como várias outras, era constantemente alvoroçada também pela ação de traficantes portugueses de escravos e de pau-brasil. Além desses (muitos dos quais degredados fugidos de outras capitanias que percorriam a costa em bergantins para prear nativos e retirar pau-brasil), o tráfico ilegal da madeira e as permanentes insurreições indígenas deviam-se à ação dos franceses, contumazes frequentadores daquela porção do litoral e das zonas adjacentes.

Como se seus problemas e a omissão do rei não fossem ameaças sérias o bastante para a estabilidade de seu projeto colonial, em março de 1549 Duarte Coelho foi informado da instituição do Governo-Geral, cujo *Regimento* limitava consideravelmente o poder dos donatários, submetendo-os aos desígnios de Tomé de Sousa. Indignado, o capitão de Pernambuco reagiu com vigor. Em carta ao rei, redigida em abril de 1549, declarou: "Ora, Senhor, pois que eu cá por minha parte trabalho e faço tanto o que devo, não consinta Vossa Alteza bolirem em tais coisas, porque não é tempo para com tal se bolir, mas para acrescentar liberdades e privilégios e não para os diminuir. Peço a V. A. que veja esta minha [carta] e que lhe tome o intento e que sobre essas coisas proveja com brevidade e que me leve em conta minha boa e sã intenção."

Embora, uma vez mais, não tenha se dignado a responder a Duarte Coelho, D. João III recuou e concedeu ao donatário de Pernambuco a autonomia que ele virtualmente exigia. Isso, porém, só depois de Coelho ter confrontado Antônio Cardoso de Barros e Pero Borges quando, em agosto de 1549, por ordem de Tomé de Sousa, o provedor-mor e o ouvidor-geral desembarcaram em Olinda para uma visita de inspeção. Duarte Coelho simplesmente impediu que os enviados do rei vistoriassem os assuntos da Fazenda e do Judiciário em Pernambuco.

A decisão real não agradou Tomé de Sousa. Tanto que ele ousou criticar a ordem do monarca. Em carta redigida em julho de 1551, o governador-geral disse: "Eu, pelo que Vossa Alteza me tem escrito que não vá lá [a Pernambuco] até vir outro recado seu, torno a dizer a V. A. que os capitães dessas partes merecem muita honra e mercê, e mais que todos Duarte Coelho, sobre que largamente tenho escrito a V. A.; mas não deixar ir Vossa Alteza às suas terras parece-me grande desserviço de Deus, de Vossa consciência e danificamento de Vossas rendas..."

Manuel da Nóbrega compartilhava da opinião de Tomé de Sousa. Quando eclodiram seus primeiros atritos com o bispo Sardinha, Nóbrega ausentou-se de Salvador com a justificativa de visitar Pernambuco. Tendo partido da Bahia no início do segundo semestre de 1552, chegou a Olinda em 26 (ou 27) de julho daquele ano. Ao contrário dos interventores régios, foi bem recebido por Duarte Coelho e sua mulher, dona Brites. Obteve deles a igreja da Ajuda, que passou a pertencer à Companhia de Jesus, casou os amancebados e pregou com eloquência e firmeza. Embora tenha ficado satisfeito com a colaboração do donatário, Nóbrega discordava de seus ideais emancipacionistas.

"Duarte Coelho e sua mulher são tão virtuosos quanto a fama que têm, e certo creio que por isso não castigou a justiça do Altíssimo tantos males até agora, porém, é já velho e falta-lhe muito para o bom regimento da Justiça e por isso a jurisdição de toda a costa devia ser de Vossa Alteza", afirmou o jesuíta em mensagem ao rei. Um dos tantos biógrafos de Nóbrega, José Mariz de Moraes acha que tal posição foi definitiva para a perda de autonomia de Pernambuco. De fato, em julho de 1553, sentindo que seu poder minguava progressivamente, Duarte Coelho viajaria a Lisboa para tratar do assunto em audiência com o rei. Foi recebido com "tão pouca graça e tanta má sombra" pelo soberano que morreu "de nojo, dali a poucos dias", segundo a tradição preservada por frei Vicente do Salvador.

AS "CAPITANIAS DE CIMA"

O fato de Tomé de Sousa ter sido impedido de vistoriar (e mesmo de visitar) Pernambuco em fins de 1552 ironicamente revelou-se favorável aos franceses. Os cerca de 800 quilômetros que separavam Salvador de Olinda – uma porção do litoral hoje pertencente aos estados de Sergipe e Alagoas – eram muito frequentados pelos chamados "entrelopos". Eles faziam constantes escalas ali para coletar pau-brasil, especialmente na foz do rio Real (hoje fronteira entre Bahia e Sergipe), no rio Sergipe (localizado defronte à atual Aracaju) e na ponta do Francês, nos arredores da futura Maceió. Os franceses também marcavam presença ao norte de Olinda, em várias enseadas do litoral da Paraíba e do Rio Grande do Norte, principalmente junto à foz do rio Potengi (às margens do qual, em 1597, os portugueses fundariam a cidade de Natal).

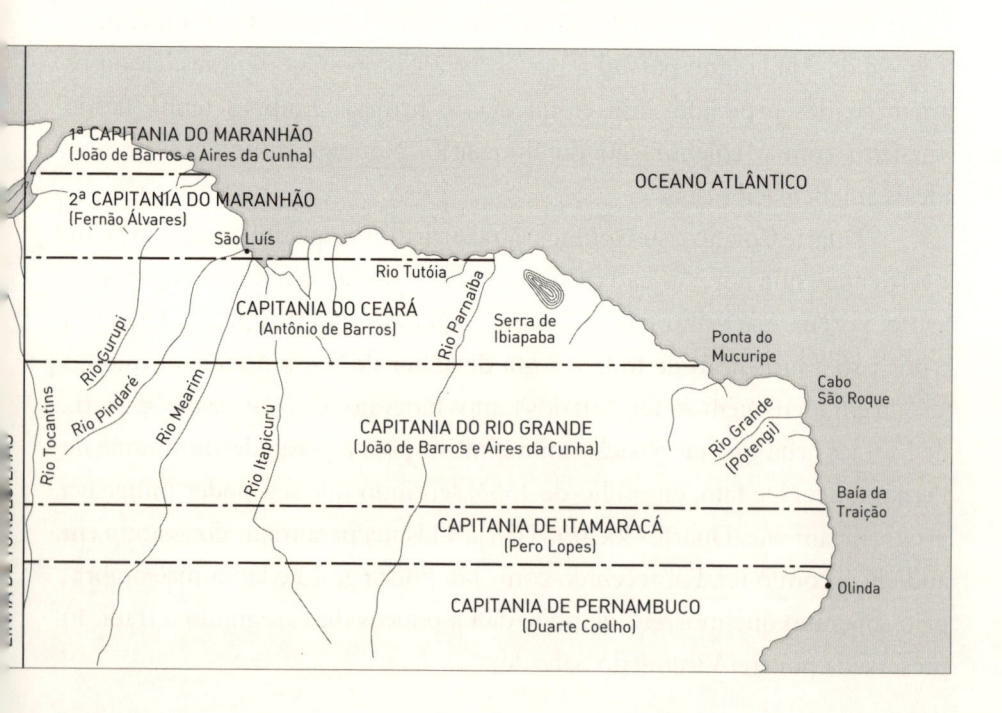

Para complicar ainda mais as coisas, apenas 8 léguas (ou cerca de 48 quilômetros) ao norte de Olinda iniciava-se a capitania de Itamaracá, que pertencia a Pero Lopes de Sousa, irmão mais moço de Martim Afonso. Como ali as tentativas de colonização tinham redundado em fracasso, reinava a desordem na ilha, que havia sido um dos pontos favoritos dos franceses e, depois de sua expulsão em 1531, tornara-se valhacouto de traficantes portugueses de pau-brasil, que causavam uma série de distúrbios a Duarte Coelho. A visita do rígido Tomé de Sousa à região poderia ter evitado dissabores à Coroa e ao próprio donatário de Pernambuco.

De Itamaracá para cima havia outras quatro capitanias. Aqueles remotos lotes do Norte – Ceará, Piauí e Maranhão (dividido em dois) – eram quase inatingíveis por mar para quem partia de Portugal. Isso porque os cabos de São Roque e do Calcanhar, ambos no Rio Grande do Norte, estabelecem o lugar onde, a aproximadamente 5 graus de latitude sul, o litoral brasileiro faz uma grande curva, mudando a direção geral da costa do sentido oeste-leste para leste-oeste. Toda aquela perigosíssima zona litorânea era, por isso mesmo, chamada de costa leste-oeste.

Embora as condições de navegabilidade fossem terríveis, as "capitanias de cima" haviam sido doadas aos mais ricos e poderosos donatários, todos funcionários do Tesouro Régio, entre os quais Fernão d'Álvares de Andrade (um dos "pais" do Governo-Geral, como já se viu) e o agora provedor--mor do Brasil, Antônio Cardoso de Barros. Por que homens daquela importância, diretamente ligados ao rei, tinham sido agraciados com lotes tão problemáticos? Porque os portugueses estavam convictos de que, pela via do rio Amazonas (então chamado de Maranhão), poderiam chegar ao Peru – uma fonte virtualmente inesgotável de ouro e prata.

Unindo esforços e fortunas, os donatários, coligados, tinham armado uma grande expedição para a colonização do Maranhão em 1536. Mas a resistência dos indígenas, as correntes traiçoeiras e as inúmeras armadilhas de uma costa baixa e arenosa transformaram a iniciativa em novo capítulo da história trágico-marítima dos portugueses pelos mares do mundo. O próprio Tomé de Sousa, convencido de que o Brasil e o Peru eram "uma mesma coisa", também enviara expedição para vistoriar a região em 1550. Como as anteriores, a missão, comandada por Miguel Henriques, desapareceu sem deixar vestígios.

E assim, naquele novembro de 1552, impedido de vistoriar Pernambuco e sabedor dos perigos marítimos que haviam deixado as "capitanias de cima" abandonadas, a Tomé de Sousa só restava uma opção: zarpar para o Sul e vistoriar as "capitanias de baixo". Foi o que ele fez.

EM ILHÉUS

A data exata em que a esquadra do governador-geral ergueu âncoras e deixou para trás a modesta silhueta urbana de Salvador ainda é discutida. Tudo indica, porém, que a partida deu-se em 1º de novembro de 1552. O certo é que, na primeira semana daquele mês, a expedição chegava sem maiores contratempos à vizinha capitania de Ilhéus. Aquele lote havia sido doado ao escrivão da Fazenda Real Jorge de Figueiredo Correia. Com 50 léguas (cerca de 300 quilômetros) de extensão, a capitania iniciava-se logo abaixo da ponta sul da ilha de Itaparica, prolongando-se até a foz do rio Poxim, nas proximidades da ilha de Comandatuba.

Desde os primórdios da colonização, os portugueses perceberam que as terras de Ilhéus eram ideais para a produção de açúcar. Embora fosse rico, Correia buscou parcerias para implantar a lavoura canavieira em seus domínios. Doou sesmarias ao poderoso Fernão d'Álvares de Andrade, ao desembargador Mem de Sá (futuro governador-geral do Brasil, terceiro a ocupar o cargo) e ao opulento banqueiro Luca Giraldi, florentino radicado em Lisboa.

A chegada da indústria do açúcar em Ilhéus coincidiu com a eclosão dos conflitos com os indígenas. Como o mesmo se repetiu em outras capitanias, é lícito estabelecer uma ligação de causa e efeito entre a implantação daquela lavoura e a revolta dos nativos. Para azar de Jorge de Figueiredo, além dos aguerridos Tupinambá, os arredores de Ilhéus eram ocupados pelos temíveis Aimoré. Especialistas na guerra de guerrilhas, os Aimoré passaram a enfrentar os recém-chegados no início da década de 1540. Em pouco tempo, os oito engenhos instalados em Ilhéus estavam destruídos e seus quase quatrocentos habitantes haviam batido em retirada ou estavam dispersos pela costa.

As desordens e a devastação da capitania eram fruto também de conflitos internos e da imprevidência dos portugueses. Homem com "experimentada fé no poder do dinheiro",[2] Figueiredo jamais cogitara "trocar as comodidades da corte pelos azares e trabalhos do governo de sua remota capitania", como bem observou o historiador Pedro de Azevedo. Em seu lugar, como locotenente, o donatário enviara o castelhano Francisco Romero, que, embora fosse "bom homem", não estava qualificado "para ter mando de Justiça porque é ignorante e muito pobre, o que muitas vezes faz fazer aos homens o que não devem", segundo o depoimento do ouvidor-geral Pero Borges, que havia vistoriado a capitania de Ilhéus no início de 1550.

Devido aos desmandos e decisões arbitrárias de Romero, os colonos haviam se revoltado contra ele e, baseados em suas supostas heresias, o tinham enviado a ferros para o reino em 1540. O castelhano chegou a ser encarcerado na temível Cadeia do Limoeiro, mas, graças ao prestígio de Jorge de Figueiredo junto ao rei, foi logo libertado. Em 1541, o donatário imprudentemente determinou que Romero retornasse para Ilhéus, onde passou a desempenhar também funções de ouvidor.

Não chega a ser surpresa, portanto, que, ao inspecionar a capitania por ordem de Tomé de Sousa, Pero Borges deparasse com uma situação caótica, inflamada por infindáveis querelas e conflitos insolúveis entre os colonos. Escrevendo ao rei em 7 de fevereiro de 1550, Borges fez um relato perturbador da situação de Ilhéus, terra que, conforme ele, estava "desamparada de justiça" e na qual imperava "uma pública ladroíce e grande malícia".

Degredados, "analfabetos e desorelhados" serviam como escrivães e tabeliães. Mesmo sem saber ler ou escrever, sem ter prestado juramento nem possuir regimentos ou livros de querelas, os condenados proferiam "muitas sentenças sem ordem nem justiça, que, se se executam, têm na execução muito maiores desordens". Apesar de ter "firmado, em quatro dias, as pazes" entre Romero e seus desafetos, Pero Borges sabia que a situação não iria melhorar enquanto o rei não enviasse "bons letrados" para desempenhar as principais funções públicas.

O ouvidor-geral achou ainda que havia gente demais para cargos de menos: "Só nesta vila que nem tem cem vizinhos, há quatro tabeliães, dois inquiridores, um juiz de órfãos e outros oficiais." Borges destituiu quase todos, mantendo apenas um juiz e um ouvidor. Ao rei, justificou a decisão dizendo: "Creia Vossa Alteza que muitos oficiais causam muitas demandas, as mais delas desnecessárias."

Na opinião de Pero Borges, ainda mais grave era o fato de Ilhéus ter se transformado em um núcleo de escravagistas, que dali partiam a bordo de bergantins e caravelões com o propósito de prear indígenas em outras capitanias. Para o ouvidor-geral, "a causa que principalmente faz a esses gentios fazer guerra aos cristãos" era exatamente "os saltos [assaltos] que os navios que por essa costa andam fazem neles".

Borges estava certo. Havia sido exatamente de Ilhéus que, em meados de 1548, partira um certo Martim Vaz que, em companhia de um navio de São Vicente comandado pelo genovês Pascoal Fernandes, dirigira-se até Jurerêmirim (nome com o qual os nativos designavam a ilha de Santa Catarina) e à laguna de Viaça (atual Laguna, SC) para lá capturar os amistosos Carijó – tidos como "o melhor gentio da costa".

Aprisionados por eles, cerca de cinquenta Carijó chegaram à Bahia no início de 1549, sendo vendidos aos senhores de engenho de Salvador. O padre Nóbrega conseguiu libertar aqueles nativos e os enviou de volta ao Sul, acompanhados do padre Leonardo Nunes. Convencido de que a catequização dos Carijó – que não praticavam a antropofagia e eram afeitos ao trabalho agrícola – seria muito mais fácil do que a de qualquer outra nação indígena do Brasil, Nóbrega mais tarde decidiria partir ele próprio para São Vicente.

O episódio envolvendo os Carijó esteve longe de ser o único, ou o mais rumoroso, dos casos de escravização ilegal de nativos perpetrados por portugueses que partiam de Ilhéus. Durante sua estada naquela capitania, Pero Borges viu-se forçado a se embrenhar em matas virgens e serras bravias para prender um tal Henrique Luís de Espina. Seis ou sete anos antes – por volta de 1543, portanto –, aquele homem, também castelhano, tinha saído de Ilhéus em direção à capitania de São Tomé (na atual região de Campos, no norte fluminense) e lá capturara um líder tribal Goitacá, exigindo resgate para libertá-lo. Embora os nativos tivessem pago o butim exigido, Espina não somente deixou de cumprir sua parte no trato como entregou o "cacique" a uma tribo rival, "que o comeu".[3] A infâmia provocou uma insurreição generalizada, que redundou na devastação do lote que, desde 1536, pertencia a Pero de Góis.

Pero Borges também encontrou refugiado em Ilhéus o padre João Bezerra, o "grão ribaldo", que, munido de um alvará falso, havia destituído Francisco Pereira Coutinho do cargo de donatário da Bahia em 1546 e mais tarde tomou parte em uma conspiração para derrubar o donatário de Porto Seguro, Pero do Campo Tourinho. Pero Borges não prendeu Bezerra, "por ser ele clérigo de missa", embora aquele homem tivesse sido responsável por gravíssimos distúrbios em três capitanias.

Borges não só deixou Bezerra em liberdade como soltou outros presos. Ele explicou sua atitude ao rei dizendo: "Em lugares tão alongados [distantes] quanto esse, que estão de contínuo em guerra, em nenhuma coisa se aproveitam os homens presos, senão que eles não servem [não prestam serviços] e [ainda] ocupam quem os guarda." O ouvidor-geral defendia a tese de que as *Ordenações* do reino deveriam ser abrandadas na colônia, pois haviam sido feitas "sem haver respeito aos moradores dela".

Quando Tomé de Sousa e Manuel da Nóbrega chegaram a Ilhéus, na primeira semana de novembro de 1552, fazia dois anos que o donatário Jorge de Figueiredo havia morrido. Depois de intensa batalha judicial entre seus filhos, a capitania pertencia a Jerônimo de Alarcão de Figueiredo, embora não fosse o primogênito. O locotenente Francisco Romero também não estava mais lá. Havia sido substituído por um certo Francisco Raposo. O governador-geral achou que aquele não era "um homem bom" para comandar os destinos de Ilhéus, por "ser cristão-novo e acusado pela Santa Inquisição e não servir para o tal cargo de modo algum".[4] Tomé de Sousa destituiu-o do posto, nomeando João Gonçalves Drummond (ou Dormundo), "homem honrado e abastado, de boa casta, fidalgo da cota de armas", nascido na ilha da Madeira.

O governador também mandou reconstruir e proteger os engenhos com cercas de taipa e "tranqueiras de pau a pique", determinou o erguimento de um pelourinho e a construção de novas "salas de audiência", deixou algumas peças de artilharia sob a responsabilidade dos almoxarifes, bem como determinou aos senhores de engenho que adquirissem outras – tudo conforme as determinações do *Regimento*. Em carta que enviou mais tarde para o rei, Tomé de Sousa considerou aquela capitania "a melhor cousa dessa costa para fazendas e a que mais agora rende para Vossa Alteza".

EM PORTO SEGURO

Após permanecer uns dez dias em Ilhéus, a esquadra de Tomé de Sousa partiu para Porto Seguro. Embora aquela capitania ficasse apenas uns

80 quilômetros mais ao sul, a viagem até lá foi "de muito trabalho, por causa da contrariedade do mar",⁵ segundo o depoimento de um expedicionário anônimo. Com 50 léguas de largura, o lote de Porto Seguro começava na foz do rio Poxim, prolongando-se até a foz do Mucuri, atual fronteira entre os estados da Bahia e do Espírito Santo. A capitania tinha sido doada em maio de 1534 ao militar Pero do Campo Tourinho, que ali se instalara em julho do ano seguinte.

De início, como noutras capitanias, tudo havia corrido bem em Porto Seguro. Por volta de 1540, porém, iniciaram-se os conflitos entre o donatário e seus colonos. Com língua ferina e comportamento mordaz, Tourinho gostava de debochar de cardeais, do papa e até de santos. Embora relatos da época pareçam comprovar que "seu cérebro era constantemente afetado pelos vapores do mandonismo", como sugeriu o historiador Capistrano de Abreu,⁶ o confronto rebentou porque o donatário exigia que os colonos trabalhassem seis dias por semana, "inclusive nos dias santos de guarda".

As opiniões supostamente anticlericais de Tourinho foram a justificativa de seus subordinados para iniciar um movimento contra ele. No dia 24 de novembro de 1546, o donatário de Porto Seguro foi preso pelos revoltosos na

A capitania de Porto Seguro, em mapa do século XVI

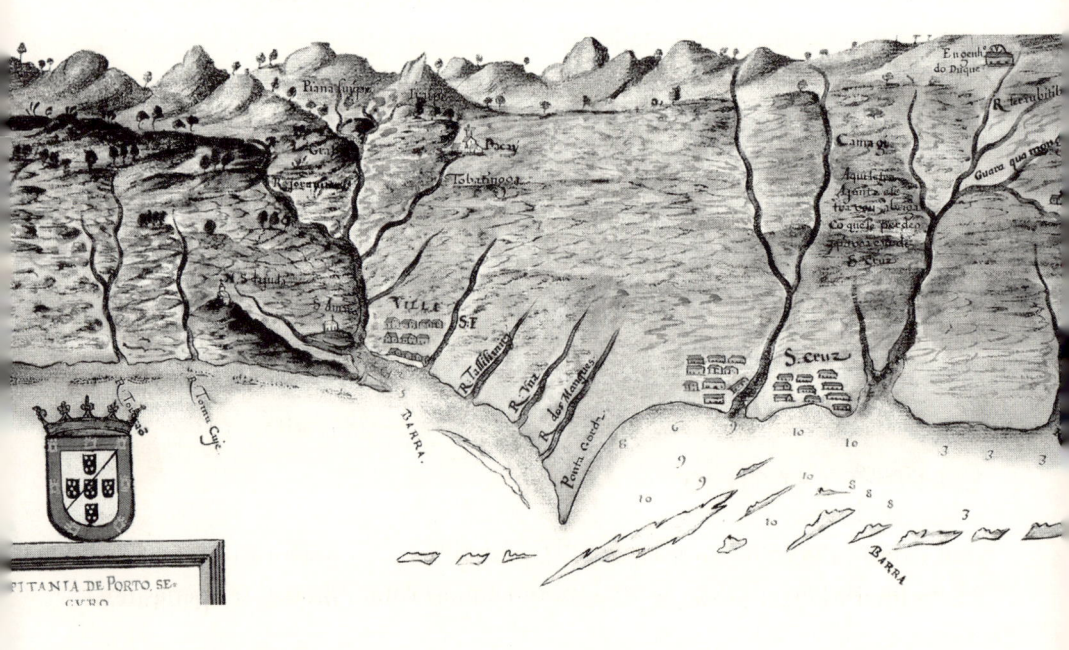

própria casa. Na semana seguinte, o padre francês Bernard de Aurejac iniciou o "julgamento" do capitão. O famigerado clérigo João Bezerra participou da conspiração e tomou parte no júri. Acusado de heresia, Tourinho foi considerado culpado no desfecho de um processo espúrio. Em fevereiro de 1547, enviaram-no a ferros para Portugal, direto para o Tribunal do Santo Ofício. Em junho daquele ano, Tourinho já se encontrava em Lisboa, em prisão domiciliar, em sua casa na rua do Poço. Lá permaneceu até 8 de outubro de 1550, quando começou a ser interrogado pelos inquisidores. Foi inocentado, mas jamais retornou ao Brasil. Tourinho morreria em outubro de 1553, praticamente na miséria.

Em fevereiro de 1550, Pero Borges e Antônio Cardoso de Barros tinham desembarcado em Porto Seguro, vindos de Ilhéus, para vistoriar a capitania, então sob o comando de André do Campo, o primogênito de Tourinho (e que teria sido um dos principais articulares da destituição do próprio pai). Pouco depois de chegar à capitania, Borges enviou carta para o rei D. João III na qual pintou um quadro tão inquietante quanto o que avistara em outras capitanias: também em Porto Seguro tudo era desordem, desmandos e despreparo.

Como já fizera em Ilhéus, e tornaria a fazer em São Vicente, Borges tratou de ordenar os assuntos judiciais, regularizar as práticas burocráticas, combater atitudes abusivas dos tabeliães e diminuir o número de oficiais do Conselho. Cardoso de Barros incumbiu-se de organizar as provedorias, alfândegas e almoxarifados, colocando homens de sua confiança no comando daquelas repartições. O provedor-mor e o ouvidor-geral tentavam conceder assim ao menos um verniz de ordem fiscal e judiciária às "capitanias de baixo".

A "conquista espiritual" daquela porção do Brasil também já havia se iniciado com a chegada dos jesuítas. Enviado por Nóbrega, o padre Azpilcueta Navarro tinha desembarcado em Porto Seguro no primeiro semestre de 1549. Instalara-se no Arraial da Ajuda, cruzando o rio Bunharém, que deságua no oceano junto ao sopé da colina onde Pero do Campo erguera a vila de Porto Seguro.

Ali, Navarro encontrou colonos que falavam fluentemente o tupi (os chamados "línguas"). Alguns historiadores supõem que fossem remanescentes das primeiras expedições ao Brasil, talvez até membros da esquadra de

Cabral, e que, portanto, já viviam na colônia havia meio século. Com a ajuda deles, Navarro estabeleceu uma missão nos arredores de uma fonte tida como milagrosa, cujas águas jorravam – e jorram ainda – das fraldas da colina sobre a qual fica o Arraial da Ajuda.

"Nessa capitania", escreveu o jesuíta a seus superiores, "encontrei um homem, antigo na terrra, que tinha o dom de escrever a língua dos índios, que foi para mim grande consolação e assim o mais do tempo gastava em lhe dar sermões do Testamento Velho e Novo e artigos da fé para os transcrever na língua da terra." Fora isso, o resto era puro desconsolo para Navarro: "As gentes aqui estavam e estão no sono do pecado, somente com o nome de cristãos, embebidos em malquerenças, metidos em demandas, envoltos em torpezas e sujidades publicamente, o que tudo me causava uma tibieza e pouca fé e esperança de poder-se aqui fazer algum fruto."[7]

Pouco se sabe sobre a estada de Tomé de Sousa e Manuel da Nóbrega em Porto Seguro, onde desembarcaram em 27 de novembro de 1552. É provável que o governador tenha determinado, como fez em todas as capitanias, a construção de paliçadas e tranqueiras, vistoriado as contas da Fazenda e solucionado polêmicas judiciais. Nóbrega, por seu turno, pregou aos colonos, insistiu para que os amancebados casassem com suas concubinas e determinou que Navarro perseverasse em sua missão, como o próprio Navarro relatou ao provincial da ordem em Portugal.

NO ESPÍRITO SANTO

No dia 12 de dezembro, após uma navegação complicada devido a um traiçoeiro conjunto de recifes, os perigosíssimos Abrolhos (aglutinação de "Abra os olhos"), a esquadra chegou à capitania do Espírito Santo. Lá viviam cerca de 150 colonos, instalados no vilarejo de Vitória, para onde haviam se transferido cerca de um ano antes, depois de abandonar, em setembro de 1551, a Vila Velha, que ficava a uns 8 quilômetros dali, também no interior da baía de Vitória.

Aquela era mais uma capitania problemática, em especial por causa do comportamento de seu donatário, Vasco Coutinho. Tão grave era a situação que o próprio *Regimento* determinara explicitamente a Tomé de Sousa:

"Porque a [capitania] do Espírito Santo, que é de Vasco Fernandes Coutinho, está alevantada, ireis a ela com a maior brevidade que puderes."

Quando o governador enfim chegou, três anos e meio após desembarcar no Brasil, quase tudo o que Coutinho construíra já havia sido destruído pelos indígenas e os colonos viviam acuados atrás das "tranqueiras" da vila. Desesperado, o donatário abandonara sua capitania, retornando a Portugal. Quando esteve por lá, tanto na viagem de ida quanto na volta (em maio de 1553), Tomé de Sousa não o encontrou. Ao retornar a Salvador, o governador relataria ao rei: "O Espírito Santo é a melhor capitania e a mais abastada que há nesta costa, mas está tão perdida como o capitão dela, que é Vasco Fernandes Coutinho. Eu a provi o melhor que pude, mas Vossa Alteza deve mandar capitão ou Vasco Fernandes que se venha para ela e isto com toda brevidade."

AO LARGO DE SÃO TOMÉ

Partindo do Espírito Santo pouco antes do Natal de 1552, a expedição do governador passou ao largo de São Tomé, sem fazer escala na capitania que pertencia a Pero de Góis, então capitão da costa do Brasil e um dos chefes da esquadra. Góis era o mais jovem e o menos abonado dentre os donatários do Brasil. Talvez por isso tenha recebido, em fevereiro de 1536, um lote impróprio, que, além de não possuir portos naturais, era habitado pelos Goitacá, um aguerrido e indômito grupo indígena que, como os Aimoré, não pertencia à grande nação Tupi.

Apesar das condições adversas, Pero de Góis bem que tentou ocupar sua possessão, fundando duas vilas e estabelecendo engenhos de açúcar. Mas, no início de 1546, quando ele se achava em Lisboa tentando obter financiamento para seus projetos, o traficante de escravos Henrique Luís de Espina havia partido de Ilhéus, raptado um chefe tribal Goitacá e, embora os nativos tivessem pago o resgate exigido, ele o entregara a uma tribo inimiga que, como já foi dito, o matou e comeu. O episódio precipitou a insurreição dos Goitacá – e tudo o que Pero de Góis construíra ao longo de mais de uma década foi devastado.

Em carta dramática enviada ao rei em abril de 1546, Góis relatou a tragédia: "Por causa de Henrique Luís, os índios se alevantaram todos, dizendo de nós muitos males e que não se fiavam mais de nós, que não mantínhamos a verdade, e se vieram logo (...) e mataram a gente e queimaram os canaviais todos e tomaram toda quanta artilharia havia, deixando tudo estroído (*sic*). Do mar onde eu estava, via tudo estroído, com o gentio pronto para me matar, como a toda minha gente, e perdi 25 homens, dos melhores que eu tinha, e fiquei com um olho perdido, de que não vejo, e bem assim perdidos 15 anos em esta terra."[8]

Pero de Góis de fato perdeu muito em São Tomé. Mas é possível que também tenha ganho algo: seu malogro parece ter comovido o rei D. João III, que em novembro de 1548 o fez capitão da costa do Brasil, com o salário de 200 mil reais por ano. De todo modo, a devastação que atingiu sua capitania foi tão completa que o capitão e o governador sequer se arriscaram a fazer escala ali. A esquadra, por isso, seguiu em direção a São Vicente, seu destino final.

PONTO-CHAVE AO SUL

Ao sul da foz do rio Macaé, que marcava o limite meridional do lote de Pero de Góis, havia outras quatro capitanias, mas apenas São Vicente estava ocupada. As quatro pertenciam aos irmãos Martim Afonso e Pero Lopes de Sousa, primos-irmãos tanto do governador-geral Tomé de Sousa como do poderoso conde da Castanheira, D. Antônio de Ataíde.

O lote do Rio de Janeiro, doado a Martim Afonso em dezembro de 1533 (como o segundo quinhão da capitania de São Vicente), começava na foz do Macaé e, com 55 léguas (aproximadamente 380 quilômetros) de largura, prolongava-se até a foz do rio Juqueriquerê, que desce das fraldas da serra do Mar e se despeja no Atlântico na baía de Caraguatatuba (SP). Da margem direita do Juqueriquerê até o canal de Bertioga ficava a diminuta capitania de Santo Amaro, que pertencia ao irmão mais moço de Martim Afonso, Pero Lopes. Do canal de Bertioga até a ilha do Mel (no litoral do Paraná) localizava-se São Vicente, a segunda capitania doada a Martim Afonso.

Da ilha do Mel até Laguna (SC), ficava Sant'Ana, o lote mais austral do Brasil, pertencente a Pero Lopes, mas que, por uma série de circunstâncias – geográficas, náuticas, históricas e políticas –, foi deixado em completo abandono. Além das dificuldades impostas pelas manhas do oceano e pelas caprichosas reentrâncias da costa, a capitania de Sant'Ana situava-se em território pertencente à Espanha, já que, de acordo com o Tratado de Tordesilhas, assinado em 1494 (seis anos antes do descobrimento oficial do Brasil, portanto), as possessões portuguesas na América terminavam em Cananeia, no litoral sul de São Paulo, a 25 graus de latitude sul e a cerca de 220 quilômetros de São Vicente (*veja mapa abaixo*).

A região que ia de Cabo Frio (RJ) até Laguna (SC) configurava um trecho estratégico do litoral brasileiro. Ali se confrontavam os limites entre os territórios de Portugal e Espanha no Novo Mundo. Ali ficavam "as portas de entrada para o sertão", ou seja, os vários locais da costa a partir dos quais se podia atingir o Peru por terra e de onde, pelas mesmas trilhas indígenas, era mais fácil chegar a Assunção – vilarejo que, após a destruição e abandono de Buenos Aires, os espanhóis haviam fundado no Paraguai, em 1537. Ali se encontravam também as fronteiras dos territórios tribais de três grupos indígenas rivais entre si: Tamoio, Tupiniquim e Carijó. Fermentando esse coquetel de ingredientes geopolíticos, aquela era a porção da costa onde os franceses estavam começando a se instalar após a virtual expulsão da Bahia e de Pernambuco, pois nos arredores de Cabo Frio havia muito pau-brasil.

A impactante carta que o colono Luís de Góis, irmão do capitão Pero de Góis, enviara ao rei em maio de 1548 – e que a historiografia oficial aponta como estopim para a instituição do Governo-Geral – já ressaltava essa circunstância. Caso se estabelecessem na área, como temia Luís de Góis, os franceses não só iriam dispor de uma base a partir da qual poderiam se lançar em direção ao Atlântico Sul, e eventualmente dobrar o cabo da Boa Esperança rumo à Índia, como obteriam um enclave entre Salvador e São Vicente – o que, na prática, significava dividir ao meio o Brasil português.

As condições para que tal projeto se concretizasse tornaram-se ainda mais factíveis depois de os franceses firmarem com os Tamoio de Cabo Frio e do Rio de Janeiro uma aliança tão sólida quanto a que já os unira aos Potiguar e aos Caeté no Nordeste. O acordo foi estabelecido com facilidade porque os Tamoio eram inimigos implacáveis dos Tupiniquim, que viviam na Baixada Santista e haviam se aliado aos portugueses. O território sob ancestral domínio Tamoio estendia-se ao longo de toda a capitania do Rio de Janeiro, que Martim Afonso havia deixado abandonada, embora ela possuísse pelo menos quatro portos naturais facilmente colonizáveis: a zona ao redor de Cabo Frio, a baía de Angra dos Reis, a ilha de São Sebastião e a esplêndida baía de Guanabara.

As evidências de que a presença dos franceses se tornava cada vez mais frequente na região não se resumem à carta enviada por Luís de Góis, segundo a qual pelo menos "sete ou oito naus francesas" vinham à região a cada ano e, por isso, já não havia "navio português que ousasse visitar São Vicente, pois muitos têm sido tomados pelos franceses". Vários outros registros documentais comprovam a afirmação. Em 1549, uma nau carregada de açúcar, pertencente a Francisco de Barros de Azevedo, havia partido de São Vicente, sendo atacada e queimada pelos corsários normandos nos arredores da Guanabara. No ano seguinte, o mesmo sucedera à nau de Jorge de Melo, filho do donatário do Espírito Santo, Vasco Coutinho. Em carta ao rei, enviada em 30 de abril de 1551, na qual relatava sua viagem de inspeção a São Vicente, o provedor-mor Antônio Cardoso de Barros também afirmou que aquela porção da costa estava "infestada de franceses".

O depoimento mais contundente, porém, foi dado pelo próprio homem incumbido de expulsar os invasores: o capitão Pero de Góis. Em agosto de 1550, quando retornava da primeira viagem de vistoria da costa em companhia de Pero Borges e Antônio Cardoso de Barros, Góis constatou com os próprios olhos quão constante era a presença francesa entre o Rio e Cabo Frio. Primeiro, ao entrar na baía de Guanabara, "onde eles [os franceses] agora mais carregam [seus navios] e onde não mais se ousa ir", Góis encontrou e prendeu dois marinheiros normandos que haviam sido deixados em terra para comprar e estocar pau-brasil. A seguir, informado da presença de um navio inimigo em Cabo Frio, dirigiu-se para lá, onde efetivamente deparou com "um galeão francês muito grande, passante de 200 tonéis".

O capitão da costa do Brasil bem que tentou combatê-lo, mas o que se passou "é vergonha dizê-lo e muito maior afronta a quem o viu", pois, mesmo "andando à fala com eles" (ou seja, tão próximo do inimigo que poderia falar com ele), "nunca houve um homem meu que em mais de cinquenta tiros de fogo pudesse meter um pelouro dentro, sendo o galeão uma torre, e [eles] diziam e juravam que por força os fizeram vir para o Brasil, e que nunca em sua vida entraram no mar nem usaram de bombadeiros".[9] Os franceses, como é fácil supor, fugiram com o navio repleto de pau-brasil.

Na mesma carta, Pero de Góis apressou-se em se eximir de qualquer culpa "caso suceda alguma coisa contra o serviço de Vossa Alteza, por tão mal afiada andar a armada ou por não limpar esta costa que com eles [os franceses] tão suja anda". Contando apenas com navios pequenos e sem manutenção e com artilheiros incapazes de acertar o alvo, a armada da costa "pouco nojo" poderia causar aos franceses, "que bem seguros podem vir a esta terra, como vêm".

NO RIO DE JANEIRO

Menos de dois anos após a carta, redigida em Salvador em 29 de abril de 1551, lá estava Pero de Góis de volta à região onde não pudera capturar os franceses. Deixando para trás a capitania de São Tomé e cruzando o Cabo Frio, ele conduziu a frota do governador em direção à baía de Guanabara. Era o início de janeiro de 1553 e, como a maioria dos visitantes antes e depois dele, Tomé de Sousa extasiou-se com o espetáculo natural que se descortinou. Aquele anfiteatro natural – um colar de morros graníticos rodeando uma vasta baía, recôndita e protegida, pontilhada de ilhas e praias – parece ter inspirado o governador. Tanto que, embora se julgasse "mal esférico e pior cosmógrafo", arriscou-se a fazer "um debuxo" (desenho) de próprio punho da baía e o enviou ao rei, disposto a convencê-lo de que era preciso, sem "transpasso", fortificar e povoar o Rio de Janeiro.

Eis o trecho da carta, redigida em Salvador em 1º de junho de 1553: "Eu entrei no Rio de Janeiro, que está nesta costa na capitania de Martim Afonso. Mando um debuxo dela a Vossa Alteza, mas tudo é graça o que dela se pode dizer. Se não que pinte quem quiser como deseje um Rio, isso tem este de Janeiro. Parece-me que V. A. deve mandar fazer ali uma povoação honrada e boa porque nesta costa já não há rio em que entrem franceses senão neste (...) e não ponha V. A. isso em transpasso porque além de ser necessário para o que digo, deveria V. A. ali ter outro ouvidor-geral porque [a região] está em passagem para toda a costa (...). E se não fiz fortaleza este ano no dito Rio foi porque não o pude fazer, por ter pouca gente e não me parecer siso desarmar-me por tantas partes."

Tomé de Sousa não revelou mais detalhes de sua permanência no Rio, mas, graças à carta de um "irmão menor" (ou seja, um dos colonos de Salvador que Nóbrega havia aceito na ordem), é possível reconstruir os acontecimentos que se desenrolaram na Guanabara naquele verão de 1553. De acordo com o relato, redescoberto na década de 1950 pelo padre Serafim Leite, "faziam tão grandes calores" que muitos homens caíram doentes. "Pela graça de Deus não morreu nenhum", mas "os padres tiveram grande trabalho em consolá-los e confessá-los". A situação se tornou ainda mais difícil porque nem os doentes nem nenhum outro integrante da expedição pôde desembarcar dos navios: "Aqui, não saiu a gente em terra porque os índios [Tamoio] estão muito mal com os brancos [portugueses]."[10]

A frota do governador decidiu assim penetrar na baía de Guanabara – ou seguir "rio acima", como diz a carta – "para umas aldeias de uns índios que são amigos dos brancos". Esses nativos, aliados dos portugueses em pleno território Tamoio, eram os Temiminó. Viviam na ilha de Paranapuã, mais tarde chamada de ilha do Governador, localizada no fundo da baía. Os Temiminó eram cerca de 8 mil homens, liderados pelos "principais" Maracajaguaçu (o "Gato grande") e por Arariboia ("Cobra feroz"). Antigos adversários dos Tamoio – que eram cerca de 25 mil guerreiros apenas nos arredores da Guanabara –, eles ocupavam a ilha de Paranapuã (também chamada de ilha do Gato) como um pequeno enclave. Deve ter sido por isso que receberam tão bem os portugueses – até porque há indícios de que já o faziam desde 1503 (*leia nota na página ao lado*).

Não se sabe quanto tempo a frota de Tomé de Sousa permaneceu ancorada junto à ilha do Governador. Mas Serafim Leite supõe que a escala tenha durado pelo menos dez dias, já que foi possível tratar dos doentes, catequizar os nativos e até decorar alguns de seus cânticos. Leite acredita também que, durante aquele período, o padre Nóbrega – que sempre carregava um altar portátil – tenha rezado pelo menos uma missa. Se isso aconteceu, Nóbrega antecipou-se em dois anos ao franciscano francês André Thevet, que passaria à História como o primeiro europeu a celebrar o culto cristão na Guanabara, em 10 de novembro de 1555.

Mais importante que essa possível ação religiosa é o fato de Tomé de Sousa ter se aproveitado daquela escala na ilha para sedimentar a aliança entre lusos e Temiminó. Dali a 12 anos, os guerreiros de Arariboia, liderados por ele próprio, seriam decisivos na expulsão dos franceses de Villegaignon do Rio de Janeiro – e, sem a ajuda deles, o resultado da guerra teria sido bem diferente.

As conclusões do governador-geral também se mostraram proféticas, pois de fato teria sido indispensável fortificar o Rio de Janeiro "sem transpasso". Mas, como nem o rei nem o donatário Martim Afonso tomaram qualquer atitude nesse sentido, os franceses se estabeleceriam no Rio um ano e meio depois da carta de Sousa – e sua expulsão só se concretizaria dez anos mais tarde, a muito custo e com muito sangue.

Após a escala na ilha do Governador, a frota ergueu âncoras e fez uma nova escala, dessa vez na encantadora Angra

> A ILHA DO GATO
>
> *O historiador Fernando Lourenço Fernandes, baseado em longa pesquisa, argumenta que o primeiro estabelecimento lusitano no Brasil – a chamada "feitoria do Cabo Frio", erguida em 1503 sob a coordenação de Américo Vespúcio – não ficava no cabo Frio propriamente dito, mas na ilha do Governador. Aquele entreposto para o recolhimento de pau-brasil foi mantido pelo menos até 1511. A feitoria teria sido destruída pelos indígenas (provavelmente os Tamoio) por volta de 1514. Passado meio século do misterioso episódio que resultou no abandono do fortim, a ilha de Paranapuã – ou ilha do Gato – continuava o único ponto relativamente seguro no qual os portugueses podiam fazer escala em toda a porção de litoral que ia do Espírito Santo até São Vicente.*

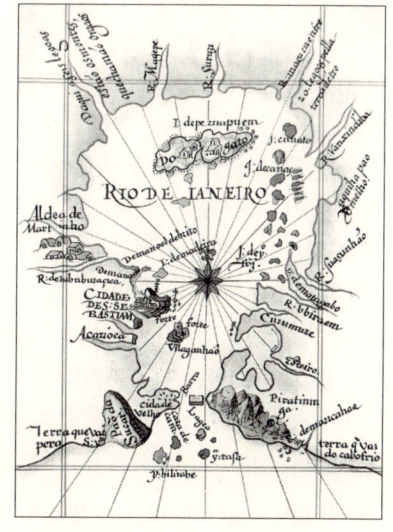

dos Reis, baía visitada pela primeira vez cinquenta anos antes por Américo Vespúcio – que ali julgou estar nas cercanias do paraíso terrestre. Tomé de Sousa também parece ter se agradado da região, pois em carta ao rei disse que Pero de Góis daria "larga informação" sobre aquela zona. Mas como tal carta não foi escrita ou se perdeu, o único relato existente sobre a passagem da expedição por lá é a missiva do já citado jesuíta anônimo. "Viemos a um lugar chamado Angra dos Reis", diz a carta, "aonde não saiu a gente senão a uma ilha despovoada a tomar água, onde o padre Nóbrega adoeceu e foi sangrado duas vezes, porque eram muito grandes os calores. Também adoeceu o outro padre [Francisco Pires], mas pela graça do Senhor se achou bem."

VISÃO GERAL DE SÃO VICENTE

Então, na segunda semana de janeiro de 1553, a expedição de Tomé de Sousa enfim chegou a São Vicente, quase três meses depois de ter partido de Salvador. Localizado a cerca de 220 quilômetros de Cananeia – onde passava a linha divisória de Tordesilhas –, aquele era o último posto fronteiriço do Brasil, o extremo sul da América portuguesa. Tratava-se, evidentemente, de um local estratégico para a consolidação do projeto lusitano de ocupação do espaço atlântico, não só por causa das questões fronteiriças com a Espanha e do progressivo assédio dos franceses, mas também porque era preciso manter a qualquer custo a aliança com os Tupiniquim, o único grupo indígena que ainda mantinha boas relações com os portugueses no Sul do Brasil.

São Vicente era uma terra de caçadores de escravos, que agiam à margem da lei e da ordem. Antes mesmo da fundação oficial, obra de Martim Afonso em 1532, São Vicente já era conhecido como Porto dos Escravos. Dois homens de passado nebuloso – os legendários João Ramalho e o Bacharel de Cananeia – eram responsáveis por aquela fama. Instalados desde antes de 1509 na Baixada Santista, ou na serra contígua a ela, ambos forneciam cativos indígenas às expedições que cruzavam pela região em busca das fabulosas riquezas do Prata. Em troca, recebiam ferramentas e bens de consumo europeus. Tal comércio se revelara sólido e rentável.

São Vicente também era o ponto onde se confrontavam três vertentes distintas do processo de colonização lusitano: o sonho (de aventureiros portugueses e também espanhóis) de descobrir minas de ouro e de prata a partir do Sul do Brasil; o local onde os primeiros engenhos e lavouras de cana foram instalados na América portuguesa; e o polo inicial da escravização dos indígenas. Justamente por isso, o vilarejo, além de atrair portugueses, fervilhava de estrangeiros: os irmãos Adorno, genoveses fugidos de um confronto com o papa; os alemães Heliodoro Eobano Hesse e Pedro Rösel, o inglês John Whithall, o holandês Johann van Hielst (conhecido como João Vaniste) e vários espanhóis fugidos de Buenos Aires ou de Assunção viviam ali. Eram homens temerários e ousados, de poucos escrúpulos e imensa determinação (*leia nota lateral*).

A maior parte dos europeus que vivia em São Vicente no início de 1553 estava lá havia mais de vinte anos. Eram integrantes da armada de Martim Afonso de Sousa, que ali chegara em janeiro de 1532. Ao contrário do dono da capitania, que pouco se interessou pelo Brasil, uma vez que seu olhar estava voltado para as riquezas da Índia, vários de seus subordinados decidiram se instalar na Baixada Santista. Muitos estavam convictos da veracidade das lendas indígenas sobre o Rei

OS IRMÃOS GENOVESES

Os irmãos Adorno (Antônio, José, Diogo, Paulo e Rafael) figuram entre os introdutores da indústria do açúcar em São Vicente. Fidalgos genoveses, eram membros de uma família ligada ao Partido Gibelino, que travou uma luta contra os Estados Papais. Em 1528, os Adorno foram expulsos de Gênova. Vários integrantes da família se transferiram para a ilha da Madeira, que pertencia a Portugal. Lá instalaram engenhos de açúcar. Em 1530, os cinco irmãos uniram-se à frota de Martim Afonso e decidiram se estabelecer em São Vicente. José Adorno, tido como "homem violento, de costumes dissolutos", foi para Santos. Ali estabeleceu um dos primeiros engenhos do Brasil. Antônio Adorno tornou-se alcaide-mor da vizinha Bertioga, enquanto Paulo Dias Adorno fugiu para a Bahia após matar um homem. Lá se casou com uma das filhas de Caramuru e virou assessor do governador-geral Tomé de Sousa.

Branco e a serra da Prata – e sabiam que o caminho para lá se iniciava na serra acima de São Vicente.

Embora tanto o Império Inca quanto a prata de Potosí já tivessem sido descobertos e conquistados pelos espanhóis, em 1539 e 1545, os portugueses de São Vicente ainda alimentavam esperanças de encontrar riquezas semelhantes, até porque não estavam convictos de que o Rei Branco e a serra da Prata das lendas fossem, respectivamente, o Inca e a fabulosa mina de Potosí. A rede de trilhas indígenas que partia de São Vicente em direção ao planalto e de lá mergulhava nos mistérios do oeste funcionava como estímulo permanente para os colonos instalados na Baixada Santista.

A ESCRAVIZAÇÃO DOS CARIJÓ

Mesmo sem demonstrar grande entusiasmo por sua capitania, Martim Afonso instalou em São Vicente o Engenho do Governador por volta de 1541, em parceria com Johann van Hielst, especialista na construção de moinhos hidráulicos. Com o sucesso do empreendimento, outros alemães se transferiram para o Sul do Brasil, entre eles o feitor do estabelecimento, Pedro Rösel, que lá chegou em 1546. Em 1550, Martim Afonso vendeu suas cotas no negócio para o alemão Erasmo Schetz, um investidor estabelecido em Antuérpia, que manteve a associação com Van Hielst e ergueu mais um engenho.

Esses dois estabelecimentos pioneiros, bem como os que surgiram em sua esteira, funcionavam à base do trabalho dos Carijó, inimigos ancestrais dos Tupiniquim e que eram capturados no litoral de Santa Catarina ou no interior do Paraná para trabalhar como escravos em São Vicente. A chegada dos jesuítas à capitania de Martim Afonso faria eclodir um longo conflito entre padres e colonos, especialmente porque boa parte dos nativos aprisionados já havia sido batizada e sua escravização era rigorosamente ilegal – até porque eles viviam em uma zona pertencente à Espanha.

Os Carijó em gravura quinhentista

A conversão dos Carijó de Santa Catarina se iniciara em 1538, quando dois frades franciscanos, Bernardo de Armenta e Alonso Lebron, integrantes da expedição espanhola comandada por Alonso Cabrera (que partira de Sevilha em 1537 rumo a Buenos Aires), decidiram desembarcar na lagoa de Biaça (ou Viaça), também chamada de lagoa dos Patos. A região, ao redor da atual Laguna (SC), era habitada por cerca de 25 mil Carijó. Ao contrário da maioria dos grupos que então ocupava o litoral brasileiro, os Carijó não eram da família Tupi: faziam parte da grande nação Guarani. Agricultores, afeitos ao trabalho coletivo, não praticavam a antropofagia e, por isso, foram logo considerados "o melhor gentio da costa".

Por volta de 1547 os vicentinos iniciaram suas incursões escravagistas a Laguna. Tão amistosos eram os Carijó que sequer era preciso esforço para capturá-los. Bastava "convidar" os nativos para conhecer o interior dos navios. Uma vez nos porões, eram trancafiados e conduzidos a São Vicente. Tão frequentes e rendosas se tornaram aquelas capturas que os vicentinos passaram a vender escravos para outras capitanias. O primeiro escândalo rebentou no início de 1548, quando o genovês Pascoal Fernandes, estabelecido em São Vicente, associou-se a Martim Vaz, morador de Ilhéus. A bordo de dois navios, dirigiram-se à laguna de Viaça e "com enganos e fingida amizade atraíram a bordo cento e tantas peças, entre homens e mulheres".[11]

O franciscano Alonso de Lebron meteu-se no navio de Fernandes e, ao desembarcar em São Vicente, mostrou a Brás Cubas, capitão da vila, a autorização que recebera do imperador Carlos V para catequizar os Carijó. Como nem assim obteve a liberdade dos cativos, partiu para Portugal e Castela para "queixar-se do sucedido". Mas frei Lebron jamais chegaria à Europa: o navio no qual viajava foi capturado por corsários franceses, provavelmente nas cercanias do Rio de Janeiro.

Já a nau de Martim Vaz, o outro escravagista, aportou em Ilhéus no segundo semestre de 1548 com cerca de cinquenta escravos a bordo. Como já foi dito, duas dezenas deles foram então vendidos para colonos de Salvador. Ciente de que se tratavam de catecúmenos "injustamente cativos, capturados com manhas e enganos", o padre Manuel da Nóbrega iniciou uma campanha por sua libertação em junho de 1549. O governador-geral Tomé de Sousa determinou então que os escravos fossem soltos e mandados de volta a seu lugar de origem.

O episódio dos Carijó teria pelo menos dois desdobramentos importantes. Primeiro, repercutiu intensamente em Castela. Embora frei Lebron jamais tenha chegado lá, um certo Brás Arias, português de São Vicente, foi capturado ao desembarcar em Sevilha, em princípios de 1550. Levado a prestar depoimento na Casa de Contratação de Sevilha, Arias relatou, com minúcias, "as manhas e enganos" de que se serviam os vicentinos para capturar os indígenas. Também forneceu detalhes sobre a ação de Martim Vaz e Pascoal Fernandes.

Tão contundente foi a confissão que a Coroa espanhola decidiu enviar secretamente para Portugal o agente Martin de Orue, encarregado de descobrir as intenções dos portugueses em relação ao território que se estendia de Cananeia (SP) a Laguna (SC). A missão de espionagem só se concluiu em setembro de 1554, quando a situação havia se tornado ainda mais alarmante para os interesses castelhanos.

A outra consequência da captura dos Carijó acabaria, paradoxalmente, reforçando o interesse português pela região de São Vicente e suas adjacências. Isso porque, quando Tomé de Sousa decidiu que os indígenas libertados em Salvador deveriam ser reconduzidos à sua terra, Nóbrega determinou que o padre Leonardo Nunes os acompanhasse até São Vicente. E o relato que Nunes enviou depois de chegar ao Sul do Brasil iria despertar em Nóbrega uma verdadeira obsessão: mudar-se para lá e catequizar os afáveis Carijó.

Tal propósito levaria o líder dos jesuítas no Brasil a passar três anos nos sertões de Piratininga, onde ele iria fundar o colégio e a igreja de São Paulo – estabelecimentos que dariam origem à cidade do mesmo nome.

O "PADRE VOADOR"

Em maio de 1550, o padre Leonardo Nunes tornou-se o primeiro jesuíta a desembarcar no Sul do Brasil. O homem que os nativos apelidariam de Abarebebê – ou "padre voador", tamanha a rapidez com que se deslocava pela terra – chegou a São Vicente na companhia de Pero de Góis, do provedor-mor Antônio Cardoso de Barros e do ouvidor-geral Pero Borges, mas sem as duas dezenas de Carijó libertados em Salvador. Prudentemente, os nativos tinham decidido ficar no Espírito Santo, longe dos vicentinos.

Os primeiros relatos de Leonardo Nunes sobre São Vicente são de grande intensidade dramática. Quando a embarcação que o conduzia aproximou-se da vila fundada por Martim Afonso, foi cercada por sete grandes canoas indígenas, "cada uma com 30 ou 40 remeiros, as quais correm tanto que não há navio por ligeiro que seja que possa com elas". De imediato, conta Nunes, "foram tantas as frechadas sobre nós que parece que choviam". Pero de Góis mandou disparar um de seus canhões, "mas eram tais que, ao primeiro tiro", a peça explodiu. O padre então ajoelhou-se no convés e começou a rezar, aconselhando os tripulantes a que "se encomendassem a Deus e pedissem perdão por seus pecados". Convictos de que morreriam, os homens o atenderam.

Os indígenas, conta o jesuíta, "pareciam diabos: todos nus, como costumam andar; alguns tintos de negro, outros de vermelho, outros cheios de penas, e não cessavam de atirar frechadas, com grande gritaria, e outros tangiam búzios, com os quais fazem alarde em suas guerras, que parecia o mesmo Inferno e assim nos perseguiram, passante de três horas". Dois homens foram mortos "porque as frechadas eram tais que passavam as tábuas do navio".

Quando tudo parecia perdido, os indígenas perceberam que se tratava de um navio português – e suspenderam o ataque. Um dos nativos explicou que haviam julgado tratar-se de uma embarcação francesa e, antes de se afastar, sem mais palavras, mostrou aos apavorados tripulantes "o crânio [de um francês] onde bebia, o que eles usam como sinal de grande vingança".[12] Uma hora mais tarde, a nau, recoberta de flechas, ancorava em São Vicente; Leonardo Nunes, ainda trêmulo, desembarcou na terra para a qual Nóbrega o enviara.

O jesuíta foi bem recebido pelos colonos. Seus problemas se iniciaram quando ele começou a pregar contra a escravidão e o concubinato. "Os corações aqui são mui duros e empedernidos", relatou Nunes em carta a Simão Rodrigues. "Há muitas almas que não se hão confessado há 30 ou 40 anos e estão todos em pecado mortal, e isso publicamente." Entretanto, os sermões de Leonardo Nunes não foram vãos: ecoaram em pelo menos dois corações não tão "empedernidos". E os homens conquistados por suas palavras iriam se revelar aliados imprescindíveis dos jesuítas e uma inesgotável fonte de informações sobre o interior ainda quase desconhecido da capitania – o território dos Carijó.

Ambos eram figuras notáveis, com vidas coalhadas de peripécias. Pero Correia, emérito caçador de índios, havia se tornado um dos homens mais ricos de São Vicente graças ao número de escravos que possuía. Falando fluentemente o tupi, tinha percorrido muitas vezes as trilhas indígenas que ligavam São Vicente ao Paraguai, via Paraná, e a Santa Catarina, onde preava suas "peças". Em franco litígio com Brás Cubas, capitão-mor de São Vicente, e supostamente arrependido de suas ações escravagistas, Correia tornou-se o principal auxiliar de Leonardo Nunes, ajudando-o também como "língua" (ou intérprete). Mais tarde, foi aceito por Nóbrega na Companhia de Jesus, à qual doou todas as suas terras em São Vicente e em Peruíbe.

A trajetória de Manuel de Chaves não era muito diferente, exceto pelo fato de que não havia ficado rico. Homem de passado misterioso, chegara a São Vicente em 1548, após uma "vida cheia de aventuras",[13] preando indígenas e percorrendo as trilhas do sertão. Ao ouvir as pregações de Leonardo Nunes, abandonou as armas, libertou seus escravos e juntou-se à Companhia de Jesus. Mais tarde, desempenharia papel relevante no Colégio de Piratininga, a escola jesuítica que deu origem à cidade de São Paulo.

Correia e Chaves foram os primeiros a informar a Leonardo Nunes que, serra acima, a cerca de 15 léguas (aproximadamente 90 quilômetros) de São Vicente, "no campo, entre os índios, vivia alguma gente cristã derramada e passavam anos sem ouvir missa e sem se confessarem e andavam em uma vida de selvagens".[14] Guiado pelos novos discípulos, o Abarebebê ultrapassou os mangues vizinhos a São Vicente, enfrentou as agruras da trilha que serpenteava entre atoleiros, rochas e cachoeiras da serra do Mar (o chamado Caminho dos Tupiniquim) e, após dois dias de marcha extenuante, chegou ao "campo".

Aquele era o território controlado pelo temível João Ramalho, o patriarca branco da região. Casado com Bartira, filha do "principal" Tibiriçá, Ramalho vivia no planalto havia mais de quarenta anos. Se necessário, poderia dispor de um exército de Tupiniquim, até "5 mil homens de armas",[15] além de um punhado de mamelucos bravios, a maioria dos quais eram seus filhos, "genros" ou netos. Até então, ninguém tinha ousado desafiar seu poder – nem mesmo o donatário Martim Afonso de Sousa, que lá o encontrara em 1532.

Na primeira incursão ao sertão, Nunes não se avistou com Ramalho, mas achou os homens "derramados" que ali procurava. Quase todos eram, como supõe o historiador Jaime Cortesão, remanescentes da vila de Piratininga, que Martim Afonso havia fundado em 1532 junto a uma aldeia indígena (provavelmente a do próprio Tibiriçá) que se erguia na confluência dos rios Tamanduateí e Anhangabaú, afluentes do Tietê. Mas aquele povoado se desagregara por volta de 1535 – e os homens que não desceram a serra de volta a São Vicente "indianizaram-se".[16]

Apesar de achá-los "mui duros e pouco dispostos a [re]tornarem à vila [de São Vicente]", Nunes conseguiu que "se ajuntassem em um só lugar e fizessem uma ermida e buscassem algum padre que lhes dissesse missa e os confessasse". O novo vilarejo foi batizado de Santo André. Erguido na "borda do campo", onde o emaranhado da mata atlântica se abria em vastas planícies recobertas de gramíneas, Santo André ficava "na boca do sertão", no centro dos domínios de João Ramalho. Como não é difícil supor, logo eclodiria um conflito entre o patriarca dos mamelucos e o recém-chegado jesuíta.

Assim que reagrupou os portugueses que encontrara "derramados" pelo planalto, Leonardo Nunes seguiu sua marcha "por 4 ou 5 léguas [cerca de 30 quilômetros] em direção a uma aldeia de índios". Tratava-se, provavelmente, de Inhapuambuçu, onde vivia Tibiriçá, nos campos de Piratininga, muito próxima de onde seria erguido o Colégio de São Paulo. Quando o padre lá chegou, "veio o principal dela e me levou à sua casa, que se encheu de índios e os que não cabiam ficaram fora, tanto que trabalhavam para poder me ver". O Abarebebê entusiasmou-se com a recepção, embora sua "alma sentisse muito vendo tantas almas perdidas por falta de quem as socorresse".

Supõe-se que tenham sido os indígenas de Piratininga, além dos dois "línguas" que o acompanhavam, que revelaram ao padre a presença de grandes contigentes de Carijó nos campos além de São Paulo, falando-lhe também sobre a rede de trilhas que conduzia até lá. Convencido, como já estava o próprio Nóbrega, de que seria muito mais fácil catequizar os indígenas que ainda se mantinham longe do "contágio" dos brancos, Leonardo Nunes começou a planejar uma viagem ao Paraná e ao Paraguai – "quase 200 léguas [cerca de 1.200 quilômetros] por esta terra adentro, onde hei de gastar alguns seis ou sete meses".

Para preparar-se para a missão, retornou a São Vicente e ali fundou um colégio para os filhos dos Tupiniquim da serra. Isso tudo se passou entre maio e julho de 1550.

Dois anos mais tarde, em junho de 1552, Leonardo Nunes – impossibilitado, por uma série de circunstâncias, de realizar a viagem de seus sonhos – tornou a escrever para Nóbrega, que ainda se achava em Salvador. Nessa segunda e decisiva carta, relatou que haviam chegado a São Vicente "uns castelhanos que vieram do Peru a pé por terra e depois destes chegaram outros vindos do Paraguai, onde [os espanhóis] têm uma grande povoação".
Entre os aventureiros vindos do Peru havia uma figura extraordinária: o mercenário Antônio Rodrigues. Embora português, fizera parte da expedição de D. Pedro de Mendoza enviada para fundar Buenos Aires em 1536. Depois que o vilarejo na embocadura do rio da Prata foi destruído pelos guerreiros da tribo querandi, Rodrigues acompanhou os sobreviventes para o interior do Paraguai, presenciando a fundação de Assunção em 1537. Dali iniciou longa peregrinação pelo interior da América do Sul, que o levou ao Peru, à Bolívia e ao Mato Grosso, onde esteve nas nascentes de rios que "desaguavam no Amazonas e no Maranhão".[17]
Encerrando o périplo de mais de uma década pelos sertões da América do Sul, Antônio Rodrigues chegou a São Vicente naquele junho de 1552. Ali, abandonou a carreira das armas e filiou-se à Companhia de Jesus. Junto com Pero Correia e Manuel Chaves, já citados, virou o principal assessor do padre Nunes (*leia nota na página ao lado*).
Os relatos de Antônio Rodrigues deixaram claro para o padre Leonardo Nunes o quanto era viável ir de São Vicente ao Paraguai por terra e o quanto os "Carijó" de Assunção eram submissos e afeitos à catequese, já que, segundo os depoimentos daqueles "castelhanos e de outras pessoas de muito crédito", os indígenas do Guairá e do Paraguai se mostravam "mansos, castos, não têm escravos e não estão sedentos de vinho, mas de nossa santa fé".[18]
A carta na qual Nunes descreve esse quadro idílico chegou às mãos de Nóbrega em setembro de 1552, menos de três meses depois do desembarque do bispo Sardinha em Salvador – e no momento em que já eclodira o confronto entre ele e o prelado. Para Nóbrega, "entrar pelo sertão adentro, onde ainda não chegaram os cristãos", e lá estabelecer uma missão

entre os Carijó (que, nesse caso, eram os Guarani propriamente ditos, e não os Carijó do litoral de Santa Catarina, membros da mesma nação) tornou-se, mais que uma obsessão, a melhor forma de evitar conflitos com o bispo.

E assim, quando Tomé de Sousa saiu "para correr a costa", em 1º de novembro de 1552, Nóbrega partiu com ele – rumo a São Vicente e aos Guarani do Paraguai, "perdendo o siso, como desesperado, desabrindo mão de tudo",[19] de acordo com suas próprias palavras.

NÓBREGA EM SÃO VICENTE

O desembarque do líder dos jesuítas na cidade com a qual ele tanto havia sonhado deu-se na primeira quinzena de janeiro de 1553 – e quase lhe custou a vida. "Assim que chegamos", narra a carta do "irmão menor" que acompanhou a viagem, "veio o padre Nunes em um barco e o levou [a Nóbrega]. Indo no meio do mar, veio tão grande tempestade que se afundou o barco; mas quis Nosso Senhor que estivesse uma ilha pequena ali perto, onde os índios puseram o padre Nóbrega todo molhado, porque doutra maneira não pudera salvar-se, por não saber nadar e vir ainda fraco da doença [que o acometera em Angra dos Reis]."

Passado o susto, Nóbrega enfim colocou os pés em São Vicente, onde o padre Nunes lhe preparara grande recepção. Os oitenta jovens alunos indígenas do colégio recém-fundado pelo Abarebebê desfilaram em solene procissão por ruas enfeitadas com ramos, usando seu tradicional corte de cabelo, tocando flautas e entoando cânticos cristãos em tupi. Nóbrega ficou vivamente impressionado: tudo

O FUNDADOR

Entre os castelhanos que, na mesma ocasião, chegaram ao Sul do Brasil vindos do Paraguai, estava Ruy Diaz Melgarejo, fidalgo espanhol membro da expedição de Cabeza de Vaca em 1541 e que tinha acabado de fugir de Assunção. Melgarejo pretendia retornar para Castela, mas, como encontrou os integrantes de uma armada espanhola detidos em São Vicente, resolveu ficar com eles e retornar para Assunção. A decisão de Melgarejo seria desvantajosa para os interesses portugueses na região, já que, pouco mais tarde, ele seria responsável pela fundação de duas vilas no Guairá (no atual território do Paraná, então habitado por mais de 100 mil Guarani). Em 1554, Melgarejo fundou Ontovieros, junto à foz do Iguaçu. Dois anos mais tarde, criou a Ciudad Real del Guayra, às margens do rio Piqueri. Além de bloquear as comunicações terrestres entre São Vicente e Assunção, os dois povoados marcaram o início da expansão dos espanhóis rumo à costa sul do Brasil, na zona sob sua jurisdição.

o que o bispo Sardinha o proibira de fazer em Salvador, Leonardo Nunes realizava, com sucesso, no colégio de São Vicente.

No pátio da escola, Pero Correia, o ex-caçador de índios, pregava de madrugada "na língua da terra e à maneira deles, por três ou quatro horas seguidas", batendo os pés no chão, dançando ao redor de fogueiras. Na missa, aos domingos, os curumins cantavam em latim e em tupi. Quando seus pais desciam a serra trazendo os mantimentos que sustentavam o colégio, os meninos os admoestavam, repudiando o modo de vida indígena.

Mas, se no colégio e com o "gentio" tudo corria de acordo com o plano dos jesuítas, o exato oposto dava-se no relacionamento com os colonos. Poucos dias após o desembarque, Nóbrega já considera "a terra tão estragada que é necesssário levantar alicerces de novo". O motivo, segundo ele, era "porque a gente dessa terra é fraca em entender e de má criação e há muito habituada em grandes maldades e gente de menos qualidade (...) pelo que não só entre eles nada podemos fazer como ainda perdemos o crédito entre os gentios, e isso mais nessa capitania do que em outras".

A 12 de fevereiro de 1553, menos de um mês após a chegada, Nóbrega escreve para Simão Rodrigues anunciando que quer partir logo para o sertão: "Ajuntamo-nos quatro padres aqui e depois de feitas muitas orações, com jejuns e disciplinas, nos determinamos de entrar pela terra dentro, umas 100 léguas [cerca de 600 quilômetros], porque essa capitania é mais conveniente [para isso] que todas as outras."

Uma vez instalado no Guairá – no atual território do Paraná –, Nóbrega planejava "ajuntar muitos índios em uma grande cidade, fazendo--os viver conforme a razão, o qual não fora muito difícil, pelo que da terra já havemos sabido e vemos por experiência e nos informa o irmão [Pero] Correia pelo que dos índios conhece (...). Levamos tenda de ferreiro e todos os meios com que melhor os possamos atrair".

Mas o plano – uma impressionante antevisão do que viriam a ser os trinta povos Guarani, erguidos pelos jesuítas espanhóis dali a um século, exatamente na mesma região – jamais iria se concretizar. Isso porque, apesar de ser grande admirador da Companhia de Jesus, o governador Tomé de Sousa mandou "cegar o caminho do sertão", abortando o projeto tão acalentado por Nóbrega.

TOMÉ DE SOUSA EM SÃO VICENTE

O governador-geral havia desembarcado em São Vicente junto com Nóbrega – embora provavelmente não no mesmo batel, já que não fez menção ao naufrágio que quase vitimou o jesuíta. Ao contrário de Nóbrega, Sousa achou "a capitania de Martim Afonso terra muito honrada, de grandes águas e serras e campos". Ainda assim, observou vários problemas.

Primeiro, percebeu que tanto São Vicente quanto a vizinha Santos (que o colono Brás Cubas fundara em 1545) não estavam cercadas nem protegidas, apesar das crescentes ameaças dos Tamoio. E o pior, conforme lastimou em carta ao rei, é que as casas e fazendas haviam sido construídas "de maneira espalhada, que se não podem cercar senão com muito trabalho e prejuízo dos moradores, que têm casas de pedra e cal e grandes quintais, tudo feito em grande desordem".

O governador não pôde deixar de observar que as duas cidades haviam sido construídas muito próximas uma da outra. "Essa ilha me parece pequena para duas vilas. Parecia-me melhor ser uma só e toda a ilha ser termo dela." Naquele caso, o governador preferiu não tomar decisão alguma, transferindo a responsabilidade para o monarca. Mas fez questão de explicar o motivo que o levara a agir daquela forma: "Ordenará Vossa Alteza nisto o que lhe parecer bem, que eu houve medo de desfazer uma vila a Martim Afonso, ainda que lhe acrescentei três."

Com efeito, apesar de ter permanecido menos de três meses em São Vicente – de onde partiria de volta para a Bahia na primeira semana de abril de 1553 –, Tomé de Sousa encontrou tempo para criar três novas vilas na capitania de seu poderoso primo-irmão, todas ligadas ao projeto de estabelecer a soberania portuguesa na zona limítrofe com as possessões castelhanas.

A primeira delas, Bertioga, foi erguida, por determinação do rei, "a 5 léguas [a nordeste] de São Vicente, na boca de um rio por onde os índios nos faziam muito mal". O governador não chegou a fazer propriamente uma vila em Bertioga, mas construiu lá o forte de São Felipe, com o objetivo de bloquear o braço de mar através do qual os Tamoio, vindos de Ubatuba, Angra dos Reis e Rio de Janeiro, frequentemente atacavam São Vicente.

A segunda vila, Itanhaém, localizava-se na vasta planície litorânea que se estende a sudoeste de São Vicente, na direção de Peruíbe, Iguape e Cananeia

– quase no limite entre as possessões de Portugal e Castela. Naqueles "campos ao longo do mar", Tomé de Sousa encontrara "outros moradores que estavam derramados, e eu os ajuntei e fiz cercar e viver em ordem". Ali, além dos aventureiros esparramados, o governador avistou marcos limítrofes colocados pelos castelhanos "de São Vicente até o rio da Prata". Aqueles "padrões", ou colunas de pedra, com os brasões de Carlos V, Tomé de Sousa mandou "tirar e deitar ao mar e pôr, no lugar, os de Vossa Alteza".

O governador decidiu, por fim, transformar em vila o lugarejo que o padre Leonardo Nunes havia fundado no topo do planalto, "na borda do campo, acima desta vila de São Vicente". Chamou-a Vila de Santo André, "porque onde a situei estava uma ermida deste apóstolo, e fiz capitão dela João Ramalho, que Martim Afonso já achou nessa terra quando cá veio. Tem ele [Ramalho] tantos filhos, netos e bisnetos e descendentes que não ouso dizer a Vossa Alteza e não tem fio de cabelo branco na cabeça nem no rosto e anda 9 léguas [mais de 50 quilômetros] a pé antes do jantar".

Na mesma carta, Tomé de Sousa justifica por que decidiu transformar o minúsculo povoado de João Ramalho em vila: a cidade de Assunção, "uma povoação grande de castelhanos", ficava, diz o governador, "muito perto de São Vicente, e não devem passar de 100 léguas [cerca de 600 quilômetros]". E Sousa foi informado que o vai e vem dos moradores das duas cidades era intenso e constante. Por isso, decidiu transformar Santo André em um posto avançado no planalto, com o propósito de impedir as viagens dos vicentinos para o Paraguai e as dos castelhanos para São Vicente, pois temia que aquele intercâmbio gerasse prejuízos para os planos portugueses de controlar a região.

A EXPEDIÇÃO DE SANABRIA

Tais planos já estavam correndo riscos ainda maiores do que os trazidos pelas frequentes visitas dos colonos de Assunção ao porto de São Vicente. Afinal, tão logo desembarcou na sede da capitania de Martim Afonso, Tomé de Sousa foi procurado pelo capitão Juan Salazar, membro de uma armada espanhola que, mais de um ano antes, havia naufragado no "rio dos Patos" (ou seja, em Laguna, Santa Catarina). Salazar foi pedir ao governador ajuda para resgatar os sobreviventes do naufrágio, que continuavam "perdidos" no litoral catarinense.

A expedição da qual Salazar fazia parte tinha zarpado de Castela três anos antes, sob o comando de Diego de Sanabria e de sua madrasta, D. Mencia Calderón. Vinha para o Sul do Brasil com o objetivo de fundar vilas espanholas nas ilhas de São Francisco do Sul (SC) e de Santa Catarina e na lagoa de Viaça (atual Laguna), dando início à efetiva ocupação daquela zona estratégica da costa e estabelecendo a comunicação entre Assunção e o litoral sul do Brasil, de forma que a a futura capital do Paraguai não dependesse mais do porto de São Vicente.

Devido à trajetória assombrosamente desafortunada da expedição, os castelhanos viram escapar-lhes das mãos a chance de colonizar uma região que, de acordo com o Tratado de Tordesilhas, de fato lhes pertencia, mas da qual os portugueses logo iriam se apossar.

Com trezentas pessoas a bordo, entre as quais oitenta casais e vinte "donzelas solteiras", a expedição – composta por duas caravelas e um patacho – partira de Sevilha a 10 de abril de 1550. Em 25 de julho, depois de uma tempestade separar os navios, o patacho *San Miguel* (cujo capitão era o próprio Juan Salazar) foi capturado por corsários franceses junto à costa da Guiné, na África. Os castelhanos conseguiram negociar com os piratas, cedendo-lhes todos os mantimentos, dinheiro e armas em "troca da própria vida e da honra das mulheres".[20]

Tão somente com a roupa do corpo, oitenta homens e mais de quarenta mulheres e crianças prosseguiram viagem. Após uma jornada terrível, padecendo de fome e sede, chegaram à ilha de Santa Catarina em 16 de dezembro de 1550, oito meses depois de partir da Espanha. Lá encontraram, conforme previamente combinado, uma das caravelas que fazia parte da frota. Tendo entre seus tripulantes o mercenário alemão Hans Staden, aquela embarcação já os aguardava ali desde 25 de novembro. Da outra caravela, sob o comando de Juan de Ovando, nunca mais se ouviu falar.

Após algumas semanas de descanso na ilha de Santa Catarina, Juan Salazar mandou um grupo de soldados a pé até Assunção, solicitando que o governador do Paraguai, Domingo de Irala, enviasse víveres e armas até a ilha de São Gabriel, localizada junto à foz do rio da Prata, de modo que o patacho e a caravela pudessem, após descer a costa sul do Brasil até o estuário do Prata, dali, já contando com a ajuda dos reforços, subir o rio até

Assunção, onde os expedicionários poderiam se restabelecer e, mais tarde, dar prosseguimento à sua missão.

Os homens enviados por Salazar atingiram o Paraguai em 15 de agosto de 1551. Mas, quando os emissários de Irala chegaram com os víveres à ilha de São Gabriel, em fins de setembro, não avistaram ali os navios que iam socorrer. Simplesmente porque não havia mais navios: ambos tinham naufragado em Santa Catarina. Primeiro foi o patacho *San Miguel*, que, muito avariado, foi propositalmente afundado nas cercanias da ilha antes que fosse a pique sem que sua carga pudesse ser salva. Todos os sobreviventes embarcaram então na caravela restante – e partiram rumo ao Prata. Mas o último navio da expedição não foi muito longe, naufragando em Laguna.

Por cerca de um ano, os náufragos viveram "naqueles sítios ermos, sofrendo grande escassez de víveres e vicissitudes de todo o gênero".[21] Em princípios de 1552, os mal-aventurados expedicionários dividiram-se em dois grupos. Um deles marchou por terra até Assunção. Apesar de ter se "munido de víveres para a caminhada através do sertão e levando consigo alguns índios, muitos morreram de fome"[22] ao longo da jornada. Uns poucos sobreviventes chegaram ao Paraguai, em 24 de julho de 1552.

O outro grupo, do qual fazia parte D. Mencia, suas filhas e trinta outras mulheres, decidiu ir, em um bergantim construído por eles mesmos, para a ilha de São Francisco do Sul, na fronteira entre os atuais estados de Santa Catarina e Paraná. Lá houve uma nova dissidência entre os castelhanos. Juan Salazar, já destituído do comando, e 12 homens que se mantiveram fiéis a ele, entre os quais Hans Staden, resolveram então se dirigir a São Vicente em outro barco, construído com o auxílio dos Carijó.

Mas a má sorte continuava perseguindo a expedição, e o bergantim naufragou nos arredores de Itanhaém, no litoral sul de São Paulo. Os sobreviventes conseguiram chegar por terra a São Vicente, provavelmente em agosto de 1552. Lá, foram bem recebidos pelos portugueses, mas ficaram detidos e impedidos de seguir viagem por terra até o Paraguai.

Então, em janeiro de 1553, quando Tomé de Sousa chegou a São Vicente, o capitão Juan Salazar o procurou de imediato, pedindo ajuda para resgatar o grupo que ainda se encontrava em São Francisco do Sul, do qual faziam parte a fidalga D. Mencia Calderón e várias mulheres. Meses antes, Salazar já obtivera ajuda do alemão Pedro Rösel, feitor do engenho dos Erasmos, que lhe emprestara um caravelão com o qual o capitão recolhera alguns dos sobreviventes que haviam ficado em Laguna.

Na segunda semana de fevereiro de 1553, Tomé de Sousa autorizou Salazar a buscar o grupo que estava em São Francisco do Sul, conforme o próprio governador revelou em carta ao rei D. João III: "Pediu-me o capitão Salazar que mandasse buscar homens e mulheres que estavam ali perdidos há tanto tempo. Pareceu-me serviço de Deus e de V. A. mandá-los buscar em um navio e trazê-los a São Vicente, parecendo-me que as mulheres virão tão enfadadas dos trabalhos que passaram que casarão com quem lhes der de comer e os homens farão cada um sua roça." O governador determinou, porém, que o padre Leonardo Nunes acompanhasse Salazar.

Chegando à ilha de São Francisco do Sul, conforme revelou mais tarde o piloto Juan Sanches de Biscaia em carta enviada a Castela, "o padre [Nunes] nos fez muitas promessas de que nos dariam armas e provisões e nos favoreceriam de modo a irmos por terra para o Paraguai".[23] Ao desembarcar em São Vicente, porém, os castelhanos descobriram que "Tomé de Sousa [que, nesse meio-tempo, já tinha retornado para Salvador] havia deixado ordens para que não fosse permitida passagem por terra de espanhol algum". Assim, o capitão Juan Salazar, o piloto Juan Sanches, D. Mencia Calderón, várias das "donzelas solteiras" e cerca de 15 castelhanos ficaram detidos em São Vicente, até porque o caminho para o Paraguai fora bloqueado não apenas para eles, mas até para os portugueses.

FIM DO SONHO DO PARAGUAI

Tomé de Sousa explicou, em carta ao rei, quais os motivos que o levaram a tomar essa atitude. O principal objetivo era bloquear o contato entre os vicentinos e os moradores de Assunção. "Achei que os de São Vicente se comunicavam muito com os castelhanos e tanto que, na alfândega de Vossa Alteza, rendeu este ano passado cem cruzados de direitos as cousas que os castelhanos trazem a vender. E por ser com essa gente, que parece que de castelhanos não se pode Vossa Alteza desapegar deles em nenhuma parte [do mundo], ordenei com grandes penas [multas e punições] que esse caminho se evitasse e pus nisso grandes guardas e foi a causa por onde folguei de fazer as povoações no campo de São Vicente, de maneira que me parece que o caminho estará vedado."

As "cousas" que os castelhanos traziam para vender em São Vicente eram, de acordo com o historiador Sérgio Buarque de Holanda, basicamente escravos Guarani (chamados Carijó), em especial mulheres, usadas no serviço doméstico e na prestação de "favores" sexuais aos vicentinos.

Mas não foi apenas tal comércio que levou Tomé de Sousa a bloquear o trânsito entre São Vicente e Assunção. O que tornava a questão ainda mais complexa é que reinava grande confusão sobre os limites entre as possessões de Portugal e Castela naquela porção da América do Sul. A polêmica era antiga, mas tinha adquirido novos contornos a partir de 1529, quando os portugueses obtiveram, através do vultoso pagamento de 350 mil ducados a Castela, a soberania sobre as ilhas Molucas, no sudeste da Ásia. Isso fizera com que, do outro lado do mundo, a linha de Tordesilhas se deslocasse várias léguas para leste.

Tomé de Sousa, Nóbrega e muitos portugueses julgavam por isso que Assunção tivesse sido fundada "dentro da raia" pertencente a Portugal. "Parece-nos a todos que esta povoação [Assunção] está na demarcação de Vossa Alteza e se Castela isso negar, mal pode provar que o Maluco [as Molucas] é seu", argumentou Tomé a D. João III. "E se essas palavras parecem a Vossa Alteza de mau esférico e pior cosmógrafo, terá V. A. muita razão que eu não sei nada disso, se não desejar que todo o mundo fosse de Vossa Alteza e de seus herdeiros."

Em cartas escritas na mesma época, Nóbrega revela pensamento semelhante, primeiro insinuando ao rei que Assunção com certeza ficava "dentro da demarcação portuguesa" e, pouco depois, dando a seguinte instrução a um jesuíta de Lisboa: "Diga a Vossa Alteza que assim que aquela cidade ficar sua, a mande prover breve de justiça e se mandar gente terra adentro, que levem Nosso Senhor consigo, e um capitão zeloso e virtuoso."[24]

O piloto-mor da expedição de Sanabria, Juan Sanches, ainda detido em São Vicente, evidentemente discordava daquelas opiniões. Tanto é que, mesmo preso, conseguiu escrever para o futuro rei Felipe II, em 25 de junho de 1553, uma carta na qual alertava o príncipe da gravidade da situação:

"Pretendem os portugueses ser deles toda a costa até a boca do rio da Prata, e se isso se realizar, será grande o prejuízo de Sua Majestade, porque na costa existem muitos bons portos que achei e, para o trato com o rio da Prata, há um caminho [por terra] muito curto, em especial para o povoado [Assunção] que agora estão formando. E estando povoada a costa, não será mais preciso ir ao rio [da Prata] com as naus, por causa de suas águas borrascosas. Sua Majestade deve com toda a brevidade dar remédio a isto, de modo que os portugueses não se apoderem da terra, que é muito boa e cheia de minas, e disto não se tenha dúvida pois com meus próprios olhos vi."

Sanches termina seu relato com um apelo dramático: que o príncipe D. Felipe "não o esquecesse naquela terra, onde a maior parte dos que nela vivem são malfeitores desterrados de Portugal".[25]

O bloqueio da rota terrestre para Assunção determinado por Tomé de Sousa em fevereiro de 1553 forçou Nóbrega a alterar seus planos de seguir para o Paraguai e catequizar os Guarani. Ainda assim, quando a armada do governador zarpou de São Vicente de volta para a Bahia, na primeira semana de abril daquele ano, o líder dos jesuítas decidiu permanecer no Sul do Brasil, até porque não estava convencido de que a decisão de Tomé de Sousa tivesse sido a mais correta.

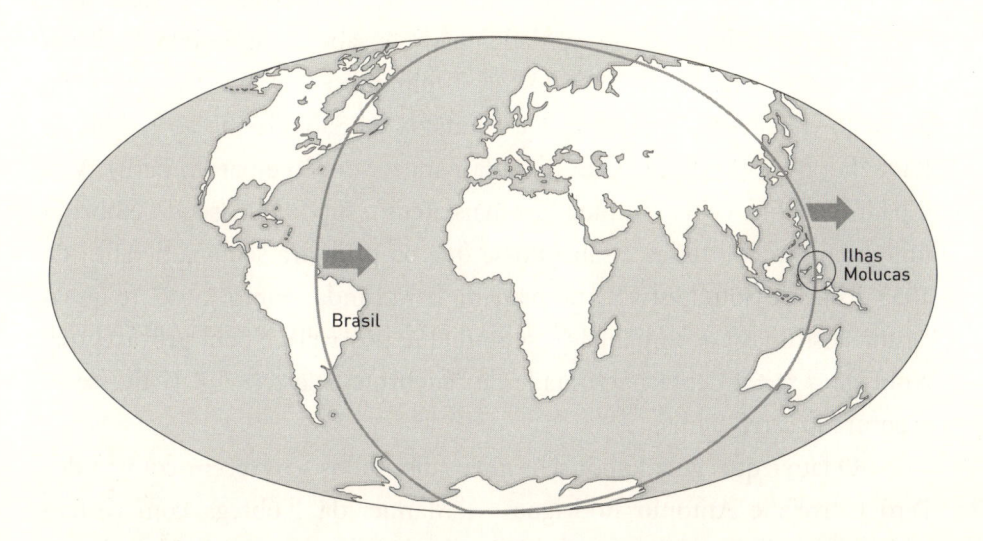

A controvérsia de Tordesilhas: a seta mostra o esforço português para mover a linha para leste, perdendo terras no selvagem Brasil para ganhar espaço em direção às ricas ilhas Molucas, na Malásia.

Como ainda alimentava planos de instalar-se no sertão, ou pelo menos no topo da serra – de onde sonhava em seguir para o Paraguai assim que a proibição fosse revogada pelo rei –, o líder dos jesuítas percebeu que seu objetivo só poderia ser atingido com o apoio de João Ramalho. Especialmente porque, depois de transformar Santo André em vila, no dia 3 de abril de 1553, Tomé de Sousa não apenas nomeara Ramalho capitão de Santo André como o fizera "guarda-mor do campo", encarregando-o de bloquear a passagem de qualquer português em direção ao Paraguai.

Em 15 de junho de 1553, ao escrever para o reino, Nóbrega menciona pela primeira vez a presença do patriarca dos mamelucos nos campos de Piratininga. Disse ele: "Nesta terra está um João Ramalho. É o mais antigo [morador branco] dela e toda a sua vida e a de seus filhos é conforme a dos índios, e é uma *petra scandali* para nós, porque sua vida é o principal estorvo que temos com a gentilidade, por ser ele muito conhecido e mui aparentado com os índios. Têm muitas mulheres ele e seus filhos, e andam com as irmãs [delas] e têm filhos com elas, tanto o pai [Ramalho] como os [seus] filhos."

NÓBREGA NO TOPO DA SERRA

Ao escrever essa carta, porém, Nóbrega ainda não conhecia João Ramalho pessoalmente. Na verdade, não se sabe se o jesuíta já havia subido anteriormente o Caminho dos Tupiniquim – a ancestral trilha "de pé posto" feita pelos nativos e que conduzia de São Vicente ao reduto de Ramalho, no topo do planalto (e de lá para Assunção e para o Peru). Mas o padre Serafim Leite, seu biógrafo mais atento, supõe que, sendo Nóbrega um andarilho contumaz e sabendo-se que na primeira semana de abril de 1553 Tomé de Sousa estivera no planalto para fundar Santo André (e que o jesuíta costumava acompanhá-lo sempre que possível), é bem provável que Nóbrega – tão ardente na vontade de "adentrar pela terra" – já tivesse se aventurado serra acima.

O fato é que, guiado por seus novos discípulos – os recém-convertidos Pero Correia e Antônio Rodrigues –, Manuel da Nóbrega com certeza trilhou (ou voltou a trilhar) o Caminho dos Tupiniquim, subindo a serra de Paranapiacaba na última semana de agosto de 1553.

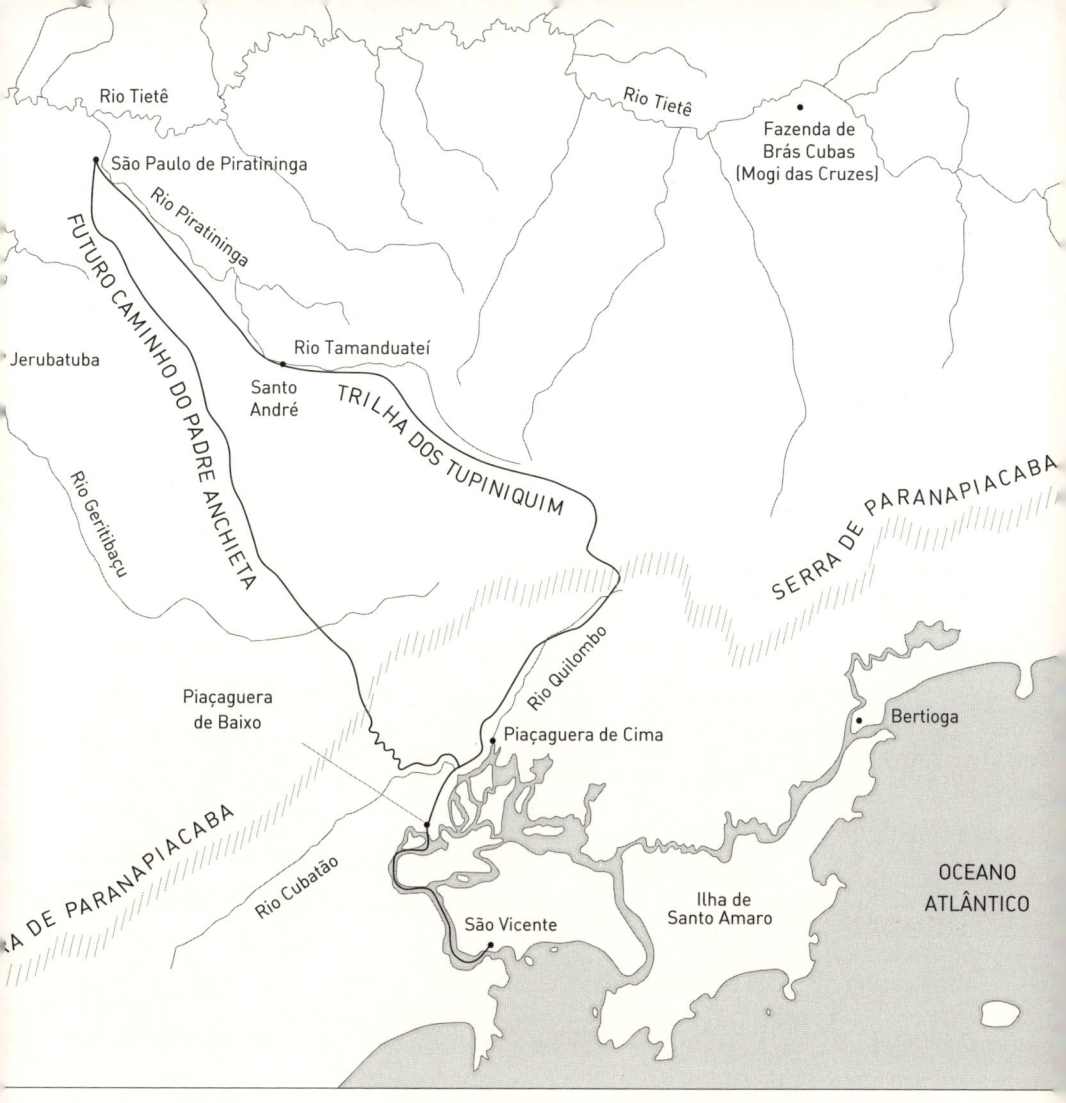

Tratava-se de uma jornada extenuante de pelo menos dois dias, embora viajantes mais vigorosos, como os indígenas, fossem capazes de vencer o percurso em cerca de 12 horas. O vasto lagamar de águas salobras localizado atrás de São Vicente e constituído por um emaranhado de rios e mangues, era vencido em ubás e pirogas – pequenas canoas indígenas – que conduziam os viajantes até Piaçaguera de Baixo. Dali, por terra, marchava-se pela área alagadiça, hoje ocupada pela cidade de Cubatão, até Piaçaguera de Cima, um pequeno pouso localizado na raiz da serra de Paranapiacaba.

Daquele ponto em diante se iniciava a parte realmente árdua do trajeto: a subida da serra que, ao longo de uma trilha de apenas 12 quilômetros, encravada no vale do encachoeirado rio Mogi (seguindo os trilhos da atual estrada de ferro Santos-Jundiaí), ascendia a mais de 850 metros de altura acima do nível do mar. Após serpentear pelo emaranhado da mata atlântica, a vereda limosa e escorregadia conduzia a uma zona de campos localizada nas nascentes do rio Tamanduateí, que corria em direção à colina de Piratininga.

A descrição mais vívida da subida foi feita pelo jesuíta Fernão Cardim, que realizou a jornada em 1590. Eis seu relato: "Caminhamos duas léguas por água e uma por terra e fomos dormir ao pé de uma serra ao longo de um formoso rio de água doce que descia com grande ímpeto de uma serra tão alta que ao dia seguinte caminhamos até o meio-dia, chegando ao cume bem cansados: o caminho é tão íngreme que às vezes íamos pegando com as mãos. Chegando em Paranapiacaba, isto é, 'lugar de onde se vê o mar', descobrindo o mar tão largo quanto podíamos alcançar com a vista, e uma enseada de mangues e braços de rios de comprimento de oito léguas e duas e três em largo, cousa muito para ver, e parecia um pano de armar: a toda essa terra enche a maré, e ficando vazia fica cheia de ostras, caranguejos, mexilhões, briguigões e outras castas de mariscos.

"Aquele dia fomos dormir junto a um rio de água doce, e todo o caminho é cheio de tijucos e o pior que nunca vi, e sempre íamos subindo e descendo serras altíssimas, e passando rios caudais de água frigidíssima. Ao terceiro dia navegamos todo o dia por um rio de água doce, deitados em uma canoa de casca de árvore, em a qual iam até vinte pessoas: íamos voando a remos, e da borda da canoa à água havia meio palmo (...). Era necessário

Mapa da região de Cubatão, Baixada Santista e o antigo Caminho dos Tupiniquins

guardar o rosto e os olhos; porém a navegação é graciosa por ser o rio mui alegre, cheio de muitas flores e frutos, de que íamos tocando, quando a grande corrente nos deixava; chegando a piaçaba, isso é o lugar onde se desembarca, e demos logo em uns campos."[26]

A trilha levava até o topo do morro recoberto de gramíneas onde Nóbrega fundaria São Paulo e ao qual ele chegou no dia 29 de agosto, após completar a extenuante marcha. Na colina de Piratininga ficava a aldeia do principal líder Tupiniquim da região, Tibiriçá ("vigilante da terra"), sogro de João Ramalho. Naquele mesmo dia de agosto, Nóbrega fez "solenemente cinquenta catecúmenos" entre os comandados de Tibiriçá. A seguir, em companhia do padre Manuel de Paiva, o jesuíta foi para Santo André – onde só então conheceu pessoalmente o "guarda-mor" do campo.

Embora o tivesse criticado anteriormente, Nóbrega parece ter mudado seu ponto de vista após o encontro – até porque sabia que, sem o apoio de Ramalho, não poderia sequer se estabelecer no planalto, quanto mais penetrar nos sertões. No dia 31, ainda no topo da serra, o provincial dos jesuítas (*leia nota lateral*) tratou de escrever ao reino disposto a interceder pelo patriarca dos mamelucos, repetindo muitas das palavras registradas na carta de 15 de julho, mas acrescentando novos fatos:

"Neste campo está um João Ramalho, o mais antigo homem [branco] que há nesta terra. Tem muitos filhos e muitos parentes por todo este sertão (...) e é muito conhecido e venerado entre os gentios, e tem filhas casadas com os principais homens dessa capitania, e todos os seus filhos e filhas são de uma

PROVINCIAL DO BRASIL

Quando se encontrava em São Vicente, Nóbrega foi alçado ao mais elevado posto de sua carreira como jesuíta, embora só viesse a saber disso meio ano depois. A 9 de julho de 1553, Inácio de Loyola estabeleceu a Província do Brasil, desvinculando-a da de Portugal. Essa foi a primeira província jesuítica criada fora da Europa. Para o cargo de provincial, Loyola, logicamente, escolheu Nóbrega. Ao criar a Província do Brasil, Loyola – informado do conflito entre Nóbrega e o bispo Sardinha – tratou de dar maior independência a seu representante na América portuguesa, "relaxando", conforme as próprias palavras, "sua obediência ao bispo".

índia [Bartira], filha de um dos maiores e principais dessa terra [Tibiriçá], de maneira que nele, nela e em seus filhos esperamos ter um grande meio para a conversão dos gentios.

"Quando veio do reino, que haverá quarenta anos ou mais, deixou sua mulher viva lá e nunca mais soube dela, mas parece que deve estar morta, pois já se passaram tantos anos. Deseja muito casar-se com a mãe desses seus filhos. Já se escreveu para lá mas nunca veio resposta deste seu negócio e portanto é necessário que se envie a Vouzela, terra do padre Mestre Simão, e de parte de Nosso Senhor o requeiro, porque se este homem estivesse em estado de graça fará ele muito nesta terra, mas não estando em pecado mortal."

A seguir, Nóbrega pede que intercedam até junto ao papa para que João Ramalho possa casar com Bartira, "não obstante que haja conhecido outra sua irmã e quaisquer outras parentes dela (...) e se isso [o processo de regularização do casamento] custar alguma coisa, ele o enviará daqui em açúcar".

Tão boas parecem ter sido as relações que naquele dia se estabeleceram entre Nóbrega e Ramalho que o guarda-mor do campo autorizou seu filho mais velho, o mameluco André, a acompanhar o líder dos jesuítas em nova peregrinação pelo sertão – dessa vez em direção a Maniçoba, aldeia cuja localização correta nunca foi determinada pelos historiadores, embora se suponha que ficasse nos arredores da atual cidade de Itu, "na boca do sertão".

Por cerca de um mês (setembro de 1553) Nóbrega percorreu as trilhas do sertão, em companhia de Pero Correia e André Ramalho, disposto a arregimentar catecúmenos e estudar a melhor rota na direção do Paraguai. Nos primeiros dias de outubro, de volta daquela peregrinação e já se preparando para retornar a São Vicente, tornou a cruzar por Piratininga e então determinou a construção de uma pequena ermida (ou capela), além de uma casa para os padres, que "Tibiriçá ajudou a fazer com as próprias mãos".[27]

A FUNDAÇÃO DE SÃO PAULO

Deixando os irmãos Pero Correia e Antônio Rodrigues – sertanistas experientes e fluentes em tupi – para doutrinar os nativos da aldeia de Tibiriçá, Nóbrega torna a descer a serra e chega a São Vicente em fins de outubro. Lá, outros problemas o aguardam.

Os meninos indígenas que o padre Leonardo Nunes agrupara no colégio de São Vicente estavam famintos. "Os índios nos dão os filhos de boa vontade e se tivéssemos com que os manter e criar em Cristo, todos os dariam. Mas não se tomam senão os que se podem sustentar de comer, porque de vestido muito poucos o andam e todos andam nus (...). Esta casa de São Vicente é a mais pobre de todas e padecem os irmãos e padres e meninos de muita fome e frio e é maravilha não fugirem de volta para os seus pais", escreveu o líder dos jesuítas.

Por isso, em janeiro de 1554 Nóbrega decide transferir o colégio de São Vicente para o topo do planalto, instalando-o na pequena capela que mandara construir em Piratininga, de modo que os próprios pais pudessem alimentar os jovens alunos sem ter de descer a serra. O irmão José de Anchieta – recém-desembarcado em São Vicente – confirma o motivo ("para que seus pais os sustentassem"), mas acrescenta outros dois, tão ou mais importantes, especialmente o terceiro, que bem revela o que estava por trás da fundação de um colégio no topo da serra:

"Para o sustento destes meninos [do colégio de São Vicente], a farinha de pau era trazida do interior, da distância de 30 milhas [90 quilômetros]. Como era muito trabalhoso e difícil por causa da grande aspereza do caminho, ao nosso padre [Nóbrega] pareceu melhor mudarmo-nos para esta povoação de índios que se chama Piratininga. Isto por muitas razões: primeiro por causa dos mantimentos; depois, porque se fazia nos portugueses [de São Vicente] menos fruto do que se devia [ou seja, se convertiam menos colonos do que os padres desejavam...] e especialmente porque se abriu por aqui a entrada

A Aurora de Piratininga

Ao entrar em Piratininga, Nóbrega e seus assessores repetiram o esquema que vinham aplicando desde que os jesuítas iniciaram a catequese dos índios na Bahia. Antes de chegar à aldeia, enviavam um grupo de garotos indígenas já catequizados, que entravam no aldeamento entoando cânticos católicos em tupi, com cruzes erguidas nas mãos. Aquela espécie de "comissão de frente" encantava os nativos "que era coisa de muito se ver". Tão logo os meninos chegavam ao centro da taba, um outro grupo de pequenos catecúmenos se aproximava, também portando cruzes e com os jesuítas em meio a eles. Assim foi feito em Piratininga – e assim São Paulo começou a nascer.

para inúmeras nações sujeitas ao jugo da razão [grupos de indígenas mais receptivos à pregação jesuítica]."[28]

Assim, na última semana de janeiro de 1554, Nóbrega, acompanhado de 12 padres e irmãos, sobe outra vez a serra e, após rezar uma missa "na formosa povoação que então se iniciava", decide substituir o nome indígena de Piratininga, batizando a nova casa e o novo colégio com o nome de São Paulo, santo cuja conversão ao cristianismo é comemorada em 25 de janeiro – dia que o jesuíta, justamente por isso, escolheu para rezar a missa que marcou o nascimento da cidade que viria a se transformar na maior da América Latina.

O lugar escolhido por Nóbrega para fundar a igreja e o colégio de São Paulo era extraordinariamente favorável aos seus propósitos. Localizado no topo de uma colina acastelada entre os vales de dois rios – o lento e sinuoso Tamanduateí ("rio do tamanduá"), então chamado de Piratininga ("rio do peixe seco"), e o encachoeirado Anhangabaú ("rio do Anhangá", palavra traduzida pelos jesuítas como "demônio", mas que na verdade era um espírito guardião da floresta) –, o sítio, em forma de triângulo, com cerca de 2,5 hectares de área (o equivalente a três campos de futebol), era facilmente defensável e oferecia ampla vista para o campo, as várzeas e as planícies circundantes.

O coração da colina era o local de onde partiam várias trilhas indígenas em direção aos quatro pontos cardeais. Do Pátio do Colégio rumo ao sul, pela atual rua Roberto Simonsen, seguia a vereda que levava para Santo André e São Vicente pelo Caminho dos Tupiniquim, depois rebatizada de "Caminho Velho do Mar". Para o norte, pelas atuais ruas São Bento e XV de Novembro, partia o caminho que levava primeiro para a aldeia de Inhapuambuçu, localizada no vértice do triângulo e onde vivia o líder Tupiniquim Tibiriçá, principal aliado dos portugueses. O mesmo caminho, em sua continuação, conduzia às várzeas do Tietê, a Mogi das Cruzes e ao vale do Paraíba, ainda selvagem e ocupado por tribos inimigas dos portugueses.

Para oeste, pelas atuais rua Direita e do Ouvidor, descendo a abrupta encosta da montanha rumo ao vale do Anhangabaú, nos arredores da atual praça da Bandeira, começava o Caminho do Sertão. Ele passava pelos atuais bairros de Perdizes e Pinheiros – povoados por bandos de perdizes e repletos de araucárias – e, depois de subir pela atual rua da Consolação, chegava ao topo do Caaguaçu (onde agora fica a avenida Paulista), seguindo para a zona de campos hoje pertencente aos estados do Paraná e de Santa Catarina – o território dos Carijó e dos Guarani, cuja conversão ao cristianismo continuava sendo o principal objetivo do padre Manuel da Nóbrega.

Tão propícia era a localização do Colégio de São Paulo que, dois anos após sua fundação, os colonos de Santo André iriam se transferir para a colina de Piratininga, abandonando o vilarejo de João Ramalho e dando início ao surgimento da cidade que o historiador Jaime Cortesão chamou, com toda a propriedade, de "a capital geográfica do Brasil".

A CAPTURA DE HANS STADEN

No mesmo mês de janeiro de 1554 em que Nóbrega fundou o Colégio de São Paulo, o alemão Hans Staden foi capturado pelos Tamoio em Bertioga. Em março de 1553, Staden – o mercenário alemão que fazia parte da expedição de Sanabria e se encontrava detido em São Vicente havia vários meses – tinha aceito o cargo de artilheiro do forte de São Felipe, que Tomé de Sousa mandara fazer em Bertioga (ou Buriqui-oca, "reduto dos macacos").

De acordo com Staden, os Tamoio, ferrenhos inimigos dos Tupiniquim e de seus aliados portugueses, tornavam-se especialmente perigosos em dois momentos do ano: em novembro, quando percorriam a região para colher milho maduro, com o qual faziam uma potente bebida fermentada, e em agosto, quando entravam no canal de Bertioga para pescar os paratis (uma espécie de tainha) que ali desovavam. Naquele início de 1554, Staden descobriria que a região de Bertioga tinha outro atrativo para os Tamoio.

Quando os ninhais de guarás, uma ave de vistosa plumagem vermelha, estavam repletos, os indígenas vinham capturá-los por causa de suas flamantes penas rubras. Naquele ano, além de guarás, os Tamoio levaram Hans Staden. O alemão ficou prisioneiro dos nativos durante dez meses.

O forte de Bertioga

O mercenário alemão Hans Staden

Fazendo-se passar por francês, escapou inúmeras vezes de servir de repasto nos banquetes antropofágicos que viu serem realizados.

Durante o período que durou sua captura, Staden conheceu o temível Cunhambebe, o maior líder tribal dos Tamoio; fez várias viagens pela região litorânea entre Santos e Rio de Janeiro e viu vários navios franceses que chegavam para negociar pau-brasil, algodão e pimenta com os índios – uma prova adicional do quão frequente era a presença dos entrelopos naquela zona.

Em junho de 1554, quando Staden se encontrava prisioneiro na aldeia de Ubatuba, seu antigo companheiro de viagem, o piloto-mor Juan Sanches de Biscaia, passou por ali. Autorizado a deixar São Vicente, Sanches estava voltando para a Espanha. Embora tenha conversado com Staden e com os índios que o mantinham aprisionado, Sanches não foi capaz de convencer os nativos de que Staden não era português.

Ao perceber que não obteria a libertação do mercenário alemão, partiu para Sevilha. Ao desembarcar lá, no segundo semestre de 1554, escreveu para o príncipe D. Felipe. A carta não fez menção a Staden, mas exortava o herdeiro do trono de Castela a povoar a costa do Brasil meridional, ou pelo menos Cananeia. Se o projeto não se concretizasse "o mais rapidamente possível", Castela corria o risco de perder toda aquela região para os portugueses "para sempre".

Embora envolvido em problemas muito mais complexos, o futuro imperador Felipe II já estava tratando do assunto. Desde abril de 1554, os castelhanos estavam articulando negociações diplomáticas com Portugal, bem como preparando o envio de novas expedições ao Sul do Brasil. Apesar de terem sido realizadas, tais expedições não alcançaram seu objetivo.

Ainda assim, a expansão portuguesa sobre as terras que legalmente pertenciam à Espanha seria um processo lento – e a própria vila de São Paulo só iria assumir posição mais relevante dali a um século, e apenas porque Nóbrega tivera o discernimento de fundar seu colégio justo no entroncamento das trilhas que, a partir de 1640, permitiriam aos "bandeirantes" paulistas percorrerem (e conquistarem) toda aquele região.

Dois anos após a fundação do colégio, porém, com o caminho para o Paraguai ainda bloqueado, São Vicente se mantinha como uma capitania remota e periférica. O foco da ação da Coroa portuguesa e dos próprios jesuítas continuava centrado em Salvador.

E não há de ter sido por outro motivo que, em 23 de maio de 1556, Nóbrega decidiu voltar para a Bahia, desistindo de vez do plano de catequizar os Guarani. Seu sonho só seria realizado um século mais tarde – e por jesuítas espanhóis que, partindo de Assunção, fundaram os chamados trinta Povos Guaranis, no Paraná, no Rio Grande do Sul e no próprio Paraguai. Ironicamente, aquelas "missões" acabariam devastadas pelos intrépidos moradores da cidade surgida ao redor do velho colégio de Piratininga.

Após o massacre e a escravização de mais de 100 mil indígenas, os atuais territórios do Paraná, de Santa Catarina e do Rio Grande do Sul passaram então a pertencer definitivamente ao Brasil.

A GUERRA DE ITAPUÃ

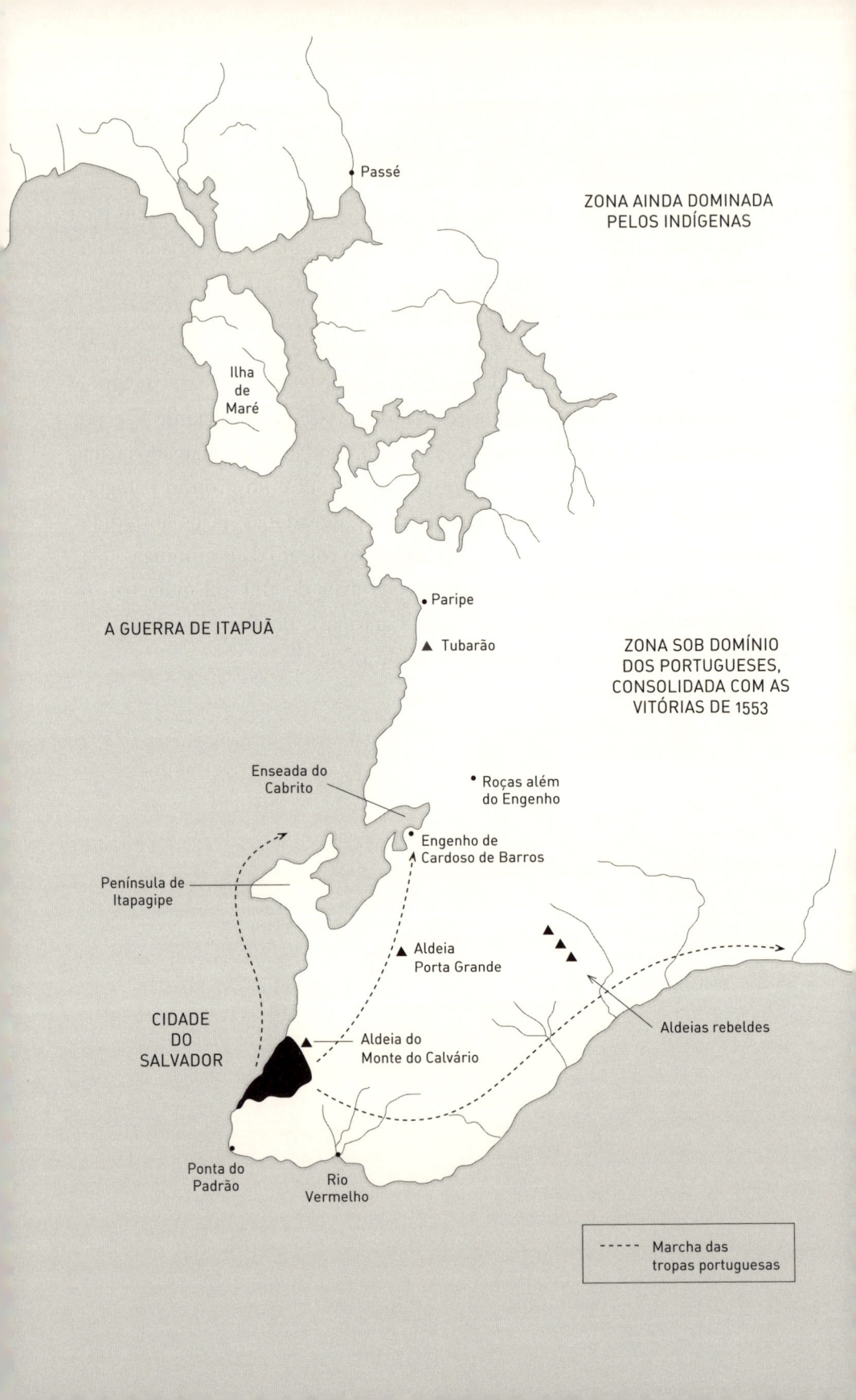

ZONA AINDA DOMINADA PELOS INDÍGENAS

ZONA SOB DOMÍNIO DOS PORTUGUESES, CONSOLIDADA COM AS VITÓRIAS DE 1553

- Passé
- Ilha de Maré
- Paripe
- ▲ Tubarão
- Enseada do Cabrito
- Roças além do Engenho
- Engenho de Cardoso de Barros
- Península de Itapagipe
- ▲ Aldeia Porta Grande
- CIDADE DO SALVADOR
- ▲ Aldeia do Monte do Calvário
- Aldeias rebeldes
- Ponta do Padrão
- Rio Vermelho

----- Marcha das tropas portuguesas

IV
OURO, CAOS E CANIBALISMO

Na primeira semana de abril de 1553, poucos dias depois de decretar o bloqueio do caminho para o Paraguai e nomear João Ramalho "guarda-mor do campo", Tomé de Sousa zarpou de São Vicente de volta para Salvador. Àquela altura, o mandato do governador – originalmente previsto para durar três anos – esgotara-se havia mais de um e não restam dúvidas de que ele estava ansioso para retornar a Portugal. Antes de chegar à Bahia, porém, Tomé de Sousa precisou fazer uma escala em Porto Seguro. E lá ele tomou uma decisão importante.

Desde a descoberta oficial do Brasil, em abril de 1500, os portugueses ansiavam por encontrar ouro e prata no vasto território do qual tomaram posse. Mas, até então, os minérios tinham se revelado um sonho intangível. Depois que os espanhóis descobriram prodigiosas quantidades de metal tanto no México (1519) quanto no Peru (1539), e também em Potosí, na Bolívia (1545), encontrar minas no Brasil tornou-se verdadeira obsessão para os portugueses. As cartas do próprio Tomé de Sousa estão repletas de referências ao tema e, em dado momento, o governador que sonhava em "fazer do Brasil um outro Peru" chega a dizer ao rei que não falará mais no assunto antes de ter encontrado o minério.

Os castelhanos debochavam daquele anseio de seus rivais lusitanos. Para eles, a verdadeira riqueza da América portuguesa se resumia ao "sangue dos tapuias".

Em fins de 1549, porém, notícias da existência de ricas lavras de ouro haviam começado a espocar em Porto Seguro com tanta intensidade e frequência que reforçaram a convicção geral de que aquela capitania era, junto com São Vicente, a mais direta "porta de entrada para as riquezas do sertão". Tal sensação se tornou virtualmente uma certeza quando, em março de 1550, um grupo de indígenas chegou a Porto Seguro trazendo uma notícia espantosa.

"Sucedeu agora", conta ao rei, com febril excitação, um dos moradores da capitania, "de chegarem a Porto Seguro uns negros da terra, dos que vivem junto a um grande rio, além do qual, dizem eles, está uma serra que resplandece muito e que é muito amarela, da qual serra vão ter ao dito rio muitas pedras da mesma cor." Com aquele minério "os ditos negros fazem gamelas para nelas dar de comer aos porcos, já que para si não ousam fazer coisa alguma, porque dizem que aquele metal provoca doenças, razão pela qual não ousam passar por ali e dizem que a serra é muito aterradora por causa de seu resplendor, e eles a chamam de Sol da Terra".[1]

A notícia, é claro, causou alvoroço entre os colonos – e não só em Porto Seguro, mas também nas capitanias vizinhas do Espírito Santo, Ilhéus e Bahia. Era o início da lenda de Sabarabuçu, a Serra Resplandecente. Ela iria perdurar por mais de um século e clamar muitas vidas antes de revelar-se em toda a sua plenitude com a descoberta das jazidas de Ouro Preto e Diamantina. Embora o caminho até lá só viesse a ser descoberto 150 anos mais tarde, naquele início de 1550 os moradores de Porto Seguro estavam obtendo as primeiras informações sobre a região que um século depois seria batizada de "Minas Gerais".

Tão surpreendente quanto a revelação dos nativos era o personagem a quem coube divulgar a boa-nova. A carta que anunciou a D. João III a existência de Sabarabuçu foi escrita por uma das figuras mais curiosas da colônia: o cristão-novo, mestre enxadrista, "inventor", boticário e letrado castelhano Felipe de Guillen. Embora fosse um degredado e sujeito dado a grandes exageros, Guillen era bem conhecido não apenas na colônia, mas no próprio reino, onde havia inspirado um personagem ridicularizado em peça de Gil Vicente, o mais respeitado dramaturgo português de seu tempo (*leia nota na página seguinte*).

Guillen chegara à Bahia em 1537. Logo em seu primeiro ano na nova terra, a mulher e o filho morreram, restando-lhe o fardo de criar três filhas pequenas. Apesar da tragédia, assegurou em carta ao rei que se manteve "sempre disposto a inquirir e saber as estranhas cousas deste Brasil" e, desse modo, acabou informado que, partindo de Porto Seguro, certos colonos "entravam pela terra adentro e por lá andavam de cinco a seis meses para descobrir as minas de ouro que os negros diziam que havia". Com o propósito de auxiliar os exploradores "com o instrumento que já mostrei a Vossa Alteza", Guillen transferiu-se para a capitania de Pero do Campo Tourinho.

Mas, em julho de 1549, dois meses após desembarcar no Brasil, Tomé de Sousa mandou chamá-lo de volta a Salvador. Embora, na capital que nascia, Guillen tenha sido encarregado de "construir o caminho que ia da Ribeira para a cidade",[2] alguns historiadores supõem que o governador estivesse disposto a obter dele informações sobre minas. É bem possível que assim fosse, pois documentos da época comprovam que, além de mestre enxadrista e boticário, Guillen era mineralogista.

Foi de Salvador que, no dia 20 de julho de 1550, Guillen enviou ao rei a carta na qual relatou a chegada a Porto Seguro do grupo de indígenas que, vindo do sertão, havia mencionado a existência da Serra Resplandecente. Apenas seis dias antes, o capitão interino daquela mesma capitania, Duarte de Lemos, também havia escrito para o monarca reforçando a informação: "Está na conquista de Vossa Alteza toda e a maior parte do ouro que sai do Peru, que se acha na altura de 17 graus [de latitude], que é justamente onde essa capitania [de Porto Seguro] está", escreveu Lemos em 14 de julho de 1550. "V. A. deve mandar homens que conheçam a terra onde está o ouro porque por nenhuma terra destas partes se pode melhor ir a ele do que por esta de Porto Seguro."

ATRIBULAÇÕES DE UM "INVENTOR"

As singularidades da vida e do exílio de Felipe de Guillen no Brasil chamaram a atenção de historiadores do porte do francês Henry Harrise, do espanhol Navarrete, do português Souza Viterbo e dos brasileiros Varnhagen e Capistrano de Abreu. Graças a eles, é possível retraçar os percalços de uma existência repleta de ação e desengano. Supõe-se que Guillen tenha nascido na Espanha, por volta de 1487. Em 1525, mudou-se para Portugal, disposto a apresentar no reino um astrolábio de sua invenção, por meio do qual seria possível calcular a longitude – o que constituía um dos maiores desafios na arte de orientar-se no mar. Graças ao instrumento, Guillen foi feito cavaleiro da Ordem de Cristo e recebeu tença de 15 mil reais por ano. Mas no início de 1528 foi desmascarado, preso e obrigado a devolver o dinheiro. Transformado em bufão em peça de Gil Vicente, foi enviado para cumprir degredo no Brasil em 1537.

Não se tratava apenas do fato de Porto Seguro estar localizado na mesma latitude que o Peru o que tanto entusiasmava os colonos. Como o próprio Lemos ressalta na correspondência, outra questão importante era que "o gentio daqui está de paz, e muito nossos amigos, mormente depois que Vossa Alteza enviou a armada [de Tomé de Sousa] e eles souberam que V. A. mandava que não mais os salteasse".

O conjunto de circunstâncias favoráveis teria levado Tomé de Sousa a agir com rapidez, mas, convicto de que seria melhor, mais rápido e menos perigoso chegar às minas por via fluvial, o governador determinou que uma galé zarpasse de Salvador para subir o São Francisco, que se supunha ser "o grande rio" às margens do qual viviam os indígenas mencionados por Felipe de Guillen. O comando da missão foi confiado a um Miguel Henriques, "homem honrado, e para todo o cargo que lhe quiserem dar".[3] Em 5 de novembro de 1550, a expedição zarpou da Bahia.

Mas nunca mais se ouviu falar dela nem dos 15 homens que tripulavam a galé.

A PRIMEIRA ENTRADA ÀS MINAS GERAIS

Assim sendo, em abril de 1553, tão logo fez escala em Porto Seguro na sua viagem de volta desde São Vicente, Tomé de Sousa foi novamente procurado pelos "homens bons" da capitania. Eles continuavam alvoroçados com as notícias sobre a Serra Resplandecente e insistiram para que o governador autorizasse uma nova entrada ao sertão. Sousa deixou-se convencer e permitiu que uma outra expedição fosse armada – dessa vez por via terrestre, como queriam os colonos. Os preparativos, no entanto, foram longos, e quando os homens partiram, em novembro de 1553, o governador já havia deixado o Brasil fazia quase seis meses.

A turbulenta história e as dramáticas circunstâncias daquela que foi a primeira entrada oficial dos portugueses à região mais tarde chamada de Minas Gerais pode ser reconstituída com base em uma carta escrita por um de seus integrantes, o jesuíta Juan de Azpilcueta Navarro. Embora seu roteiro nunca tenha sido plenamente esclarecido e o assunto ainda acenda polêmica entre os (atualmente poucos) historiadores dispostos a desvendar-lhe a rota, os detalhes conhecidos são mais que suficientes para pintar um quadro dos objetivos e dos parcos desdobramentos práticos da missão, que se prolongou por cerca de um ano e meio e que, segundo os jesuítas, teria custado a vida do padre Navarro, "esgotado pelo cansaço daqueles trabalhos".[4]

Composta por 12 homens brancos, acompanhados por algumas dezenas de indígenas, a expedição foi comandada por Francisco Bruza de Espinosa, que, como Guillen, era castelhano e talvez também fosse cristão--novo. Espinosa era egresso do Peru, de onde viera por terra para o Brasil. Vivia já há mais de uma década em Porto Seguro, onde, de acordo com o relato de um jesuíta, era "um grande língua [ou seja, falava fluentemente o tupi] e gozava de muita autoridade entre os índios do Brasil".[5]

Carregada com quarenta dúzias de tesouras, trinta dúzias de pentes, 45 côvados de pano vermelho, 12 chapéus ("dos de 146 reais cada"), além de outros artigos comumente utilizados para troca com os nativos, mais "três barris de pão por mantimento", a tropa teria iniciado sua jornada de cerca de 1.000 quilômetros sertão adentro pelas margens de algum rio vizinho a Porto Seguro, pois, como disse Capistrano de Abreu, "em país desconhecido, seguir um rio é meio de não se perder".[6] Qual rio teria sido esse, no entanto, o próprio Capistrano e os demais estudiosos da marcha – dentre os quais se destacam Orville Derby e Pandiá Calógeras – discordam. Tudo faz crer, no entanto, que terá sido o Jequitinhonha, cuja foz fica cerca de 80 quilômetros ao norte da sede da capitania.

O Jequitinhonha nasce em Minas Gerais, na serra do Espinhaço, que de fato possui "picos de quartzito branco, fáceis de confundir com mármore"[7] e que, segundo os estudiosos da marcha, teria oferecido aos expedicionários o primeiro vislumbre das fugidias riquezas em busca das quais andavam. Seguindo para o sul pela zona campestre que se debruça por entre os picos reluzentes do Espinhaço, a expedição bem pode ter chegado à atual Diamantina e, dali, explorado as nascentes do São Francisco e a barra do rio das Velhas.

Se assim foi, Espinosa e seus homens terão percorrido o coração da região onde, um século e meio mais tarde, os mamelucos paulistas iriam descobrir as "fertilíssimas minas gerais".

Embora reticente quanto ao roteiro percorrido, o relato de Azpilcueta Navarro (redigido em Porto Seguro em 24 de junho de 1555 e enviado para os padres e irmãos da Companhia de Jesus em Coimbra) é de alta voltagem dramática e repleto de detalhes saborosos. Já desde a primeira frase, Navarro revela sua incapacidade de desvendar a rota da expedição – mas, de todo modo, esse parecia estar longe de ser seu objetivo.

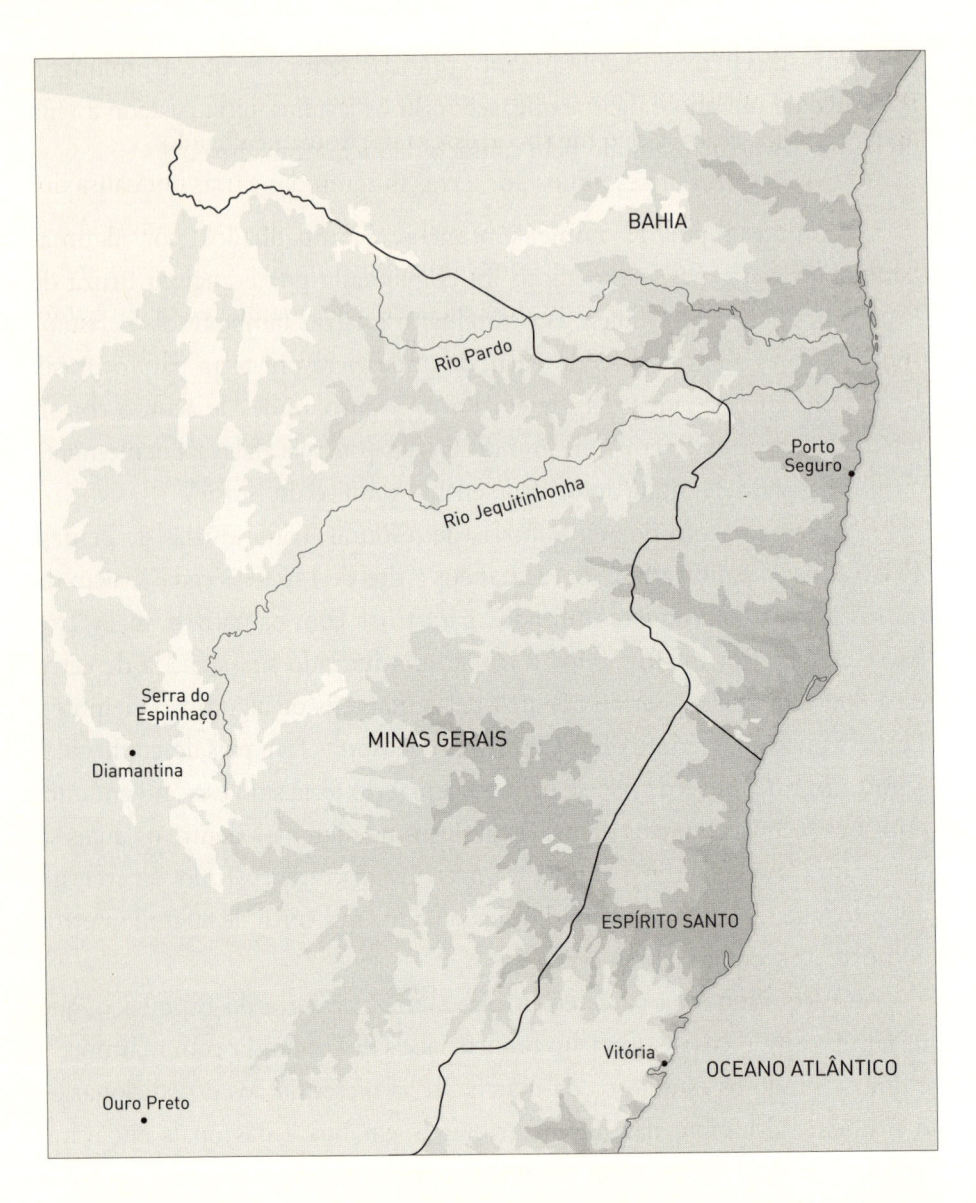

"Dar-se conta do caminho em particular seria nunca acabar; mas como sei que com isso lhes dará consolação, direi alguma coisa do que passamos e vimos. Saberão, irmãos caríssimos, que entramos pela terra adentro bem 350 léguas [cerca de 2 mil quilômetros], sempre por caminhos pouco descobertos, por serras mui fragosas que não tem conta, e tantos rios que em certas partes no espaço de quatro ou cinco léguas passamos cinquenta vezes contadas por água, e muitas vezes se não me socorressem me houvera afogado.

"Mais de três meses fomos por terras mui úmidas e frias por causa dos muitos arvoredos e das árvores grossas e altas, de folha que está sempre verde. Chovia muitas vezes, e muitas noites dormimos molhados, especialmente em lugares despovoados, e assim todos em cuja companhia eu ia, estiveram quase à morte de enfermidades, uns nas aldeias, outros em despovoados, e sem outra medicina que sangrar-se de pé, forçando a necessidade a caminhar, e sem ter outro mantimento às mais das vezes que farinha e água não perigou nenhum porque nos socorreu Nosso Senhor com sua misericórdia, livrando-nos também de muitos perigos de índios contrários que algumas vezes determinaram de matar-nos.

"Passamos muitas zonas despovoadas, especialmente uma de 23 jornadas, por entre índios que chamam tapuias e que é uma geração de gente bestial e feroz, porque andam pelos bosques, como manadas de veados, nus, com cabelos compridos como mulheres; e sua fala é muito bárbara e eles mui carniceiros: trazem flechas ervadas [envenenadas] e dão cabo de um homem num instante.

"Os dias eram calorosos e as noites frias, as quais passávamos sem mais cobertura do que a do céu. Nestes ermos, passamos uma serra mui grande, que corre do norte para o meio-dia e nela achamos rochas mui altas de pedra mármore. Dessa serra nascem muitos rios caudais: dois deles vão sair ao mar entre Porto Seguro e Ilhéus: chama-se um rio Grande [trata-se do Jequitinhonha] e o outro rio das Orinas [talvez o Pardo, por cujo leito a expedição teria empreendido a viagem de volta].

"(...) Há muita caça, assim de animais como de aves; há uns animais que se chamam antas, pouco menores do que mulas, e parecem-se com elas senão que tem os pés como de boi. Também há muitos porcos monteses, e outros animais que têm uma capa por cima à maneira de cavalo armado; há raposas, lebres e coelhos, como em nossa terra. Há muitas castas de macacos, entre os quais uns pardos com barbas como homens; há veados, gatos monteses, onças, tigres e muitas cobras (...). Há umas aves que são como perdizes, outras como faisões, com outras muitas diversidades, e vimos também em poder dos índios duas avestruzes.

"Mas o fruto mais sólido desta terra parece que será quando se a for povoando de cristãos. Que Deus Nosso Senhor por sua misericórdia tire estes miseráveis das abominações em que estão e a nós outros dê sua graça, para que façamos sua santa vontade."

Cerca de vinte dias antes de Navarro redigir sua carta, o irmão Ambrósio Pires, também jesuíta, já havia comunicado ao Colégio de Coimbra o retorno da expedição. Tal relatório, enviado em 6 de junho de 1555, ia direto ao ponto: "Depois de mais de ano de perambulação, não trazem os homens de Espinosa ouro nem prata nem novas dele, pois não ousaram cruzar pelo território de um outro gentio, em que diziam está o que buscavam."[8] Também informado do fracasso da expedição, o padre Nóbrega reagiu com calculada resignação: "Deus queira que o verdadeiro tesouro e joias [do sertão] sejam as almas que lá iremos salvar."[9]

ÚLTIMOS DIAS DO PRIMEIRO GOVERNO-GERAL

Depois de autorizar a entrada comandada por Espinosa e descrita pelo padre Navarro, Tomé de Sousa zarpou de Porto Seguro rumo à Bahia, aonde chegou em 1º de maio de 1553.

Um mês exato após colocar os pés em terra, o governador redigiu minucioso relatório para D. João III, no qual não apenas descreveu o que se passara durante a viagem de inspeção da costa como apressou-se em apresentar ao monarca um balanço de seus quatro anos de governo. O principal objetivo de Tomé de Sousa parece ter sido clamar por seu imediato retorno ao reino, até porque, como já foi dito, o prazo original de seu mandato se esgotara havia 14 meses e o laborioso governador estava farto de trabalhar no Brasil: "O que levo meses para construir, desfaz um degradado em meia hora", disse ele ao soberano.

Embora se dirigisse ao rei, nem por isso Tomé de Sousa abriu mão do fraseado irônico e cortante que o tornara conhecido no reino: "Como disse a Vossa Alteza, não farei senão as lembranças muito necessárias sem as quais esta terra não se poderá sustentar, se não se um homem pode viver sem a cabeça. Em primeiro lugar, deve V. A. mandar que os próprios capitães residam em suas capitanias e quando, por justos respeitos, não puder isso ocorrer, que ponham no cargo pessoas que a V. A. contentem porque os que agora servem de capitães, não os conhece a mãe que os pariu (...)."

Com relação à administração da capital e ao papel do novo governador, Sousa sugeriu: "A esta Cidade do Salvador deve V. A. prover de um capitão honrado e abastado, porque a qualidade dela assim o demanda e o governador-geral não deve ter lugar certo se não residir onde lhe parecer que há mais necessidade dele."

A seguir, observando que havia gente demais para trabalho de menos, o governador anotou: "Parece-me que pelos próximos três anos deveria V. A. dispensar o provedor-mor da Fazenda porque o ouvidor-geral que vier poderá desempenhar o mesmo ofício e melhor do que toda outra pessoa que não seja letrado (...) e fará todo o serviço e ainda lhe sobrará tempo e desta maneira terá o que fazer pois, de outro modo, folgam ambos todo o tempo. Bem assim, o tesoureiro que está residente nesta cidade poderá também servir de almoxarife dos armazéns e mantimentos porque o negócio é quase todo um e não é muito, e bastará também um só escrivão e o cargo de capitão do mar é escasso porque a maior parte do tempo não é necessário e, quando o for, o governador escolherá um. E, desta maneira, escusará Vossa Alteza alguns ordenados, e à medida que a terra for rendendo, irá V. A. acrescentando novos cargos e ofícios."

Após a breve lição de administração parcimoniosa, o governador relatou ao monarca os resultados de sua viagem de inspeção: "Eu corri esta costa toda e me parece que nisso fiz muito serviço a Vossa Alteza e bem à terra. Ou, quando menos, fiz tudo o que pude e entendi e gastei tudo o que tinha, e não falo nos gastos para pedir algum alvitre a V. A. para minhas dívidas, mas para que V. A. saiba que tudo o que me deu, folgo em o despender em seu serviço. (...) Todas as vilas e povoações e engenhos desta costa, fiz cercar de taipa com seus baluartes e as que estavam arredadas do mar fiz chegar ao mar e lhes dei toda a artilharia que me pareceu necessária (...) e mandei em todas as vilas fazer casas de audiência e de prisão e endireitar as ruas, e tudo se fez sem opressão do povo."

Ao final do relatório, Tomé de Sousa volta a clamar enfaticamente por seu retorno para Portugal: "Pelo amor de Deus que Vossa Alteza me mande ir que eu não sei outras palavras por onde o peça (...) e nenhum outro governador pode V. A. mandar que não faça cá melhor do que eu e com menos trabalho." Embora suas frustrações com os destinos da colônia fossem de várias ordens, o argumento no qual Tomé se apoiou foi o fato de estar saudoso da mulher e da filha, como ele já havia dito ao rei na carta escrita dois anos antes: "Peço a V. A. por amor de Deus que me mande ir para uma mulher velha que tenho e uma filha moça (...) que desejo casar e ver minha mãe, se forem vivas que depois que cá estou já me aconteceu de escrever a quem está no outro mundo."[10]

As aflições familares do governador eram conhecidas pelo padre Nóbrega. O provincial dos jesuítas até supunha que Tomé de Sousa poderia decidir ficar no Brasil, caso o rei lhe mandasse vir a esposa e a filha. Foi o que afirmou em duas cartas, ambas escritas cerca de um ano antes, em julho de 1552. Ao mestre Simão Rodrigues, Nóbrega disse: "Não creio que esta terra fora avante, com tantos contrastes como teve, se houvera outro governador. Dizem que ele se vai o ano que vem. Tememos muito vir outro que destrua tudo. De quantos de lá vieram, nenhum teve amor a esta terra, se não ele, porque todos querem apenas fazer em seu proveito, ainda que seja à custa da terra, porque esperam de logo se ir dela. Parece-me que se El-Rei lhe der o que tem lá e lhe casar a sua filha e lhe mandar sua mulher, folgará muito de viver cá, não por governador, mas por morador."

Dirigindo-se a D. João III, Nóbrega reforçou a tese, usando quase as mesmas palavras: "Temos por nova que Vossa Alteza manda ir o ano que vem a Tomé de Sousa. Obriga-me Nosso Senhor a dizer o muito que temo vir outro que destrua o pouco que está feito, e que favoreça mais os pecados e vícios do que este, e que queira se aproveitar às custas da terra. Sei que [Tomé de Sousa] folgará muito de viver nesta terra se cá tivesse sua mulher, ainda que não fosse governador (...). Ao menos lembro a V. A. que não mande a esta terra governador solteiro, nem mancebo, se não a quer ver de todo destruída, e grande bem seria se fosse casado e viesse com sua mulher."[11]

Há um rasgo profético nas cartas de Nóbrega, pois o novo governador não só iria desfazer algumas das mais importantes conquistas de Tomé de Sousa como, embora casado, não apenas não veio acompanhado da esposa, D. Maria de Mendonça, como trouxe consigo um filho solteiro – em torno do qual iriam rebentar conflitos políticos tão graves que o próprio Nóbrega não hesitaria em chamá-los de "guerras civis".

D. DUARTE, O SEGUNDO GOVERNADOR

Àquela altura, porém, a preocupação de Tomé de Sousa com o próprio destino era desnecessária, pois, no instante em que escrevia ao rei clamando pela liberação do pesado encargo de governar o Brasil, seu substituto não só já fora nomeado como havia até embarcado para a América. No dia 1º de março de 1553, D. Duarte da Costa tornara--se o segundo "capitão da Cidade do Salvador e governador-geral em todas as capitanias e terras das partes do Brasil".

"A escolha de D. Duarte, fidalgo palatino, poderá ter sido feita pelo conde da Castanheira, a quem os negócios do Brasil interessavam de maneira extraordinária", supõe o historiador Pedro de Azevedo, "mas se isso se deu, não foi feliz a eleição do segundo governador, a quem faltava a prática do mando e a experiência de guerra."[12] Escrevendo em 1923, Azevedo ecoou o historiador Francisco Adolfo de

As Bodas da Discórdia

O casamento de D. Manuel com dona Leonor agravou o conflito entre o rei e seu filho e herdeiro, o príncipe D. João, pois a moça já lhe fora prometida como esposa. Sentindo-se humilhado pelo pai, D. João aproximou-se ainda mais dos amigos de infância, D. Antônio de Ataíde e Martim Afonso de Sousa – e, segundo os cronistas, os três passaram a ser vistos "em constantes murmurações pelo palácio". O casamento, realizado em novembro de 1518, causou indignação também entre os conselheiros de D. Manuel, pois eles "temiam que a rainha moça passasse a dirigir o desorientado espírito do rei".

Varnhagen, que em 1864 havia anotado: "Talvez ao partir de Portugal, as intenções do novo governante fossem boas, mas isso não se pode concluir a partir dos feitos de seu governo."[13]

Como Azevedo e Varnhagen, vários historiadores consideram D. Duarte um dos mais incompetentes governantes da história do Brasil, embora existam outros concorrentes ao posto.

Duarte da Costa não fazia parte da burocracia estatal, não era militar e, muito menos, um letrado ligado ao Desembargo do Paço. Nada disso impediu sua ascensão na corte, pois nascera na família certa e na hora certa. Sua mãe, dona Brites de Paiva, além de irmã de Bartolomeu de Paiva, fidalgo proeminente, havia sido ama de leite do príncipe D. João – fato que tornou Duarte da Costa e o futuro soberano irmãos colaços.

Já o pai de D. Duarte, D. Álvaro da Costa, havia iniciado carreira palaciana como mero "moço de guarda-roupa" de D. Manuel (pai e antecessor de D. João). O bom casamento com dona Brites o fez ascender na escala social, mas seu prestígio aumentou de fato quando foi encarregado de buscar em Saragoça, na Espanha, a noiva do rei, dona Leonor, de 17 anos, com a qual o monarca, então com 56 anos, casou-se em terceiras núpcias. O casamento, realizado em 1518, abriu uma grave crise entre D. Manuel e o filho, o príncipe D. João, pois a mão de D. Leonor já havia sido prometida ao herdeiro do trono (*leia nota na pág. 207*).

Para D. Álvaro, no entanto, o casamento revelou-se excelente negócio, pois, ao trazer a princesa da Espanha, após recebê-la das mãos do pai – ninguém menos que o futuro imperador Carlos V –, o então "moço de guarda-roupa" foi feito armeiro-mor do reino, "recebendo numerosas outras mercês, entre elas o título de dom, inerente aos condes".[14] Várias dessas "mercês" seriam repassadas a seu filho, D. Duarte.

No momento em que foi nomeado governador-geral do Brasil, D. Duarte exercia o cargo de presidente do Senado da Câmara de Lisboa. Não deve ter visto a nomeação com bons olhos, pois a transferência para a distante e deficitária América portuguesa não podia ser considerada exatamente uma promoção. Além do mais, como já desfrutava das comendas herdadas do pai, dentre as quais uma da Ordem de Avis e outra da Ordem de Cristo, "não se pode afirmar, em função das bastantes tenças que gozava, que sua nomeação obedecesse à necessidade de angariar bens de fortuna, até porque, apesar de ser filho segundo, já vivia em situação desafogada", como observa Azevedo. Tendo já 50 anos, D. Duarte julgava-se idoso para o cargo e a aventura que ele implicava. "Estou sem idade para folgar de ver mundos novos", diria em carta ao rei, na qual acrescentou: "Não vim para essa terra por cobiça nem por vaidade de honra."[15]

Seu salário, ainda assim, era atraente: ao assinar os termos de nomeação, Duarte da Costa soube que receberia 400 mil reais anuais para o exercício do cargo. Na verdade, o salário era de 300 mil reais; os 100 mil restantes constituíam um adicional pelo exercício pregresso da presidência do Senado, a ser pago pelo Tesouro Régio em caráter vitalício.

Duarte da Costa partiu de Lisboa em 8 de maio de 1553, à frente de uma frota constituída por apenas três caravelas (e nenhuma nau), nas quais se amontoavam 260 pessoas. Junto com ele seguiram os sete novos jesuítas enviados ao Brasil por determinação de Inácio de Loyola. Os padres Brás Lourenço e Antônio Pires, mais os irmãos João Gonçalves, Antônio Blasques, Gregório Serrão e o noviço José de Anchieta – a terceira leva de jesuítas a desembarcar no Brasil – vieram sob a liderança de Luís da Grã (*leia nota lateral*).

Também estava a bordo um grupo de órfãs, das quais pelo menos três – Violante de Eça, Inês da Silva e Clemência Dória – tiveram os nomes preservados para a posteridade. Vinham sob a guarda de uma certa Maria Dias, mais tarde

O PROVINCIAL COLATERAL

Formado em filosofia e direito civil pela Universidade de Coimbra, Grã entrara para a Companhia de Jesus em junho de 1543, aos 20 anos de idade. Era um ferrenho conservador, que apoiava a rigidez da Contrarreforma. Após a dramática expulsão dos mestres renascentistas de Coimbra, articulada por Simão Rodrigues, Grã havia se tornado o primeiro reitor do Colégio Jesuíta, estabelecido naquela cidade sobre os escombros de uma progressista escola anterior, o Colégio das Artes, fechada por pressão dos jesuítas e por ordem do rei. Grã ocupou o cargo até ser enviado para o Brasil como "provincial colateral" – ou seja, o segundo de Nóbrega, então recém-nomeado provincial. Grã viveria no Brasil pelos 56 anos seguintes, até sua morte, em novembro de 1609, aos 86 anos.

mencionada em alguns documentos como "a velha que trouxe as órfãs". Entre os passageiros encontrava-se ainda o "físico" (ou médico) Jorge Fernandes, cristão-novo, sobre o qual se abateria uma série de desgraças.

D. Duarte trouxe consigo o segundo filho, D. Álvaro da Costa – homônimo do avô famoso –, destinado a se tornar pivô do conflito que quase provocou a derrocada da nascente Cidade do Salvador. Junto com o "jovem e galanteador" guerreiro, que já "fincara lança em África",[16] pois enfrentara os mouros no Marrocos, seguiram alguns amigos e companheiros de lutas.

Eles se transformariam em um bando de arruaceiros permanentemente dispostos a intimidar, pela força das armas ou do atrevimento, quem quer que ousasse se interpor em seu caminho em Salvador.

A TROCA DE PODER

A frota chegou à Bahia em 13 de julho, após uma viagem que se presume ter sido tranquila, pois durou pouco mais de dois meses e nenhum dos passageiros fez menção a problemas climáticos ou náuticos em suas cartas e seus diários.

De acordo com frei Vicente do Salvador, quando a armada do novo governador ancorou em frente à cidade que Tomé de Sousa mandara construir, o velho governante encontrava-se na Casa da Câmara em meio aos infindáveis despachos burocráticos que lhe tomavam quase todo o tempo disponível. Um meirinho correu então para avisá-lo da chegada do substituto tão ansiosamente aguardado. "Vedes isso, meirinho?", teria dito Tomé de Sousa assim que recebeu a notícia. "Verdade é que eu desejava muito, e me crescia a água na boca quando cuidava em ir para Portugal. Mas não sei o que é isso que agora se me seca a boca, de tal modo que quero cuspir e não posso."[17]

Embora tenha escrito cerca de setenta anos após os acontecimentos, frei Vicente realmente conheceu alguns burocratas contemporâneos de Tomé de Sousa – mas não cita nominalmente suas fontes. De qualquer forma, o episódio, tido como verídico, não se ajusta aos fatos conhecidos. Apesar das afirmações de Nóbrega de que Sousa "folgaria" em tornar-se morador do Brasil, as cartas do governador revelam que ele estava ávido por voltar ao reino. Além do mais, tão logo retornou a Portugal, não apenas arrumou um bom casamento para a filha, Helena, como se tornou vedor da Fazenda (no lugar de seu primo, o conde da Castanheira), posição que lhe permitiu desfrutar de muito mais poder, prestígio e dinheiro do que se fosse "morador" do Brasil (*leia nota lateral*).

Embora vários historiadores dos séculos XVIII e XIX afirmem, com indisfarçável orgulho, que Tomé de Sousa "escrupulosamente não quis tomar para si nenhumas terras no Brasil"[18] no período em que era governador, o fato é que, mais tarde, pediu e recebeu pelo menos uma valiosa sesmaria nos arredores de Salvador – "para que o gado que possuía na colônia não permanecesse em terras alheias".[19] A sesmaria, de 6 léguas de largo, lhe foi concedida em dezembro de 1563 e ficava às margens do rio Pojuca. Aquela mesma terra, no entanto, já fora doada – e pelo próprio Tomé de Sousa – a seu primo, o conde da Castanheira (que também já havia sido agraciado pelo governador com a doação da ilha de Itaparica). Por isso, em outubro de 1565 Sousa recebeu outra propriedade, contígua à do conde em Pojuca e que se estendia até o rio Real.

Foi justamente a frequente distribuição de sesmarias, bem como a incessante apropriação, por parte de ávidos colonos, das mais férteis porções do território tribal dos Tupinambá no interior do Recôncavo Baiano, que redundou na explosão de uma revolta indígena, ocorrida em maio de 1555. Tal insurreição, porém, seria apenas um dos graves problemas que D. Duarte da Costa – que agora desembarcava em Salvador para tomar posse na Casa da Câmara – teria de enfrentar ao longo de seu desastrado mandato.

O Destino do Governador

Documentos mostram que, em 27 de julho de 1554, Helena de Sousa – então com 15 anos – já estava casada com o fidalgo D. Diogo Lopes de Lima. E, antes de 16 de junho de 1557 – data da morte de D. João III –, Tomé já havia sido feito membro da Ordem de Cristo e nomeado vedor da Fazenda, cargo no qual seria mantido pela regente, a rainha D. Catarina, conforme alvará assinado em 22 de outubro daquele ano. Três meses mais tarde, em janeiro de 1558, Sousa passou a integrar o Conselho Real, permanecendo no posto até a morte, em 28 de janeiro de 1579. Na imagem acima, o selo de Tomé de Sousa.

Não existem relatos documentais do que se passou durante os três primeiros meses do novo governo, mas registros pesquisados pelos historiadores baianos Teodoro Sampaio e Edison Carneiro permitem afirmar que, tão logo assumiu o posto, D. Duarte iniciou a distribuição de cargos públicos entre os amigos que o acompanharam naquela incursão aos trópicos. Quase um século antes das investigações de Carneiro e Sampaio, Varnhagen já afirmara que, "cuidando só de seus lucros", Duarte da Costa "começou a dar ofícios de escrivão da Câmara, juiz e escrivão dos órfãos, inquiridor e escrivão da almotaceria, alcaide de campo e carcereiro" sem outro critério "que não favorecer a si próprio e seus asseclas".[20]

Ironicamente, alguns dos agraciados logo se tornariam seus inimigos.

AS DESAVENÇAS ENTRE O GOVERNADOR E O BISPO

Os problemas de D. Duarte (e de seu filho, D. Álvaro) de início não tiveram nada a ver com a distribuição de empregos públicos e sesmarias. O que houve foi um grave confronto entre o governador e o bispo Pero Fernandes Sardinha. A crise – que precipitou as chamadas "guerras civis" que incendiariam Salvador pelos dois anos seguintes – eclodiu no dia 1º de novembro de 1553, menos de quatro meses após a chegada de D. Duarte. O conflito tornou-se público de forma ruidosa, em um irado sermão pronunciado por Sardinha no principal templo de Salvador, a igreja da Sé, no coração da cidade. Nóbrega já dissera que o bispo pregava com eloquência "e muita majestade". Pode-se, portanto, imaginar a cena com alguma precisão: o bispo, com as suntuosas vestes eclesiásticas, postado no púlpito; à frente dele, D. Duarte e seu séquito, instalados em cadeiras de espaldar alto; logo atrás, os fidalgos e os burocratas; e, ao fundo, os colonos.

"Preguei no dia de Todos os Santos", disse Sardinha em carta ao rei, "estranhando as cousas que sucederam nesta cidade desde que Tomé de Sousa se foi, alegando os grandes castigos que Deus manda aos povos pelo pecado do adultério e isto em geral, sem ter ninguém em particular, do que me tomou o governador tamanho aborrecimento que nunca mais me passou pela rua."[21] Embora não tenha citado nomes, não houve na igreja quem não percebesse a quem o bispo se referia – e ele próprio o confirmou, explicitando na mesma carta os "desconcertos, desarranjos e dissoluções que D. Álvaro e seus amigos João Rodrigues Peçanha, Luís de Góis, Fernão Vaz da Costa e outros seus sequazes" provocavam em Salvador, especialmente à noite.

De acordo com Sardinha, "tamanho é o descuido do governador com esses arruaceiros que não há homem que não seja afrontado e ameaçado nem mulher que não seja desonrada e combatida em sua honra" – situação que, segundo o bispo, tornava Salvador comparável a Sodoma. "D. Duarte trocou a ordem da polícia e aqui o pai obedece ao filho e o filho não tem nenhuma reverência nem acatamento ao pai", disse o prelado a D. João III.

Depoimentos de outras testemunhas sugerem que o "galanteador" D. Álvaro de fato flertava – quando não dormia – com mulheres casadas.

CONFLITO NO CLERO

Antes que o confronto entre o governador e o bispo eclodisse, porém, Sardinha já estava às voltas com graves desentendimentos envolvendo os padres, cônegos e vigários do clero de Salvador. Alguns daqueles religiosos (como o tesoureiro da Sé, padre Filipe Estácio Cintra, e pelo menos três cônegos) haviam sido nomeados pelo rei e tinham zarpado de Portugal junto com o bispo. Outros, como os capelães Bastião Pereira e Luís Barreiros, foram escolhidos pelo próprio Sardinha, pois – tal qual faria Duarte da Costa – o prelado iniciara farta distribuição de cargos eclesiásticos assim que se instalou na Bahia, em julho de 1552.

Embora, conforme o depoimento de Nóbrega, "os ordenados dos clérigos da Sé fossem bem magros e ainda mal pagos",[22] não faltava quem estivesse disposto a fazer parte da folha de pagamento da diocese – até porque, como o regime em voga era o do padroado, os recursos da Igreja provinham diretamente do Tesouro Régio, repassados pela opulenta Ordem de Cristo.

Para o posto de deão da Sé, que rendia 20 mil reais por ano, Sardinha nomeou o frade dominicano Gomes Ribeiro, que já havia sido capelão do rei em Lisboa. A princípio, Ribeiro tornou-se o braço direito do bispo –

encarregado de recolher as polêmicas "penas pecuniárias" cobradas pelo prelado –, mas depois rompeu com Sardinha e se aliou a seus maiores rivais.

Mais grave ainda foi a dissidência do chantre Francisco de Vacas. Ex-provedor da Fazenda na capitania do Espírito Santo, Vacas tinha retornado a Salvador pouco antes da chegada do bispo. Por ser "excelente cantor e mui bom músico"[23] – e também porque Sardinha logo se indispôs com o padre João Lopes, que então ocupava aquele cargo –, Vacas foi nomeado chantre da Sé, percebendo um salário de 15 mil reais anuais. Mas, menos de um ano após a posse, Vacas se tornaria um dos mais ferrenhos adversários do bispo, sendo demitido do chantrado, que então voltou às mãos de João Lopes, apesar da péssima reputação desse padre.

Por conta desses desacertos, no mesmo dia em que proferiu o sermão contra D. Álvaro da Costa – 1º de novembro de 1553 –, o bispo chamou até sua casa e espancou violentamente com uma vara os "menoristas" (ou capelães de ordens menores) Bastião Pereira e Luís Barreiros, que ele mesmo nomeara. Não se sabe o motivo da surra, mas Bastião Pereira "esteve à morte, que lhe apareciam os miolos",[24] conforme o relato de Duarte da Costa, confirmado pelo do "físico" Jorge Fernandes, chamado para tratar o ferido.

O TABACO E OUTROS VÍCIOS

O espancamento dos capelães e o sermão contra os supostos adultérios do filho do governador não tiveram desdobramentos imediatos. Isso porque, menos de uma semana depois, Sardinha deixou Salvador, partindo para mais uma de suas temidas visitas episcopais – dessa vez rumo a Pernambuco. Vizinha da Bahia, a capitania era a mais bem-sucedida da costa e, graças à produção de açúcar, a mais rica de todas – o que parece ter sido o principal motivo para a visita de Sardinha.

Ao chegar a Olinda, onde foi "recebido com muita satisfação e muito recolhimento pela gente da terra",[25] o bispo encontrou Vasco Fernandes Coutinho, o desastrado donatário do Espírito Santo, ali refugiado. Com sua capitania em situação caótica, já transformada em "valhacouto de traficantes de escravos"[26] e sob constante ataque dos Goitacá, Coutinho havia buscado abrigo nos domínios do prudente Duarte Coelho. Não contava, porém, com o que lhe reservava o inesperado encontro com o bispo.

"Velho, pobre e cansado", Coutinho vinha se dedicando, nas palavras de Varnhagen, "ao consumo excessivo de bebidas espirituosas e até se acostumara com os índios a fumar, ou a beber fumo, como então se chamava a esse hábito, que naquele tempo serviu de compendiar até onde o tinha levado sua devassidão".[27] Ao descobrir que Coutinho fazia uso frequente do tabaco, "o bispo lhe tolheu a cadeira das espaldas e, em meio à missa, lhe apregooou por excomunhão, por sua mistura com homens baixos e seu hábito de beber fumo", informou Duarte da Costa ao rei.

"No púlpito, disse o bispo coisas tão descorteses de Vasco Fernandes, estando ele presente, que o puseram em condição de se perder, do que eu o desviei", assegurou o governador. "Hei vergonha de declarar o que falou o bispo por defender [Coutinho] o fumo, sem o qual não tem vida, segundo ele diz, sendo que nessa terra o fumo cura os homens e as alimárias de muitas doenças." De acordo com a carta, não foi aquela a primeira vez que Sardinha investiu contra o que considerava um "rito gentílico": "Por achar que um pobre homem bebia [fumo],

A ERVA SANTA

O tabaco não chegaria a se tornar um ponto adicional de conflito entre Sardinha e o padre Nóbrega, mas a posição de ambos em relação àquele costume era, como em tantos outros casos, diametralmente oposta. Embora nenhum registro documental confirme que o líder dos jesuítas jamais tenha feito uso do fumo, em 1549 ele escreveu para os irmãos do Colégio de Coimbra: "Todas as comidas desta terra são difíceis de desgastar, mas Deus remediou a isso por uma erva cujo fumo ajuda a digestão e a outros males corporais, pois purga a fleuma do estômago."

mandou [o bispo] o pôr nu da cintura para cima, na Sé, um domingo, durante a missa com os fumos enrolados no pescoço, e condenou outro homem à mesma pena, o qual, de vergonha de a cumprir, fugiu para o gentio de Tatuapara e lá o mataram, e foi o bispo a causa desta morte e da guerra que pode suceder do troco que hei de dar quando tiver tempo e informação certa da maneira de sua morte."[28]

PAGANDO OS PECADOS – EM DINHEIRO

Mas Sardinha não tinha ido a Pernambuco pregar contra o fumo. O principal objetivo da viagem era converter penas eclesiásticas em pecuniárias, literalmente cobrando pela absolvição dos pecados. Tão bem-sucedido teria sido o bispo na visita que, conforme denúncia de Duarte da Costa, só em Olinda arrecadou "mais de 800 cruzados, afora muitos outros serviços que lá tomou". Embora seja difícil acreditar que Sardinha tenha conseguido amealhar tamanha fortuna em tão pouco tempo – 800 cruzados equivaliam a 320 mil reais –, não restam dúvidas de que o procedimento do bispo era aquele, pois inúmeros relatos o confirmam.

Em março de 1553, por exemplo, o padre Nóbrega, então em São Vicente, escreveu para seu superior, Simão Rodrigues, revelando as circunstâncias da visita que o deão Gomes Ribeiro fizera, em nome do bispo, àquela capitania. "Têm o bispo e seu visitador outro modo de proceder, que, embora eles queiram e entendam que possa ser o melhor, é de todo contrário ao que havíamos instituído nestas partes, pois creio que muito mais podíamos obter entre os cristãos com o temor que lhes colocávamos com a vinda da justiça eclesiática do que agora depois que ela veio", refletiu Nóbrega. "E apenas lhe direi uma coisa para lhe dar ocasião de chorar, e é que, onde podiam tomar dinheiro, ainda que não houvesse pecado, ali faziam grandes exames e onde não havia, embora graves pecados não faltassem, faziam pouca conta disso. E eu admoestei o visitador [Gomes Ribeiro] em particular, mas disse-me ele que tudo provinha do *Regimento* do bispo. O escândalo foi tão geral na costa que creio que ecoará lá [em Portugal]."[29]

Reportando ao reino no mesmo dia em que Nóbrega redigiu sua carta (10 de março de 1553), o ex-traficante de escravos Pero Correia, já incorporado à Companhia de Jesus, reforçou o depoimento do líder dos jesuítas: "Quero primeiramente dizer que a Igreja ficou muito desacreditada em esta costa do Brasil, tanto entre os cristãos como entre os índios, depois que o visitador do bispo passou por aqui. Decidiu ele castigá-los na bolsa, e assim o fez. Mas foi pior, porque se antes estavam em pecado com medo e com intenção de dele se afastar por medo da justiça, que esperavam que haveria de vir, agora que viram que não lhes castigam mais do que com penas de dinheiro, fazem as contas e acham que assim estão se livrando para sempre."[30]

Um mês antes, em 12 de fevereiro, Nóbrega escrevera para Inácio de Loyola dizendo que "o bispo e seu visitador roubarão as pessoas de quanto dinheiro puderem ganhar, e a terra se destruirá (...). O visitador predica que pequem pois lhes faz mui largo o caminho do Céu, que Cristo disse ser estreito, contanto que paguem pela absolvição de suas penas."[31]

Pode-se argumentar que, sendo ambos jesuítas e estando em conflito aberto com o bispo, os depoimentos de Nóbrega e Pero Correia careceriam de isenção. Mas o fato é que, poucos anos antes, quando era vigário-geral em Goa, na Índia, Sardinha já havia agido da mesma forma. No Oriente, sempre que fazia suas visitações, Pero Fernandes "levava consigo meirinho para execução das penas que impunha, as quais não eram de Padre-Nossos nem de cera [ou velas], mas de dinheiro", conforme denúncia que o então governador de Goa, Garcia de Sá, enviou ao rei em janeiro de 1549. "E assim ele [Sardinha] e seu meirinho dão ao gentio mui grande apreensões e mui mal trato e pior exemplo para se fazerem cristãos."[32]

A CONSPIRAÇÃO CONTRA O BISPO

Enquanto Sardinha recolhia dinheiro em Pernambuco, em Salvador o chantre Francisco de Vacas, indignado com a agressão aos capelães Bastião Pereira e Luís Barreiros, tratou de liderar um movimento para depor o bispo. Sabe-se lá com que argumentos, conseguiu convencer o visitador e deão Gomes Ribeiro a apoiá-lo e, juntos, ambos apresentaram aos padres e capelães que constituíam o cabido de Salvador um requerimento proibindo a entrada do prelado na Sé e o impedindo de "celebrar os ofícios divinos, por estar excomungado e irregular e por ter posto a mão em clérigos".[33] Embora as leis canônicas previssem tal punição, em especial devido às agressões físicas cometidas pelo bispo, os membros do cabido vetaram o requerimento.

Quando Sardinha retornou de Olinda, no começo de dezembro de 1553, e foi informado da conspiração para derrubá-lo, reagiu furiosamente. De imediato, destituiu Vacas do chantrado e Gomes Ribeiro do posto de deão, dando voz de prisão a ambos. Mas o governador avisou ao carcereiro que "não recebesse clérigo na cadeia sem sua licença". Sardinha tentou, então, confiná-los na Sé. Para escapar da ira do bispo, Vacas e Ribeiro fugiram da igreja e foram para a casa de João Rodrigues Peçanha, o melhor amigo de D. Álvaro da Costa.

Peçanha era fidalgo. Já havia sido capitão de um galeão, o *Biscainho*, que fizera parte da frota da Índia em 1546. Seu papel em Salvador devia ter alguma relevância, pois, em carta ao rei, D. Duarte disse: "Assim que cheguei a esta cidade, fiz-lhe a honra que devia." Seus dois companheiros inseparáveis, Luís de Góis (filho do capitão-geral da costa, Pero de Góis) e Fernão Vaz (capitão do bergantim *São Roque* e morando em Salvador desde 1550), pertenciam à pequena nobreza. Conforme uma carta do bispo, já citada, os três, aliados a D. Álvaro da Costa, compunham o "bando de arruaceiros" que tumultuava Salvador.

Como o clérigo Bastião Pereira também havia se instalado na residência de Peçanha durante a convalescença da surra que levara de Sardinha, o bispo não teve dúvidas de que o movimento contra ele contava com o apoio do fidalgo. E, sendo Peçanha tão íntimo de D. Álvaro, o prelado julgou que o filho do governador – se não o próprio – haveria de estar por trás daquela conspiração.

Pero Fernandes Sardinha decidiu tratar todos eles como inimigos.

A crise se agravou no primeiro semestre de 1554. No dia 17 de fevereiro, Sardinha nomeou deão da Sé, no lugar do destituído Gomes Ribeiro, o padre Fernão Pires. Mais do que desafiadora, foi uma escolha temerária: Pires, exímio espadachim, havia sido degredado para o Brasil por ter assassinado um homem em Santarém, Portugal, em 1546. "Suas orações são falar em guerras e em homens que matou em desafios em Itália", disse dele D. Duarte. "É um homem de muito mau viver e idiota."[34] Na semana seguinte, o bispo restituiu o chantrado ao padre João Lopes, que ele mesmo havia afastado do cargo. Mas Lopes nem se ordenara padre e "era um intruso na Igreja, sem dignidade para o cargo",[35] segundo depoimento posterior de D. Pero Leitão, o segundo bispo do Brasil, que o demitiria em 1559, logo após chegar à colônia.

Entre março e outubro de 1554, o bispo e o governador trocaram farpas em público com frequência: Sardinha pregava abertamente contra D. Duarte e seu filho em seus sermões, enquanto o governador e o filho tramavam contra o prelado na Casa da Câmara. A cidade dividiu-se em duas facções rivais. Qualquer morador que tivesse problemas com D. Duarte bandeava-se para o grupo do bispo, e vice-versa. Alguns trocaram de lado mais de uma vez. O caso mais surpreendente deu-se com João Rodrigues Peçanha, que, sem que se saiba como ou por quê, rompeu com D. Álvaro e tornou-se aliado de Sardinha.

Bandos de mascarados ligados a uma ou a outra facção começaram a apedrejar casas e telhados dos inimigos. Andar à noite pelas ruas de Salvador tornou-se uma temeridade a que poucos se arriscavam.

A DEMISSÃO DO PROVEDOR-MOR

Nessa mesma época, Duarte da Costa e o provedor-mor Antônio Cardoso de Barros também bateram de frente. Conforme denúncia do governador ao rei, Barros "não fazia nada para justificar o salário que recebia"[36] e ainda desviava verbas da Provedoria para usufruto próprio. Por isso, em 15 de novembro de 1554, D. Duarte destituiu-o do cargo. Seguindo a sugestão dada anteriormente por Tomé de Sousa, repassou as atribuições do provedor-mor ao ouvidor-geral Pero Borges.

Para o rei, o governador justificou-se nos seguintes termos: "Um dos maiores trabalhos que tenho nesta terra é ser necessário escrever a Vossa Alteza sobre feitos e desconcertos dalguns homens, por ser coisa muito fora de minha condição, mas a obrigação do cargo e o serviço de V. A. me obrigam a isso. Antônio Cardoso veio provido de um ano mais para servir comigo no cargo de provedor-mor. Certifico a V. A. que todo este tempo me deu ele muito trabalho, porque na verdade homem que tem engenho e faz fazenda nesta terra é muito prejudicial à de V. A., e como ele a tem, e muito grossa, descuidava-se muito do que cumpria a bem de seu ofício, pelo que me foi necessário servir muitas vezes de governador e de provedor-mor e, quando não o podia, mandava meu filho D. Álvaro que entendesse o que era necessário para o provimento das armadas, e disto não se agradava Antônio

Cardoso, sem querer se emendar (...) e se ausentou de minha casa e me alevantou coisas que nunca me vieram ao pensamento e as disse publicamente, as quais ordenava provar por falsas testemunhas. Por tais razões me pareceu ser serviço de Deus e de V. A., e pela autoridade de meu cargo, mandar-lhe que não servisse mais comigo, e também porque parecia consciência que, não fazendo nada, levasse 200 mil reais de ordenado. E encarreguei logo do dito cargo ao ouvidor-geral, que o serve sem ordenado e muito bem, e de tudo isso mandei lavrar autos que agora envio a Vossa Alteza."[37]

Embora o governador pudesse ter outros motivos para se indispor com Cardoso de Barros e fosse uma atitude questionável determinar que seu filho por vezes substituísse o provedor, Barros havia desviado verba da Provedoria para construir um engenho para si nos arredores da cidade e, mesmo antes da demissão, já parecia agir em conluio com o bispo Sardinha. É o que parece indicar pelo menos um documento, assinado pelo próprio provedor em fevereiro de 1553, no qual determina ao feitor e almoxarife da capitania de São Vicente, Pero de Siebra, que "pague ao visitador Gomes Ribeiro 21 mil reais em dinheiro, que são devidos ao bispo",[38] embora, segundo Siebra, nada justificasse a existência daquela dívida.

As divergências na Fazenda resultaram também na destituição do tesoureiro Luis Garcês e na demissão e prisão do escrivão Rodrigo de Freitas, dois dos principais assessores de Cardoso de Barros. O caso de Garcês causou alvoroço na cidade, pois ele foi afastado do cargo mesmo depois de ter repassado ao governador "uns apontamentos contra Antônio Cardoso de cousas e erros que o provedor fizera em seu ofício", conforme revelou em carta ao rei o próprio D. Duarte. Garcês tentou abrir um processo contra o governador. Como não conseguiu, passou-se para o lado do bispo. Quanto a Rodrigo de Freitas, acusado de desviar verbas e mercadorias do armazém da cidade, foi preso e cumpriu pena por quase quatro anos (*leia nota na página seguinte*).

Pero Borges – o ouvidor-geral que, poucos anos antes, desviara verbas públicas em Elvas – assumiu o cargo de provedor-mor no lugar de Antônio Cardoso em fins de novembro de 1554 (a confirmação régia veio em 2 de maio do ano seguinte). Borges tornou-se, assim, um inestimável aliado de Duarte da Costa, pois, além de favorecê-lo nas coisas da Fazenda, colocou o aparelho judiciário a favor do governador. "O povo estava vexado", comenta Varnhagen, "e dava por suspeito o próprio ouvidor, mui ligado ao governador. Queixavam-se os moradores de Salvador de cometer D. Duarte o arbítrio de não deixar seguir para o reino aqueles que, não sendo seus apaniguados, pudessem ir representar contra ele, chegando a mandar prendê-los, com mandados assinados por Pero Borges, quando julgava que às escondidas o queriam fazer."[39]

Para agravar os abusos, tornou-se quase impossível abrir processo contra o governador na Câmara de Salvador, já que, "para evitá-los, havia o mesmo ouvidor proposto e conseguido que, por cada suspeição, se deviam depositar antecipadamente dez cruzados, soma que muitos não tinham", observa Varnhagen. D. Duarte admite ter sugerido a Pero Borges que instituísse aquele depósito compulsório, mas, segundo ele, o fez apenas para "evitar a abertura de processos desnecessários e impedir delongas ainda maiores em questões de justiça que, uma vez abertas, nunca se encerram".[40]

CONFISSÕES E EXCOMUNHÕES

Em meio às malícias daquele tempo, não é de estranhar que, disposto a obter provas contra o governador e seus aliados, o bispo não hesitasse em utilizar os segredos do confessionário. "No termo das confissões, acontecem coisas que escandalizam muito e de que Vossa Alteza deve mandar informar", delatou D. Duarte ao rei, "porque se o bispo presume que algum homem testemunhou alguma coisa no secular contra ele, na confissão lhe perguntam seus clérigos sobre isso e ainda que digam que não testemunharam, não os querem absolver nem dar

Rombo nas Contas

Em carta a D. João III, escrita no cárcere, Rodrigo de Freitas refutou as acusações e justificou seus atos, afirmando que fora obrigado a ceder as mercadorias do armazém: "Servi seis anos como escrivão do armazém nesta Cidade do Salvador no tempo em que ela se edificou e havia então muita gente de soldo e de mantimento e se fizeram muitas obras por empreitada, e havia navios da armada e muita gente do mar, e porque no Tesouro nem no armazém não havia dinheiro para os pagar, mandou o governador e o provedor-mor que se desse às pessoas de soldo e aos empreiteiros quaisquer cousas que houvesse no armazém, que lhes haviam de ser descontadas de seus soldos e empreitadas, as quais cousas se lhes davam sem mandados nem certidões, por maior brevidade e menos despesas das partes."

a comunhão até que lhes digam o que querem e da maneira que querem." Depoimentos de outros moradores de Salvador confirmam as acusações do governador. Segundo eles, durante as confissões o bispo costumava perguntar "se D. Álvaro dormia com mulheres casadas".

Naquele mesmo mês de novembro de 1554, em que Pero Borges assumiu o lugar de Cardoso de Barros, Sardinha foi outra vez para Pernambuco, onde teria obtido mais 100 cruzados com a cobrança das "penas pecuniárias". Durante a breve ausência do bispo, mas provavelmente por ordem dele, o novo deão, Fernão Pires – espadachim e assassino confesso –, atraiu à sua casa, certa noite, mediante um ardil, um colono chamado Silvestre Rodrigues. Quando o homem chegou, o deão estava na companhia de um tal Pero Vaz da Torre, degredado conhecido como pessoa violenta e que lhe servia de capanga. Então, dizendo que Silvestre andava espalhando pela cidade que o bispo "era bêbado", ambos "deram tanta pancada em Silvestre Rodrigues que ficou ele como morto, lançando sangue pela boca". Ao ouvir os gritos de Rodrigues, D. Álvaro, acompanhado "de muita gente", acorreu à casa de Pires e, lá chegando, encontrou "o dito homem caído, sem fala, e Fernão Pires se gabando e se glorificando do que tinha feito, dizendo que espancara o dito Silvestre Rodrigues porque dizia mal do bispo".[41]

D. Álvaro deteve o deão e o levou à presença de seu pai, o governador. "Por ser já muito tarde da noite, e por me dizerem que podia manter o dito clérigo preso por 24 horas, e por não estar presente o ouvidor-geral para que me aconselhasse, mandei o dito Fernão Pires para a cadeia", revelou D. Duarte ao rei. Na manhã seguinte, porém, o jesuíta Luís da Grã procurou o governador e, alarmado, alertou-o de que ele e o filho estavam "incorrendo em excomunhão por meterem na prisão" uma autoridade eclesiástica, pois cabia exclusivamente ao bispo decidir o destino de seu subordinado.

Furioso por ter de libertar Pires apesar do evidente delito, D. Duarte determinou que o ex-deão Gomes Ribeiro e o ex-chantre Francisco de Vacas – que, um ano depois da tentativa de derrubar Sardinha, continuavam detidos em Salvador, impedidos de deixar a cidade por ordem do bispo – fossem transferidos para a vizinha capitania de Ilhéus, de onde embarcariam para Portugal não só para escapar das punições do prelado como para denunciá-lo no reino.

Naquele mesmo dia, a bordo de um bergantim comandando pelo capitão Cristóvão Cabral, Ribeiro e Vacas puderam enfim sair da Bahia, depois de vários meses detidos em Salvador.

Na primeira semana de dezembro de 1554, quando voltou de Olinda e soube que o ex-deão e o ex-chantre tinham deixado a cidade, Sardinha ficou irado. No dia 8 daquele mês, enquanto D. Duarte e D. Álvaro e "a gente mais honrada da cidade"[42] assistiam à missa na igreja de Nossa Senhora da Conceição, na Cidade Baixa, o prelado determinou que o deão Fernão Pires pregasse na porta da igreja da Sé, na Cidade Alta, a carta de excomunhão e o aviso de uma multa de 50 cruzados (2 mil reais) contra Cristóvão Cabral "e seus fiadores" por ter aquele capitão "embarcado clérigos para o reino sem licença".[43] Segundo Sardinha, a multa equivalia à quantia que Gomes Ribeiro não lhe entregara ao retornar de algumas visitas que fizera na época em que era deão e aliado do bispo.

As maquinações de Sardinha não teriam se esgotado aí. Voltando a acusar Silvestre Rodrigues de tê-lo chamado de bêbado, mandou prendê--lo, embora ele ainda não tivesse se recuperado dos ferimentos, e o acusou de herege. Em seguida, tirou-o da prisão e o levou à sua casa, onde, na presença de um escrivão, "o mandou perdoar a Pero Vaz e Fernão Pires, que o agrediram, e que dissesse que se lhe chamara de bêbado fora por mandado de dom Álvaro, e assim se fez e contra a vontade [Rodrigues] assinou o que o bispo lhe mandou, e foi logo solto e absolvido", disse Duarte da Costa ao rei.

Segundo o governador, aquele era o procedimento-padrão de Sardinha: "Desta maneira, Senhor, usa o bispo das pessoas que nesta terra lhe aborrecem, pois por qualquer coisa diz que são hereges e os excomunga, mas, depois de se vingar, as absolve com penitências que as faz pagar, que por vezes passam de 150 cruzados, que ele embolsa, e que Vossa Alteza deve prover por descargo de sua consciência e mandar que se restituam às pessoas de quem as levaram, pois que já estavam absolvidas."

Naquele agitado dezembro de 1554, embora não tivesse ousado cobrar "pena pecuniária", Sardinha excomungou o ouvidor-geral e provedor-mor Pero Borges sob a alegação de que "não lhe ouvia as pregações na Sé".[44] A seguir, multou em 150 cruzados Luís de Góis e Fernão Vaz, amigos de D. Álvaro. "Dom Álvaro e João Rodrigues Peçanha, por poderosos, foram sem penitência, para que Vossa Alteza os condene que à sua custa, acabem a Sé desta cidade",[45] clamou Sardinha ao rei.

CARTAS E PEDRADAS

A julgar pelas cartas enviadas a D. João III, o conflito entre a facção do bispo e os aliados do governador prolongou-se com intensidade pelo menos até fins de maio de 1555.

A correspondência de ambos ao rei fornece um panorama "dos tristes acontecimentos que tiveram lugar durante a desastrada administração de D. Duarte", conforme Varnhagen, primeiro historiador a manuseá-la. "Dá pena ler as cartas que ainda hoje se guardam na torre do Tombo, todas asseladas com o cunho do partido a que pertencia o que as ditava e assinava." Lástima ainda maior, segundo Capistrano de Abreu, é o fato de que a leitura de tais "documentos não permite formar juízo definitivo sobre as lutas que separaram os chefes do poder civil e eclesiástico",[46] embora a troca de acusações sugira que os dois lados agiam de maneira errada – opinião defendida também pelo historiador baiano Teodoro Sampaio.

Nas cartas, tanto o bispo como o governador insistem para que o rei dê ouvidos apenas às denúncias de quem escreve e ignore as acusações do rival. Vale a pena citar alguns trechos: "Quem viu esta terra em tempo do bom Tomé de Sousa e a vê agora tem tanta causa de se carpir quanta teve Jeremias de chorar sobre a cidade de Jerusalém, tal a devassidão que aqui reina", afirmou Sardinha em 3 de abril de 1555, não sem antes ter revelado ao rei que escrevia "com receio" de que sua correspondência fosse "tomada pelos grandes espias que meus inimigos têm sobre mim". Sobre o governador, o prelado comentou: "De dom Duarte não sei o que dizer senão que tirou cá o rebuço [a máscara] que lá [no reino] trazia de virtuoso."

Cinco dias mais tarde, em 8 de abril, o governador também escreveu ao monarca. Após relatar que obtivera provas de que Sardinha fazia "cousas mui feias e torpes, muito vergonhosas e muito baixas", o governador afirma que, embora fosse capaz de "se consertar com qualquer homem, ainda que fosse o diabo", não se sentia em condições de fazer as pazes com Pero Fernandes: "O bispo é de tal condição, Senhor, que me amotina toda gente que pode, porque quando sabe que eu castigo um homem por justiça, logo o manda chamar à sua casa e se faz seu amigo e faz parcialidades contra mim, como fez com João Rodrigues Peçanha e com Antônio Cardoso e Luís Garcês e com outros que, sendo seus inimigos muito grandes, se fez seu muito amigo contra mim, que de dentro Deus sabe se o são."

Por fim, como se confirmando que de fato tinha acesso à correspondência de Sardinha, D. Duarte assegura: "Quanto às pedras que [o bispo] diz em carta que lhe lançaram de noite sobre sua casa, certifico a Vossa Alteza que nunca de tal ouvi falar." O governador insinua que, caso fosse verdadeiro, o episódio poderia ter sido articulado pelos clérigos que serviam sob as ordens de Sardinha, pois "ele lhes faz tais obras que, se pudessem ir a nado para o reino, todos se iriam".

Embora o documento no qual Sardinha relatou que sua casa teria sido apedrejada não seja conhecido, aquele tipo de agressão não seria incomum em Salvador durante o tempo pelo qual se prolongou a crise. É o que se evidencia no relato enviado ao rei por Jorge Fernandes da Costa, cristão-novo e boticário que, nomeado em Lisboa (em 20 de abril de 1553, com salário anual de 60 mil reais), viera do reino na frota de Duarte da Costa para substituir o também cristão-novo Jorge Valadares no cargo de "físico-mor" de Salvador. Fernandes ficou no posto por três anos, acumulando dissabores.

Os problemas do médico parecem ter começado por ter ele atendido Sardinha e alguns clérigos que o bispo havia ferido. No dia 1º de junho de 1555, o governador mandou riscá-lo da folha de pagamento e lhe cancelou o fornecimento de mantimentos. Embora D. Duarte tenha voltado atrás três semanas mais tarde, Fernandes passou a ser perseguido pelos aliados do governador, conforme disse ao rei em carta de 10 de julho daquele ano. O original está bastante danificado, mas o conteúdo geral ficou preservado:

"Às duas horas depois da meia-noite, estando eu maldisposto em minha cama [tentando] adormecer, chegaram dom Álvaro da Costa e um Fernão Vaz da Costa e [subiram em uma] parede e, sabendo onde eu dormia, me lançaram um seixo sobre minha [cama], que toda a cidade viu que pesava 27 arratéis [cerca de 13 quilos]. Mas quis Deus que se desviasse na travessa de pau e ferro sobre o leito. Me vinha em direto na cabeça, mas quis Deus livrar-me porque em nenhuma parte me dera que não me matara. Sabendo o governador no dia seguinte o que se passara, zombou de mim à sua mesa, dizendo que seria algum limão que me jogaram meus amigos, e quando algumas pessoas honradas lhe disseram publicamente que havia de mandar investigar, por não se matarem aos homens em suas camas como a porcos, não o quis fazer, mostrando ter disso contentamento."[47]

Embora fizesse graves acusações ao governador e a seu filho, Jorge Fernandes não pertencia ao grupo de Sardinha, como fez questão de afirmar: "Queixando-me ao governador porque me tratava assim e consentia que me maltratassem, respondeu que era porque eu era amigo de seus inimigos e que eu nunca saía da casa do bispo (...) mas lhe respondi que Vossa Alteza me mandara aqui para todos." Mas o médico não tinha o prelado em boa conta: "As qualidades do bispo bastam para despovoar um reino, que dirá uma cidade pobre como essa." Jorge Fernandes não devia mesmo manter relações amistosas com Sardinha, conhecido por não tolerar cristãos-novos, contra os quais vituperou várias vezes, protestando inclusive contra a permanência do padre Leonardo Nunes na Companhia de Jesus.

Fernandes, no entanto, tampouco se dava com os jesuítas. Tanto é que, meio século após sua morte, ocorrida em junho de 1567, foi denunciado por eles à Inquisição quando da primeira vinda do Santo Ofício ao Brasil, em agosto de 1591. No dia 6 daquele mês e ano, um certo Fernão Ribeiro de Sousa disse ao visitador Heitor Furtado que "haverá 25 anos que nesta cidade morreu Jorge Fernandes, físico, cristão-novo, o qual na doença disse a uma sua ama, que o curava, que quando ele morresse que o lavasse e amortalhasse ao modo judaico, e que a dita sua ama o fizera assim."[48]

Ainda vivo, Fernandes tivera problemas com o então colateral da Companhia de Jesus no Brasil, Luís da Grã – seu companheiro de viagem na vinda para Salvador em maio de 1553. Apenas oito dias após o depoimento de Ribeiro de Sousa, citado acima, Grã revelou ao visitador que "haverá 35 anos, pouco mais ou menos, que nesta cidade foi preso Jorge Fernandes, físico, meio cristão-novo, por dizer que Cristo Nosso Senhor nascera com corpo glorioso, imortal e impassível, e estando preso, perguntei a ele, por dúvida, se era aquilo verdade ou não; depois o vi solto, não sei como, mas já é defunto"[49] (*leia nota na página seguinte*).

Nos primeiros meses de 1555, porém, a perseguição aos cristãos-novos ainda não se iniciara em Salvador – até porque a cidade já tinha problemas de sobra.

A INÉRCIA DE D. DUARTE

Depoimentos de dois outros moradores recém-chegados à Bahia em meio à crise entre o governador-geral e o bispo oferecem um ponto de vista razoavelmente isento da situação em que se encontrava a capital. "Cheguei a esta cidade no dia 27 de novembro [de 1554]", informa ao rei o fidalgo Simão da Gama de Andrade, "e a encontrei muito desabastecida de farinha e cheia de amotinações e ódios entre os principais [homens da terra], do que o povo pagava muitos trabalhos e a terra, perigo, por falta de muitas coisas que não tem, principalmente justiça, pela qual todos clamam, e outras coisas mais sobre as quais escrevo ao conde [da Castanheira] para que dê a Vossa Alteza íntegra informação e a proveja com toda brevidade."[50]

Não muito diferente foi a opinião de Francisco Portocarrero, que havia chegado a Salvador em março de 1555 para substituir Pero de Góis no cargo de capitão-geral da costa e logo se tornaria o líder da Câmara de Vereadores (e inimigo declarado de Duarte da Costa). Em carta datada de 20 de abril, Portocarrero informou ao rei: "Parece-me por bem dizer a Vossa Alteza o quão perdida está essa terra e o quão atrasada, do muito amparada e bem guardada que estava em tempo de Tomé de Sousa, e tudo por causa de muitas demandas que nela há, causadas pela muita cobiça que aqui reina." Na mesma carta, o novo capitão da armada assegura que "o governador dom Duarte da Costa não sai nunca fora da cidade, mesmo havendo muitos franceses pela costa, roubando barcos e navios".[51]

Com efeito, embora os franceses de fato estivessem espalhados por toda a costa – Portocarrero

UM LONGO POLEGAR

Jorge Fernandes não foi o único alvo das delações à Inquisição. Em depoimento à mesa do Santo Ofício, prestado em 16 de agosto de 1591, o jesuíta Antônio Dias acusou o inventivo degredado Felipe de Guillen: "Haverá vinte anos em Porto Seguro ouviu dizer, segundo lhe parece, que Filipe Guillen, cavaleiro da Ordem de Nosso Senhor Jesus Cristo, segundo diziam cristão-novo, e provedor da Fazenda del Rei em Porto Seguro, que, quando se benzia, fazia uma figa e dava por desculpa que tinha o dedo polegar comprido e que por isso se lhe fazia na mão a figa, e que ele mesmo, Filipe Guillen, castelhano de nação, tinha onde se sentava uma tábua no chão que punha os pés, na qual (tábua) estava uma cruz, pregada na parte de baixo."

menciona a ação deles na Paraíba, em Iguaraçu (PE), em Cabo Frio, em São Vicente e mesmo na Bahia, em Tinharé e até na vizinha praia de Tatuapara – e, sob o comando de Nicolas Villegaignon, já se preparassem para se instalar no Rio de Janeiro (onde desembarcariam a 10 de novembro de 1555), o governador nada fez para detê-los e tampouco os enfrentou.

Duarte da Costa logo teria uma justificativa para a aparente inércia: menos de um mês após a denúncia de Portocarrero, o governador viu-se na contingência de enfrentar uma guerra – e contra inimigos que estavam ainda mais próximos do que os franceses.

SEMENTES DA INSURREIÇÃO INDÍGENA

No momento em que a situação política de Salvador tornou-se caótica devido ao confronto entre o governador e o bispo, os Tupinambá atacaram a cidade. Devido à proximidade de suas aldeias – algumas das quais ficavam a menos de 3 quilômetros do centro de Salvador –, os indígenas sabiam tudo o que se passava dentro das muralhas da capital. Além disso, as constantes incursões escravagistas dos colonos e a permanente usurpação do território tribal haviam se tornado frequentes – até porque eram incentivadas pelo próprio governador e por seu filho.

Documentos pesquisados por Varnhagen e Teodoro Sampaio revelam que D. Duarte e D. Álvaro haviam desregulado o sistema de escambo tão bem articulado por Tomé de Sousa – por meio do qual os indígenas forneciam alimentos e mão de obra aos portugueses em troca dos objetos de "resgate" – e "privatizaram" aquele comércio, "concedendo a seus apaniguados licenças para que tratassem diretamente com o gentio, e até ocupando nisso os bergantins [pequenas embarcações] do Estado, que deviam estar correndo a costa e combatendo os franceses".[52]

O governador e seu filho também estimularam a retomada das guerras intertribais, de forma que as aldeias vencedoras pudessem dispor de um estoque constante de prisioneiros – os chamados "índios de corda" – que, de acordo com a legislação portuguesa, podiam ser vendidos como escravos aos colonos. Para os nativos, a "liberação" das guerras não só permitiu a retomada da prática ancestral como tornou-lhes possível dar prosseguimento a um costume que, junto com a própria guerra, constituía um dos pilares de sua cultura: a realização do banquete antropofágico, mediante o qual os guerreiros podiam acrescentar novos nomes aos seus.

Mas, para os portugueses, o novo quadro – progressivamente fora de controle – acabaria tendo consequências desastrosas. Ainda mais porque, além de ter se mostrado incapaz de manter as eventuais alianças firmadas com determinadas aldeias, o governador doou várias sesmarias a seus asseclas. E o mais grave, segundo Varnhagen, é que D. Duarte "distribuía terra a forasteiros, que as tornavam a vender aos colonos, e as concedeu até do rocio da cidade, que ficou reduzido assim a 40 braças".[53] Tendo adquirido as terras – sempre as mais férteis da região –, os colonos tratavam de ocupá-las, despojando os nativos de suas roças.

Além de constituir frontal desrespeito à incipiente política indigenista que o *Regimento* do Governo-Geral tentara estabelecer a partir de 1548, o quadro diferia por completo daquele que Tomé de Sousa fora capaz de ordenar durante os quatro anos de seu governo. Embora o *Regimento* tivesse determinado que os índios rebeldes – em especial os que tinham atacado a Vila do Pereira e matado o donatário da Bahia – devessem ser exemplarmente punidos, o governador fora instruído a manter boas relações com os nativos aliados e respeitar seus direitos e sua liberdade. Além disso, os "resgates" só poderiam ser feitos por agentes autorizados, pois aos colonos seria vetado circular pelas aldeias. A antropofagia também deveria ser terminantemente proibida.

Seguido à risca por Tomé de Sousa, o projeto deu frutos. Os Tupinambá, mais arredios, recuaram para o interior da ampla baía às margens da qual os portugueses construíram Salvador, evitando qualquer encontro e confronto. Já os nativos aparentados com Caramuru e outros que viviam nas proximidades da cidade adaptaram-se às novas regras e, não podendo mais comerciar com os franceses – como tinham feito até a chegada do governador –, aceitaram trabalhar na construção da nova capital e fornecer farinha aos recém-chegados em troca de machados, facas, anzóis, espelhos e miçangas.

Quando, por um motivo ou outro, o esquema falhava, Tomé tratava de punir os infratores. Não só mandou prender e até açoitar colonos que insistiam em visitar as aldeias vizinhas e comerciar diretamente com os indígenas como, em agosto de 1549, quando um nativo matou um daqueles intrusos, o governador obrigou que os integrantes de sua tribo o prendessem e o trouxessem para Salvador. Então, conduzindo o prisioneiro para a praça central da cidade, ordenou que ele fosse amarrado à boca de uma bombarda (pequeno canhão), que mandou disparar – estraçalhando a vítima ante o olhar estarrecido dos demais nativos.

A terrível demonstração de força parece ter estabelecido uma espécie de "pax" portuguesa no Recôncavo, pois, a partir de então, Sousa não teve mais problemas com os vizinhos indígenas.

OS TUPINAMBÁ

Salvador tinha vizinhos em grande quantidade. Conforme o *Regimento*, somente no interior do Recôncavo "viviam de cinco a seis mil homens de peleja". Pertenciam à grande nação Tupinambá, da qual, ao todo, faziam parte uns 100 mil indivíduos. Os Tupinambá constituíam o povo Tupi por excelência – os pais de todos, por assim dizer. As demais "parcialidades" Tupi espalhadas ao longo do litoral brasileiro – como os Caeté, os Potiguar, os Tupiniquim e os Tabajara – eram, de certo modo, descendentes dos Tupinambá. Naquele meado do século XVI, porém, a única coisa que os unia era a teia de uma inimizade crônica.

Embora houvesse um grupo Tupinambá instalado nos arredores da baía de Guanabara – ali denominado Tamoio (ou "os avós") –, o coração de seu território tribal concentrava-se da margem direita do rio São Francisco aos arredores do Recôncavo Baiano. As aldeias Tupinambá que ocupavam o entorno da baía de Todos os Santos iriam se tornar as mais conhecidas pelos portugueses. E foi certamente com base em observações feitas ali que Gabriel Soares de Sousa escreveu o seguinte trecho em seu clássico *Notícias do Brasil*:

"Os Tupinambá são homens de estatura mediana, de cor muito baça,

Indígenas da nação Tupinambá

bem-feitos e bem-dispostos, muito alegres do rosto, e bem assombrados; todos têm bons dentes, alvos e miúdos, sem lhes nunca apodrecerem; têm pernas bem-feitas, os pés pequenos; trazem o cabelo da cabeça sempre aparado, em todas as outras partes do corpo não os consentem e os arrancam quando lhes nascem; são homens de grandes forças e de muito trabalho; são muito belicosos; amigos de novidades e demasiadamente luxuriosos; são grandes caçadores e pescadores e amigos de lavouras."[54]

Graças a cronistas quinhentistas como Soares de Sousa, sabe-se também que apenas na atual área metropolitana de Salvador existiam pelo menos dez aldeamentos Tupinambá. Tão intensa era a concentração que somente na pequena distância que separava a Vila Velha do lugar onde foi construída a capital havia quatro aldeias, com cerca de cem a 150 habitantes cada. Uma delas, aquela que acolheu e abrigava Caramuru, ficava, como já foi dito, próxima ao farol da Barra, no atual bairro da Graça. Quase coladas aos muros da cidade existiam, ao sul, a aldeia depois chamada de São Sebastião (no local onde seria erguido o mosteiro de São Bento) e, ao norte, a aldeia do monte do Calvário (onde hoje fica o mosteiro do Carmo). A menos de 1 légua dessa estava a aldeia de Porta Grande *(veja mapa na pág. 196)*.

No interior do Recôncavo, existiam dezenas de outras aldeias, sendo as mais importantes: a liderada pelo "cacique" Ipiru (ou Tubarão, em

Aldeia Tupinambá

português), instalada no esteiro de Matoim; a do chefe Apacé ("homem de destaque"), na localidade depois chamada Passé, em frente à ilha de Maré; e a do "principal" Cururupeba ("Sapo Pequeno"), na ilha dos Frades. De frente para o Atlântico, seguindo a linha da costa para nordeste, existiam vários agrupamentos no rio Vermelho, em Itapuã ("Pedra Redonda") e em Tatuapara (ou "Tatu-bola", atual praia do Forte). O território entre Itapuã e Tatuapara era comandado pelo principal M' boyrangana ("aquele que usa o manto de cobra"),[55] chamado de Miranguaba pelos portugueses.

Tudo indica que os grupos que viviam desde o farol da Barra até Itapuã, e no sítio onde seria construída Salvador, tenham, desde cedo, estabelecido relações primeiro com os franceses, depois com Caramuru e, por fim, com os portugueses vindos com Tomé de Sousa. Mas as aldeias do interior do Recôncavo e na linha da costa para além de Itapuã jamais viriam a ter essa mesma relação com os europeus, até porque eram inimigas entre si. As rivalidades intertribais – já intensas antes da chegada dos europeus – se acentuaram após a construção de Salvador. A eclosão de um conflito era apenas questão de tempo.

Mas não restam dúvidas de que a crise foi precipitada pela instalação de engenhos. Supõe-se que o início da produção de açúcar, mesmo incipiente, já houvesse provocado o ataque à Vila do Pereira em 1546. A partir de 1553, os portugueses retomaram a atividade, e Duarte da Costa mandou construir um engenho, talvez em Paripe (mais tarde chamado Engenho d'el Rei, já que pertencia à Coroa). Cardoso de Barros também fizera um engenho para si – com verbas desviadas da Provedoria, segundo a denúncia que o governador enviara à corte.

Por ironia, foi justo no estabelecimento do ex-provedor-mor, localizado em Pirajá, que a guerra rebentou.

A GUERRA DE ITAPUÃ

O mais provável é que Antônio Cardoso de Barros tenha começado a expandir sua lavoura de cana em direção ao território dos indígenas que nunca haviam se aliado aos europeus. Ao fazê-lo, não só destruiu as roças de mandioca de certas aldeias do Recôncavo como, segundo alguns historiadores, deu início à escravização de seus integrantes. Outros colonos seguiram o exemplo, instalando-se na margem esquerda da baía, avançando em direção a Paripe, Matuim e Passé. Fartos daqueles abusos, os indígenas articularam um ataque a Salvador.

Que a ação foi planejada com antecedência é algo que fica evidente quando se sabe que os guerreiros decidiram desferir seu ataque em um momento em que o governador deveria estar ausente da cidade. Em meados de abril de 1555, Duarte da Costa fora informado por Jerônimo de Albuquerque – genro do falecido donatário de Pernambuco, Duarte Coelho, e então ocupando o lugar dele – que os Caeté ameaçavam tomar Olinda, sede da capitania. Albuquerque escreveu para o governador clamando por auxílio.

Duarte da Costa decidiu atender o chamado e, no dia 23 de maio de 1555, acompanhado por um contingente de soldados, zarpou de Salvador para socorrer a donataria vizinha. No instante em que seu navio estava diante da Vila Velha, na saída da baía de Todos os Santos, uma tempestade o impediu de seguir viagem. A expedição ficou retida ali por três dias. Para os moradores da capital, foi uma sorte, pois na manhã de 26 de maio, um domingo, os nativos deflagraram sua marcha contra a cidade.

O primeiro alvo foi o engenho de Pirajá, que pertencia a Cardoso de Barros. Ao meio-dia daquele domingo, cerca de 150 guerreiros das aldeias chefiadas por Apacé e Tubarão atacaram a propriedade do ex-provedor-mor "dizendo que a terra era sua e que lhes despejassem já o engenho".[56] Depois de tomar o estabelecimento, localizado às margens da enseada do Cabrito, os nativos embarcaram em suas canoas e cruzaram a baía de Itapagipe, ancorando em frente ao porto Grande (hoje porto do Bonfim). Dali, cruzaram a península de Itapagipe e foram se fortificar na aldeia de Porta Grande, localizada a uns 5 quilômetros do centro de Salvador.

Aquela não foi a única frente do ataque: na mesma hora, para os lados de Itapuã, meia centena dos guerreiros de Miranguaba invadiam a fazenda de Garcia D'Ávila, assessor de Tomé de Sousa, apoderando-se de cabeças de gado, aprisionando seis vaqueiros portugueses e matando um "negro da Guiné". A comunicação entre o Recôncavo e a costa de Itapuã era fácil: uma velha trilha acompanhava o vale do rio Comurugipe, unindo o interior ao litoral. Foi através dela que os guerreiros de Apacé e Tubarão incitaram os homens de Miranguaba, deflagrando um ataque "em pinça" contra a capital.

Enquanto permanecia detido pelo mau tempo, Duarte da Costa foi informado daqueles graves acontecimentos. O governador retornou de imediato para Salvador, reuniu o Conselho da Câmara e, com a autorização dele, antes do cair da tarde enviou seu filho, D. Álvaro, à frente de "setenta homens de pé e seis de cavalo",[57] para enfrentar os indígenas fortificados no porto Grande. Ao mesmo tempo, determinou que o capitão Cristóvão de Oliveira seguisse por mar, junto com um grupo de homens armados, rumo à pensínsula de Itapagipe, cercando os revoltosos pela retaguarda.

Ao chegar à aldeia insurreta, D. Álvaro e sua pequena tropa encontraram-na cercada por "uma tranqueira mui forte, com canas e covas grandes, cobertas de folhas por cima e estacas muito agudas debaixo".[58] Apesar de treinado em lutas na África, já tendo participado do sítio a fortalezas e baluartes mouros bem mais sólidos, o filho do governador precisou "pelejar muito" antes de vencer aquela barreira, penetrar na aldeia e, "com ajuda de Nosso Senhor, matar muitos gentios, cativar o principal dela e lha queimar toda, bem como outras duas aldeias que estavam perto".

Enquanto Álvaro da Costa destruía a aldeia rebelde e prendia o líder tribal Apacé, Cristóvão de Oliveira incendiava as canoas que os indígenas tinham deixado ancoradas no porto Grande, cortando-lhes a retirada.

Então, na quarta-feira, 29 de maio, o impetuoso D. Álvaro foi enviado pelo pai ao outro foco da revolta com a missão de libertar os vaqueiros e recuperar o gado apreendido pelos guerreiros de Miranguaba nas bandas de Itapuã. Acompanhado por 160 homens, D. Álvaro não precisou pelear novamente: informados da derrota sofrida pela aldeia de porto Grande, os nativos renderam-se sem oferecer resistência, libertaram seus prisioneiros e entregaram a maior parte do gado que haviam roubado. Depois de prender mais um dos líderes da revolta, provavelmente o próprio Miranguaba, o filho do governador retornou vitorioso para Salvador.

A revolta, porém, ainda não estava sufocada. Na sexta-feira, último dia de maio de 1555, Antônio Cardoso de Barros conseguiu enviar uma mensagem a seu desafeto, o governador, informando que seu engenho estava novamente sitiado – e, dessa vez, por mais de mil guerreiros que, sob o comando do chefe Tubarão, haviam erguido três tranqueiras ao redor da propriedade e ameaçavam invadi-la a qualquer momento. Duarte da Costa tornou a mandar o filho para a frente de batalha, enviando com ele mais de duzentos infantes, cerca de vinte cavaleiros e centenas de aliados Tupinambá.

Em sua marcha até Pirajá, a tropa incendiou cinco aldeias, encontrando resistência em apenas uma. Mas, quando atingiram a enseada do Cabrito, onde ficava o engenho, os portugueses perceberam que o combate seria mais intenso. Até porque os adversários trataram de desafiá-los, gritando que, até então, os soldados "não tinham pelejado com homens, mas com gente fraca, e que só tinham queimado casas de palha e que se queriam guerra de verdade, que os fossem enfrentar". Não se tratava de mera bravata: além de estarem em número considerável, os nativos achavam-se bem fortificados por trás das três paliçadas, sendo a última delas profunda e guarnecida por toras afiadas.

D. Álvaro desferiu o ataque no início da tarde. Enviou uma tropa de vanguarda sob a chefia do capitão Cristóvão de Oliveira, de seu amigo e companheiro de arruaças Fernão Vaz da Costa e de Manuel Jaques. A luta prolongou-se por várias horas, e foi feroz. Os indígenas resistiram com bravura. Os três comandantes da dianteira foram feridos: tanto Oliveira como Jaques tiveram o braço perfurado por uma flecha; Vaz da Costa foi atingido no peito e só sobreviveu porque vestia uma malha de metal. O filho do governador – que arremeteu contra a aldeia em um segundo e decisivo momento – escapou ileso, embora seu cavalo tenha sido atingido por várias flechas.

Ao cair da tarde, quando os portugueses enfim conseguiram penetrar na última tranqueira, quase todos os seus adversários já estavam mortos ou feridos, "dentre eles alguns dos principais".

Na manhã seguinte, deixando para trás cadáveres insepultos e troncos calcinados, os portugueses iniciaram a marcha de volta para Salvador. Pelo caminho, "acharam mortos, pelos matos", vários dos nativos que haviam ferido na noite anterior e trataram de queimar mais três aldeias, que já estavam desertas. A desproporção de forças entre as armas de fogo e de metal dos europeus e os tacapes e flechas dos Tupinambá era tão gritante que, embora vários portugueses tenham sido feridos, nem um único morreu, ao passo que, entre os nativos, as baixas ultrapassaram setecentos homens.

Assim, no sábado, dia 1º de junho, D. Álvaro e a tropa fizeram sua entrada triunfal em Salvador, aclamados pelos moradores – entre os quais incluíam-se vários de seus antigos detratores ou inimigos. Em apenas cinco dias, os portugueses tinham destruído 13 aldeias localizadas nos arredores de Salvador – matando, escravizando ou expulsando cerca de 3 mil indígenas. O clima era de celebração, até porque, como diria D. Duarte em carta ao rei, após aquela retumbante vitória, "os moradores da cidade ficaram mais desabafados da sujeição" em que até então se encontravam "por estarem aqueles gentios antes tão pegados conosco e agora lhes ficam [aos portugueses] mais terras para suas roças".

Não chega a ser surpresa, portanto, que, nessa mesma carta, escrita no dia 10 de junho de 1555, D. Duarte tenha ousado dizer ao monarca: "O povo dessa cidade me requereu que não deixasse ir meu filho, porque eles o têm em outra conta do que o bispo escreveu a Vossa Alteza, e porque eu sei como ele há de servir nesta guerra, o mandei ficar." E o intrépido D. Álvaro – que, cerca de um mês antes, D. João III havia mandado chamar de volta ao reino – realmente ficou.

Um ano depois do conflito, o jovem "galanteador" seria agraciado pelo pai com uma enorme propriedade no Recôncavo – tão grande que mais tarde foi transformada em capitania. Em compensação, segundo o depoimento do jesuíta Ambrósio Pires, o ousado mancebo teria sido obrigado a pedir perdão ao bispo.

Nenhum documento registra como Pero Fernandes Sardinha se portou durante o episódio que iria entrar para a história com o nome de Guerra de Itapuã. Mas não restam dúvidas de que o bispo também se viu compelido a louvar a esmagadora vitória obtida por D. Álvaro – em especial depois que, no dia 4 de junho, um dos mais influentes líderes nativos, o "principal" Tubarão, dirigiu-se à cidade para se render e jurar fidelidade aos portugueses. Uma semana após a rendição dos indígenas, o bispo, o governador e seu filho fizeram as pazes.

Em carta escrita no dia 12 de junho, o capitão Simão da Gama comunicou ao rei: "Trabalhei para pôr tudo em paz e fiz que o governador e o bispo se falassem e visitassem, o que havia muito que não o faziam. O povo recebeu isso com muita consolação e contentamento, crendo que com isso se cessariam os escândalos e os trabalhos passados."[59]

Ao contrário do que insinua em sua carta, Gama não teria agido sozinho. Escrevendo para Inácio de Loyola em 15 de junho, o jesuíta Ambrósio Pires relatou: "O padre Antônio Pires fez as pazes entre o bispo, o governador e seu filho, que andavam muito diferentes e eram cabeças de partidos opostos e ocasião de muitos ódios e tumultos, e conseguiu que se visitassem e que o filho do governador fosse pedir perdão ao bispo, o que não foi pequena coisa, pois o jovem fazia disso questão de honra."

Só então as coisas se acalmaram em Salvador. Não por muito tempo.

O COMEÇO DO FIM DO BISPO

Em 18 de maio de 1556 – quase um ano após a Guerra de Itapuã e apenas cinco dias antes de Nóbrega partir de São Vicente e iniciar a viagem de volta para Salvador –, Pero Fernandes Sardinha nomeou um novo cura para a Sé de Salvador. Aquele estava destinado a ser seu último ato oficial como bispo do Brasil. Naquele dia, Sardinha escolheu o padre João Lourenço para ocupar o lugar de Manuel Lourenço, que, apesar de ter sido nomeado "vigário pérpetuo da Cidade do Salvador" em 1549, resolvera se licenciar do posto e retornar para Portugal, pois havia se incompatibilizado com o bispo logo após a chegada dele. Apenas dois meses após a nomeação de João Lourenço (destituído do cargo em 1563 "por feios crimes"[60]), Sardinha estaria morto.

De todo modo, naquela quinzena de maio Sardinha já havia sido tacitamente demitido do bispado e preparava-se para retornar a Portugal, pois em 17 de fevereiro vira-se na dolorosa contingência de passar a "provisão de vigário-geral, visitador e provisor de todo o Bispado do Brasil" ao bacharel Francisco Fernandes, um "padre de boa fama, em quem confiava a rainha D. Catarina".[61] Em 17 de setembro do ano anterior, o referido bacharel, nomeado por Lisboa, fora incumbido de ocupar o cargo "durante a ausência do bispo", e no início de fevereiro desembarcou na Bahia para assumir provisoriamente o lugar do prelado.

A nomeação de Francisco Fernandes, bem como a afirmativa explícita de Nóbrega de que D. João III chamara Sardinha para o reino, mostram que o bispo não havia decidido retornar para Portugal por vontade própria, mas por ordem régia. Fica evidente, portanto, que, após ter exigido a volta de D. Álvaro para Lisboa, o rei mudara de ideia e, em lugar do jovem guerreiro que havia vencido os Tupinambá, optara pelo retorno do iracundo Sardinha.

Além da nomeação do novo cura, nenhum outro documento revela o que se passou entre 17 de fevereiro e 2 de junho de 1556, o dia em que se supõe que Sardinha e seu séquito tenham embarcado para uma viagem sem volta. Mas é evidente que aqueles três meses e meio terão sido de intensa movimentação, pois, além das cerca de cem pessoas – a maioria delas integrantes da elite local – que se preparavam para deixar Salvador junto com o bispo, ele próprio deveria estar atarefado recolhendo documentos a seu favor, bem como provas (reais ou fictícias) contra o governador.

Sardinha, com certeza, também andava às voltas com a fortuna que conseguira amealhar nos quatro anos de apostolado. Afinal, conforme o já citado depoimento de Nóbrega, redigido em 1553, "o povo, assim da Cidade do Salvador como das capitanias, ao ver que lhe levam o seu dinheiro, ganharam grande ódio ao bispo e aos seus visitadores". Quanto o bispo terá obtido graças à estratégia de substituir "penas eclesiásticas" por "penas pecuniárias" é um exercício de adivinhação que historiador algum jamais tentou empreender. Mas não há de ter sido pouco, pois, ainda segundo Nóbrega, a decisão de cobrar pela absolvição dos pecados causara "alvoroço e espanto na terra [do Brasil]".

Junto com Sardinha seguiram para o reino os principais inimigos de D. Duarte da Costa – inclusive o mais ferrenho deles, o ex-provedor-mor da Fazenda Antônio Cardoso de Barros, acusado pelo governador de atuar contra os interesses do rei. Embarcaram ainda vários ex-funcionários da Fazenda, entre os quais o escrivão da Provedoria Antônio Pinheiro, o escrivão Francisco Mendes da Costa (principal assessor de Cardoso de Barros) e dois tesoureiros, além do deão Fernão Pires e dos cônegos Luís de Avala e Diogo Gonçalves – "os quais iam todos com assaz agravos queixar-se a Vossa Alteza", segundo mais tarde disseram os vereadores da Câmara de Salvador.

De acordo com o cronista Gabriel Soares de Sousa, também subiram a bordo "duas mulheres honradas e casadas, muitos homens nobres e outra muita gente que seriam mais de cem pessoas, afora escravos". As duas mulheres a que se refere Soares seguramente eram a sogra do escrivão Rodrigo de Freitas (que não pôde viajar por estar preso) e a mulher do escrivão da Chancelaria Brás Fernandes (filha do já citado escrivão da Provedoria Antônio Pinheiro). Constavam ainda da lista de passageiros o capitão do navio, João de Loasa; Lázaro Ferreira, Maria Dias, "a velha" que trouxera as órfãs, bem como o "filho do meirinho da correição" – destinado a ser um dos poucos sobreviventes da tragédia que se avizinhava.

Alarmados com a possibilidade de que os aliados do bispo desembarcassem em Portugal para apresentar ao rei apenas a sua versão dos fatos, os vereadores de Salvador decidiram que um "procurador da cidade", o tesoureiro Sebastião Ferreira, também seguiria para a corte, de forma que as acusações ao bispo e a seus aliados ficassem igualmente registradas. Como a Câmara também tinha uma ampla lista de críticas ao governador, seus integrantes trataram de redigir um libelo acusatório contra Duarte da Costa e, em insidiosa estratégia de mão dupla, entregaram-no a Sardinha.

A lendária nau *Nossa Senhora da Ajuda* – a mesma que em março de 1549 trouxera Tomé de Sousa ao Brasil – teria zarpado de Salvador a 2 de junho de 1556. Embora fosse um navio desgastado após mais de uma década de bons serviços, as condições da embarcação não parecem ter tido relação com a tragédia. Partindo da capital na direção nordeste, a nau não buscou o mar aberto, mas se manteve sempre nas proximidades da costa, apenas desviando de cabos e baixios, como se seguisse para Pernambuco. Depois de deixar para trás os pontais insinuantes de Itapuã e Tatuapara, ultrapassou a foz do rio Real (antigo reduto de entrelopos franceses e atual limite entre Bahia e Sergipe), a foz do Vaza Barris (que Anchieta, equivocadamente, assinalou como local do naufrágio) e a ampla e barrenta foz do São Francisco (hoje fronteira entre Sergipe e Alagoas).

Impulsionada pelos ventos de sueste e lés-sueste que refrescam aquela porção da costa entre fevereiro e agosto, a *Ajuda* desviou-se dos bancos de areia junto à foz do São Francisco e seguiu em direção à perigosa foz do Coruripe, guarnecida por um traiçoeiro banco de corais no qual o desafortunado capitão espanhol D. Rodrigo de Acuña havia naufragado em fins de 1526 e que, por isso, foi batizado de baixio de Dom Rodrigo. Os historiadores navais ainda discutem o que terá acontecido, mas a maioria supõe que, na madrugada fatídica de 15 de junho de 1556, imperasse o mau tempo e, sob a escuridão tempestuosa, a visibilidade fosse quase nula.

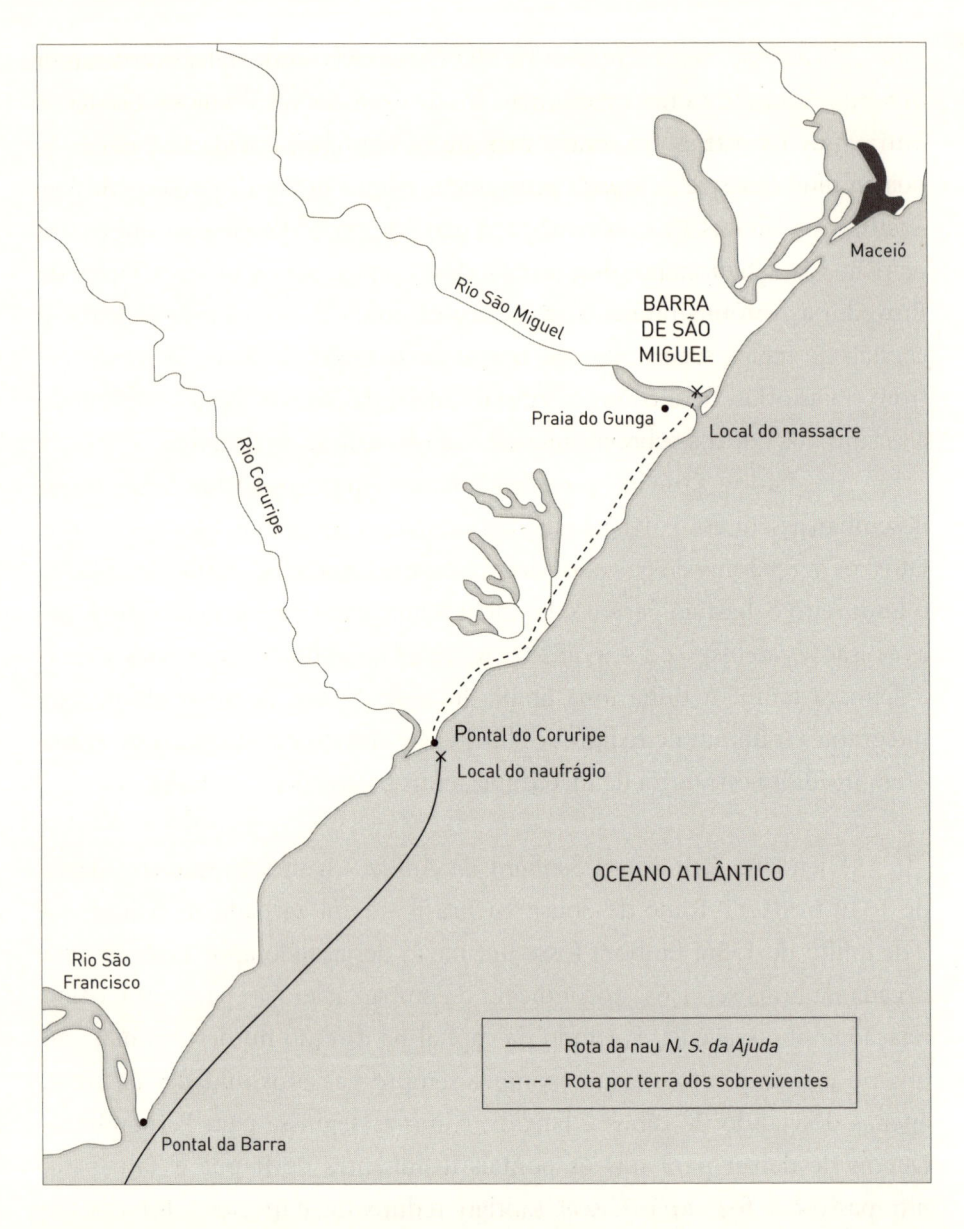

"A meio pano, como se presume, o piloto terá forçado uma passagem difícil entre o baixio e a costa", imagina o historiador baiano Pedro Calmon.

Então, "com a borrasca soprando rajadas frias que faziam estalar as antenas da *Ajuda*, o traquete e a bujarrona inchados de vento, as velas maiores enroladas nas vergas, os padres em reza, a maruagem em febril atividade, sucedeu-se o inevitável desastre".[62] Jogada pelas ondas contra os corais pontiagudos em meio aos quais deságua o Coruripe, a nau encalhou. Tão logo o cavername se partiu, a *Ajuda* inclinou-se a mais de 45 graus, até os mastros racharem e se deceparem as amarras. Então, com os velames a recobri-la como uma mortalha, a velha embarcação foi tragada pelas ondas com um estrondo.

Ainda assim, não houve vítimas fatais. Apesar da força dos ventos e das águas, os cerca de cem passageiros sobreviveram ao naufrágio e, atônitos e encharcados, agruparam-se nas partes arenosas do banco de corais, à flor da água. Ao raiar do dia, ainda alvoroçados, transferiram-se para a praia que ficava em frente. Nada pôde ser retirado do navio: os pequenos canhões móveis do convés, os paióis, os mantimentos, as bagagens, os arcabuzes, o ouro do bispo – tudo foi engolido pela voragem dos redemoinhos.

Sardinha, os cônegos, as duas "mulheres honradas", os burocratas da Fazenda, os pilotos, os marujos, os fidalgos, os plebeus e os escravos chegaram sãos e salvos a terra firme. Tal terra, porém, como eles cedo descobriram, não estava deserta. Apesar da calma que teria marcado o primeiro contato com os indígenas que de imediato os cercaram, é bem possível que muitos tripulantes tenham adivinhado, já naquele cinzento amanhecer de 15 de junho, que um destino mais terrível do que a morte por afogamento os aguardava.

A DEGLUTIÇÃO DE SARDINHA

Emplumados e belicosos, os nativos reunidos à beira-mar pertenciam à nação Caeté. Seu território tribal estendia-se da margem esquerda do São Francisco à ilha de Itamaracá, em Pernambuco, prolongando-se, em intervalos esparsos, até os arredores de onde hoje fica João Pessoa, capital da Paraíba. A barra do Coruripe ("rio dos sapos" ou, talvez, "rio dos seixos", em tupi) era então conhecida como porto dos Franceses. A menos de 50 quilômetros dali fica a formosa baía de águas límpidas ainda chamada de praia do Francês. Os topônimos não poderiam ser mais explícitos: aquela era uma região frequentemente visitada pelos traficantes normandos de pau-brasil. Eles não apenas haviam firmado sólida (e rentável) aliança com os Caeté, como a nação – da qual fariam parte cerca de 75 mil indivíduos – estava em conflito aberto com os portugueses de Olinda, Recife e Itamaracá.

Sob a liderança de Duarte Coelho, donatário de Pernambuco, os portugueses tinham se aliado aos Tabajara em 1535. Sendo os Caeté inimigos ancestrais dos Tabajara, é natural que tenham buscado o apoio dos franceses. Após a morte de Duarte Coelho, no início de 1554, o audaz e implacável Jerônimo de Albuquerque – cunhado do finado donatário e conhecido como o "Adão Pernambucano" em função da vasta prole que gerou (24 filhos ao todo, entre legítimos e "naturais") – assumiu o comando da capitania. A partir de então, o conflito com os Caeté acirrou-se brutalmente e, em agosto daquele ano, os indígenas chegaram a incendiar e destruir dois engenhos, um em Iguaraçu e outro nos arredores de Olinda.

Os náufragos da *Nossa Senhora da Ajuda* desembarcaram, portanto, em pleno território inimigo – e em meio a uma guerra declarada.

Ninguém sabe ao certo o que se passou depois do naufrágio. Além das breves menções ao episódio nas cartas dos padres Nóbrega e Anchieta, e de um longo e imaginativo poema de Anchieta, resta apenas o relato reticente do também jesuíta Antônio Blasques. Tendo escrito respectivamente em 1587 e 1627, o cronista e senhor de engenho Gabriel Soares de Sousa e o frade baiano Vicente do Salvador igualmente fizeram referências à tragédia de Coruripe, mas, embora ambos tenham conhecido pessoas que viviam em Salvador no ano em que ocorreu o naufrágio, seus textos não permitem formar um quadro completo e coerente do que teria de fato ocorrido.

Mas, onde os relatos oficiais são falhos, as lendas populares e a tradição oral surgidas logo após o incidente (e preservadas até hoje) podem ajudar na reconstituição dos acontecimentos. Ao que tudo indica, pouco depois de dar à praia, os náufragos foram cercados por guerreiros Caeté. Os nativos os teriam avistado do alto de uma das rugosas barreiras de arenito que se erguem às margens do Coruripe – no caso, a pequena serra chamada Espia Grande. Mas não houve conflito: de início, os índios teriam até se oferecido para guiar os sobreviventes até Pernambuco, a cerca de 250 quilômetros dali.

A penosa marcha deve ter começado na manhã do dia seguinte, 16 de junho de 1556. Mas não se prolongaria por mais do que algumas horas, pois, no momento em que os portugueses atravessavam a foz de um outro rio – a atual barra do São Miguel, próxima à hoje famosa praia do Gunga, cerca de 40 quilômetros ao norte de Coruripe e uns 30 ao sul de Maceió –, os Caeté os atacaram de surpresa, dando início à consumação de sua vingança.

A tática foi engenhosa: o grupo que atravessava o São Miguel foi surpreendido em meio ao rio, no momento em que se achava mais indefeso, enquanto aqueles que ainda não haviam iniciado a travessia eram mortos na margem meridional da foz. O bispo Sardinha, diz-se, fazia parte do grupo que, já tendo cruzado o São Miguel, achava-se na margem norte e, assim, junto aos que o acompanhavam, teria presenciado o massacre inicial. Mortos os integrantes dos dois primeiros grupos, os indígenas encurralaram os cerca de trinta sobreviventes. Quando, tacapes em punho, foram se aproximando do bispo, os portugueses trataram de proteger o prelado, implorando por sua vida. Mas, até em função das vistosas roupas eclesiásticas, Sardinha há de ter sido visto como uma inestimável presa de guerra – e evidentemente não foi poupado.

De acordo com relatos que soam fictícios – dentre os quais se inclui o referido poema de Anchieta, bem como um texto do jesuíta Simão de Vasconcelos –, D. Pero portou-se com altivez e resignação enquanto, ajoelhado, amarrado e despido, aguardava o golpe que lhe partiu o crânio.

O martírio do bispo Sardinha segundo gravura do século XIX

Sua morte teria adquirido, assim, contornos de martírio e, apesar das contundentes críticas ao seu comportamento no Brasil, logo houve quem propusesse sua beatificação.

Que o bispo e os demais náufragos foram comidos pelos Caeté é algo que o jesuíta Antônio Blasques afirma taxativamente na carta escrita em 10 de junho de 1557 e que, até por ter sido redigida quase que exatamente um ano após o naufrágio, impõe-se como a fonte mais confiável para a reconstituição do episódio. Ao final do minucioso relatório que enviou para Inácio de Loyola, líder da Companhia de Jesus, Blasques informou:

"Isso é, em suma, o que o ano passado de 1556 escrevemos e enviamos em a nau em que ia o bispo, a qual se perdeu 60 léguas desta cidade, não escapando dela senão dez pessoas, porque as outras todas as mataram os índios e, segundo seu costume, as comeram. Agora está esta cidade sem bispo, bem triste e desconsolada, porque, ainda depois de tantas misérias, lhes sobreveio esta, que eles sentem muito pelo contentamento e alegria que os índios tomaram, por terem morto ao bispo. A nós outros nos coube nossa parte de tristeza, por haver [na nau] alguns irmãos leigos para se ordenar, mas esperamos que Nosso Senhor proverá prestes de pastor estas terras tão necessitadas." Blasques, como se vê, não associa o pesar dos jesuítas à morte do bispo, mas ao falecimento dos "irmãos leigos".

Escrevendo três décadas após a tragédia, Gabriel Soares de Sousa

O ritual antropofágico segundo as gravuras do livro de Hans Staden

registrou o episódio com pequenas modificações, em especial no que se refere ao número de sobreviventes. Em seu precioso *Tratado Descritivo do Brasil*, redigido em 1587, Soares relata: "Depois que estes Caeté roubaram o bispo e toda a gente que salvaram do naufrágio, os despiram, e amarraram a bom recado, e pouco a pouco os foram matando e comendo sem escapar mais que dois índios da Bahia e um português que lhes sabia a língua, filho do meirinho da correção." Quarenta anos mais tarde, frei Vicente do Salvador repetiria a história quase sem mudar palavra – indicativo de que se baseou em Soares.

O BANQUETE ANTROPOFÁGICO

Que praticamente não houve sobreviventes – dez ao todo, segundo Blasques, ou apenas três, entre eles o "filho do meirinho", conforme Gabriel Soares – é fato que se impõe. Mas teriam o bispo e os demais tripulantes da *Nossa Senhora da Ajuda* sido realmente devorados pelos indígenas? As complexidades ritualísticas que cercavam o banquete antropofágico indicariam o contrário, embora isso não signifique dizer que o bispo tenha sido poupado de morte tão aterradora.

Embora Gabriel Soares de Sousa assegure que os indígenas "pouco a pouco foram matando e comendo" os sobreviventes do naufrágio, o fato é que os Tupi em geral devoravam apenas inimigos que julgavam dignos de receber aquela que, na sua visão, era a mais honrosa das mortes. Por isso, não comiam mulheres nem crianças. Além do mais, a data da execução era escolhida minuciosamente, a intervalos regulares, e os cativos eram abatidos em função de sua bravura em combate. No imaginário dos portugueses, porém, qualquer homem branco que caísse vítima dos nativos seria invariavelmente devorado. Isso porque, desde os primórdios da ocupação do Brasil, dentre todos os "costumes bárbaros" que professavam os indígenas, nenhum havia se revelado mais espantoso ao olhar europeu do que a antropofagia.

Sabe-se que a morte ritualizada e a deglutição eucarística dos cativos representavam o ponto culminante de uma cerimônia cujo sacramento maior, e objetivo quase único, era a vingança. O festim canibal foi minuciosamente descrito por vários cronistas coloniais, entre eles os religiosos franceses Jean de Léry e André Thevet – que desembarcariam no Rio de Janeiro um ano após a morte de Sardinha. A narrativa mais impressionante, porém, foi feita pelo mercenário alemão Hans Staden, que fora prisioneiro dos Tupinambá nos arredores de Angra dos Reis, também no Rio.

Graças ao relato de Staden – que escapou do cativeiro em outubro de 1554 e não teria sido devorado pelos nativos por causa do medo que demonstrava cada vez que se aproximava o momento da execução –, é possível reconstruir, passo a passo, as etapas do banquete. Tal exercício parece deixar claro que, de modo algum, os Caeté teriam comido todos os sobreviventes do naufrágio. De acordo com Staden (e também Léry e Thevet), a vítima ideal era aquela que tivesse sido capturada no campo de batalha. Seu destino passava a pertencer então àquele que primeiro a houvesse tocado durante a luta. Triunfalmente conduzido à aldeia do inimigo, o prisioneiro era insultado e maltratado por mulheres e crianças. Assim que entrava na taba, tinha de gritar: "Eu, vossa comida, cheguei." Após essas agressões iniciais, porém, era bem tratado, recebia como companheira uma irmã ou filha de seu captor e podia andar livremente pelo território tribal – fugir era uma ignomínia impensável.

O cativo passava a usar uma corda presa ao pescoço: era o calendário que indicava o dia de sua execução – que poderia ser dali a muitas luas (e até anos). Quando a data fatídica se aproximava, os guerreiros preparavam ritualmente a clava com a qual a vítima seria abatida. A seguir, começava o ritual, que se prolongava por quase uma semana e do qual participava toda a tribo, das mulheres aos guerreiros, dos mais velhos aos recém-nascidos. Na véspera da execução, ao amanhecer, o prisioneiro era banhado e depilado. Depois, deixavam-no "fugir", apenas para recapturá-lo em seguida. Mais tarde, o corpo da vítima era pintado de preto, untado de mel e recoberto por plumas e cascas de ovos. Ao pôr do sol iniciava-se uma grande beberagem de cauim – um fermentado, ou "vinho", de mandioca.

No dia seguinte, pela manhã, o carrasco avançava pelo pátio, dançando e revirando os olhos. Parava em frente ao prisioneiro e perguntava: "Não pertences tu à nação [tal ou qual], nossa inimiga? Não mataste e devoraste, tu mesmo, nossos parentes?" Altiva, a vítima respondia: "Sim, sou muito valente, matei e devorei muitos." Replicava então o executor: "Agora estás em nosso poder; logo serás morto por mim e devorado por todos." Para a vítima, aquele era um momento glorioso, já que os índios brasileiros consideravam o estômago do inimigo a sepultura ideal. Os ossos do morto eram preservados: o crânio, fincado em uma estaca, ficava exposto em frente à casa do vencedor; os dentes eram usados como colar e as tíbias transformavam-se em flautas e apitos.

Embora os Caeté dificilmente possam ter comido todos os cerca de cem portugueses que mataram na barra do rio São Miguel, Pero Fernandes Sardinha – mestre em teologia pela Sorbonne, condiscípulo de Inácio de Loyola e Francisco Xavier, confidente do vice-rei da Índia, D. João de Castro, reconhecido na França, notável em Évora, principal na Índia e primeiro bispo do Brasil, que "conhecera no mundo a glória das letras, o principado da Igreja, os tesouros do Oriente e o esplendor da autoridade episcopal"[63] – deve ter sido devorado, pois não só seus trajes e uma certa "majestade natural" (conforme descreveu Nóbrega), e mais ainda o empenho dos demais portugueses para que ele fosse poupado, hão de ter deixado claro para os nativos que ali estava um dos líderes inimigos.

A tradição assegura que a morte do bispo se deu em uma pequena colina, de 40 metros de altura, localizada na margem esquerda do São Miguel, ainda hoje chamada de monte do Bispo. Cedo surgiu a lenda de que o local do sacrifício tornou-se estéril e a vegetação jamais voltou a crescer ali. O primeiro a espalhar a informação foi frei Vicente do Salvador. "Somente direi", assegura o frade, "o que ouvi das pessoas que caminham desde a Bahia até Pernambuco e passam junto ao lugar donde o bispo foi morto, porque por ali é o caminho: que nunca mais se cobriu o terreno de erva, estando todo o mais campo recoberto dela e de mata, como que está o seu sangue chamando Deus à terra contra quem o derramou."[64]

Em 1840 – quase trezentos anos depois da tragédia –, o historiador baiano Inácio Acioli esteve na barra de São Miguel e anotou: "Encontrei ainda pessoas guardando a tradição de que em um pequeno escalvado que ali se acha, próximo a uma pequena colina, foi o lugar em que o bispo foi assado, pretendendo-se que por isso nunca mais nele vegetou a menor planta e observando-lhe um respeito religioso."[65] Mais ou menos na mesma época, o jesuíta Rafael Galanti informou: "Houve quem descobrisse nesta lenda uma fraca tentativa de canonização de D. Pero Fernandes, sem a menor razão, porém. O que vem expresso na lenda não é tanto a veneração pelo prelado martirizado, mas muito mais aquela convicção, comum a cruzados, conquistadores e contrarreformadores, de pertencerem ao povo eleito de Deus, que lutam uma guerra santa e que de toda injúria feita ao nome cristão será rigorosamente vingada pelo Senhor dos Exércitos."[66]

Atualmente, Barra de São Miguel – com suas águas translúcidas, piscinas naturais, diques de recifes e mangues fincando raízes ao redor do pequeno delta no qual desponta a ilhota Três Corações – é um ruidoso balneário alagoano às voltas com a urbanização desregrada, a música estridente das barracas à beira-mar e o acúmulo de turistas inquietos, em busca de diversão e cerveja, desembarcando de carros e ônibus.

O monte do Bispo continua onde sempre esteve e, por se localizar a uns 2 quilômetros da orla, ainda não foi vitimado pela especulação imobiliária. Nesse caso, porém, não se trata de preservação ambiental, mas de abandono.

Em meio a mangueiras frondosas e árvores nativas, a coroa do morro de fato revela uma clareira desnuda, embora haja indícios óbvios de que a área seja roçada de tempos em tempos.

Em frente àquele pequeno círculo de terra nua e batida ergue-se uma pequena capela quase em ruínas. Com o telhado caído, as paredes pichadas e o interior malcheiroso, repleto de lixo e tiras de papel higiênico, o pequeno templo, erguido em meados do século XIX em memória do bispo, parece ser a única lembrança a assinalar o triste fim de D. Pero Fernandes Sardinha.

O rei de Portugal D. João III

EPÍLOGO

A notícia da tragédia do Coruripe levou mais de três meses para chegar à Bahia. Em agosto de 1556, passados mais de sessenta dias do naufrágio, a morte do bispo e de seus acompanhantes com certeza ainda não era conhecida em Salvador, pois, ao final daquele mês, um certo Pedro Rico, que vivia na cidade, enviou para o reino inflamada carta na qual, após muitas lamúrias, solicitava ao bispo Sardinha sua nomeação para o cargo de cônego, já que, segundo ele, a fortuna que amealhara havia provocado "grande inveja" entre os partidários de Duarte da Costa, a ponto de ele ter sido despojado de seus bens, de maneira que se via agora na contigência de "mudar o sobrenome de Rico para Pobre".[1]

Em 1º de outubro, porém, o trágico destino dos tripulantes da *Nossa Senhora da Ajuda* já era de domínio público. Curiosamente, no entanto, o único documento que o comprova é uma simples apostila dando conta do falecimento de Luís de Avala – um dos cônegos que havia embarcado junto com o bispo –, sem que se conheça qualquer registro relativo à morte de mais de noventa portugueses, embora boa parte deles pertencesse à elite local.

A chegada dos sobreviventes a Salvador – tenham sido eles dez ou apenas três – deve ter se dado em fins de setembro, o que significa dizer que levaram quase quatro meses para retornar por terra desde Alagoas até a capital, utilizando-se, com certeza, da ancestral trilha indígena que costeava o litoral e cujo percurso, em especial no trecho entre Pernambuco e a Bahia, tornara-se proibitivo para os portugueses devido à insurreição dos Caeté e dos Tupinambá, que senhoreavam aquela porção da costa. Se, entre os sobreviventes, de fato estavam "dois índios da Bahia", devem ter sido eles os guias da marcha.

Segundo relato de Manuel da Nóbrega, "não restou casa em que não houvesse viúva ou órfão em Salvador". O líder dos jesuítas levaria, porém, mais de três anos para se referir detalhadamente ao episódio. Só o fez em carta enviada em fins de 1559 para seu velho amigo, e então membro do Conselho Real, Tomé de Sousa, na qual aproveitou para realizar um balanço – bastante sombrio – do que se passara no Brasil desde que o primeiro governador-geral deixara o cargo.

Em meio ao rosário de queixas, Nóbrega refere-se ao terrível destino de Sardinha, que chamou de "glorioso": "Trouxe Nosso Senhor o bispo D. Pero Fernandes, tal e tão virtuoso qual o conheceu Vossa Mercê, e mui zeloso da reformação dos costumes dos cristãos; mas quanto ao gentio e sua salvação se dava pouco, porque não se tinha por seu bispo, e eles lhe pareciam incapazes de toda a doutrina por sua bruteza e bestialidade, nem as tinha por ovelhas de seu curral, nem que Cristo se dignaria de as ter por tais; mas nisso me ajude Vossa Mercê a louvar Nosso Senhor em sua providência, que permitiu que, fugindo ele dos gentios e desta terra, tendo poucos desejos de morrer em suas mãos, fosse comido deles; e a mim, que sempre o desejei e o pedi a Nosso Senhor, metendo-me nessas ocasiões mais que ele, me foi negado. O que eu nisso julgo, posto que não fui conselheiro de Nosso Senhor, é que quem isso fez quis porventura pagar-lhe suas virtudes e grande bondade, e castigar--lhe juntamente o descuido e pouco zelo que tinha da salvação do gentio. E castigou-o, dando-lhe em pena a morte, que ele não amava, e remunerou-o em ser ela tão gloriosa, como já contariam a Vossa Mercê que ela foi, pois se deu em poder de infiéis e em tão boas circunstâncias."[2]

manoel Danobrega

EM NOME DO POVO E PELAS CHAGAS DE CRISTO

Bem menos velada do que essa espécie de exultação feita por Nóbrega ao referir-se à "gloriosa" morte de Sardinha mostrou-se a postura dos aliados de Duarte da Costa e dele próprio diante da notícia – pelo menos a julgar pelo relato que a Câmara de Vereadores da Bahia enviou para o rei: "Vendo aqueles três governadores [D. Duarte, D. Álvaro e Pero Borges] quão bem lhe sucederam seus danados desejos, foi tal seu contentamento e presunção que, além de outros sinais, o demonstraram com vestidos e outras mostras de muito prazer".[3]

Apesar de o triste fim do bispo ter sido festejado em público por seus inimigos, isso não significa dizer que a tragédia tenha fortalecido seu principal desafeto, D. Duarte. Pelo contrário: no reino, a morte tão assustadora de cerca de uma centena de portugueses há de ter sido atribuída, mesmo que indiretamente, aos desmandos do governador, embora, como se verá, ele não viesse a ser punido. Talvez prevendo que o rei não tomaria atitude punitiva contra governante tão ineficiente, os "homens bons" de Salvador, reunidos na Câmara, trataram de enviar um vigoroso libelo contra ele, ao final do qual clamavam, "em altos brados, em nome de todo o povo, e pelas chagas de Cristo, que D. Duarte se vá".[4]

A carta é tão incisiva que vale a pena reproduzir seus principais trechos: "Senhor: são tantas as perseguições e trabalhos que vieram e a cada dia vêm aos moradores desta sua Cidade do Salvador, depois que Tomé de Sousa dela se foi, que já não há pessoa que tenha sofrimento nem paciência para com isso poder, porque se até agora nos sustentávamos era com a esperança de que Vossa Alteza seria disso tudo sabedor e, sendo tão piedoso e clemente para com seus vassalos, assim que soubesse da desventura e miséria em que agora vivemos, não se descuidaria de nos socorrer com o remédio que para tantos males havemos mister.

"Mas vendo o descuido que para com o nosso remédio se têm e o muito crescimento em que nossas perseguições vão há já quatro anos, é tamanha a desesperança em que todos somos agora postos que não há pessoa que, para o descanso de sua vida e segurança de sua honra, antes não escolhera ser cativo do Xarife do que cidadão ou morador desta cidade enquanto for ela governada por dom Duarte e por seu filho, e regida por Pero Borges, os quais são tão absolutos e dissolutos senhores dela que já não há pessoa que julgue ter alguma coisa própria, nem sua honra segura, razão pela qual tememos que a maior parte da gente se vá e se despovoe a terra, ou se lance entre o gentio, porque por mar não há saída.

"E para maior desventura nossa permitiu o Senhor Deus, por nossos pecados, que a nau *Nossa Senhora da Ajuda* se perdesse, da qual dependia toda nossa esperança e o bem desta terra, porque nela iam pessoas que, além de lhe terem amor e desejarem o crescimento dela, haviam de dar a V. A. inteira informação de tudo o que cá se tem passado. (...) Mas morreram todos, com outros muitos inocentes, e nós, que ficamos, foi com extremada inveja de acabarmos ali com eles, porque eles se acabaram para viverem eternamente e nós, se ficamos, é apenas para a cada dia morrermos de uma morte prolongada, que nos consome as fazendas e as cousas sem nos acabar as vidas.

"E porque não nos parecesse estar toda a desesperação já instalada em nossos corações, acordamos nós, juízes e vereadores deste ano de 1556, de tornarmos a escrever a V. A. (...) porque temos, e teme todo o povo, que, como o governador e o ouvidor-geral estão tão vitoriosos do mal que a esta terra sucedeu, possam, pela muita falta de gente que agora há, fazer, nessa próxima eleição, vereadores e oficiais à vontade, os quais não somente não darão conta do que se passa e é necessário para o bem dela, mas antes lhe escreverão ao revés, louvando os males e desdenhando do bem" (*leia nota lateral*).

A carta, redigida pelo escrivão Pedro Teixeira, está assinada por Simão da Gama de Andrade, Francisco Portocarrero, João Velho Galvão, Vicente Dias, Pedro Figueira e Damião Lopes de Mesquita, o que revela que, dentre os 15 vereadores de Salvador, nove estavam "na mão" do governador (em troca de subornos, segundo a carta) e apenas seis lhe eram

---

JURANDO EM FALSO

Repetindo o expediente já utilizado pelo governador e pelo bispo, os vereadores pediam que o rei não desse ouvidos às cartas enviadas pelos aliados de D. Duarte, vários dos quais fizeram questão de citar nominalmente: "Damos conta à Vossa Alteza de que se vir carta da Câmara assinada pelos oficiais João de Araújo, Gaspar Lamego, Cristóvão de Aguiar, Antônio do Rego, Sebastião Álvares, Antônio Ribeiro, Diogo Moniz Barreto, Bernardo de Avelar e Lopo Machado, que à causa desses homens não dê nenhum crédito porque o governador os têm na sua mão, às custas da Fazenda de Vossa Alteza, e, além disso, nenhum deles é casado nem morador da terra e são as próprias pessoas que dom Duarte dispõe para o ajudarem a tirar as fazendas e a honra dos moradores, além de outros de menos qualidade com os quais conta para prestarem juramentos falsos."

contrários. Como sugere o documento, os adversários de Duarte da Costa temiam que, com a aproximação das novas eleições (marcadas para março de 1557), o governador obtivesse maioria ainda mais expressiva na Câmara – o que, segundo eles, redundaria não só no "despovoamento" da cidade de Salvador como "na completa perdição" da Terra do Brasil.

O CAOS INSTAURADO

No momento em que os seis vereadores dissidentes dirigiam sua veemente súplica ao monarca – a carta foi escrita em 18 de dezembro de 1556 –, os franceses já estavam instalados no Rio de Janeiro havia mais de um ano (o desembarque da expedição de Villegaignon se dera a 10 de novembro de 1555). E aquele parecia ser apenas um dos desdobramentos da "falta da experiência de guerra" e suposta índole pacífica de D. Duarte.

Somando-se a omissão do governador ao despreparo da maioria dos donatários, o quadro geral da colônia naquele final de 1556 revela um panorama desastroso não só em função do desgoverno e da anarquia reinantes, mas principalmente em relação à questão – naquele momento ainda mais fundamental – da ocupação e domínio do espaço brasileiro por parte dos portugueses.

Do Ceará à Bahia a costa encontrava-se sob forte influência francesa, com exceção da capitania de Pernambuco, onde a guerra contra os Caeté ainda não fora vencida. Ilhéus achava-se quase isolada e sob o assédio constante dos temíveis Aimoré, ao passo que Porto Seguro vivia os efeitos de sua própria "guerra civil" depois que os colonos tinham denunciado o donatário Pero do Campo Tourinho à Inquisição em 1547 e o enviado a ferros para Portugal.

No Espírito Santo a situação era ainda mais grave. O donatário Vasco Fernandes Coutinho, tido como o mais incapaz de todos os capitães do Brasil, vira seu lote transformar-se em "valhacouto de traficantes" de pau--brasil e, principalmente, de escravos. Cansados dos "saltos" de que eram vítimas, os indígenas se preparavam para atacar Vitória, a nova sede da donataria. Tal destino já havia se concretizado na capitania de São Tomé, que fora simplesmente abandonada por Pero de Góis e se encontrava sob o controle dos indômitos Goitacá.

No Rio, os franceses tinham erguido, numa ilha no interior da baía de Guanabara, "uma das mais fortes fortalezas da cristandade, insuperável às forças humanas",⁵ ao passo que a vizinha São Vicente via-se permanentemente ameaçada pelos Tamoio, que, insuflados pelos homens de Villegaignon, partiam do Rio para atacá-la com crescente audácia e frequência. Como se não bastasse, havia, na capitania de Martim Afonso, graves dissidências internas entre os colonos, e o Colégio de São Paulo de Piratininga, erguido pelos jesuítas menos de três anos antes, estava a um passo de ser abandonado.

Tão fragilizadas quanto o domínio territorial encontravam-se a administração da Justiça e da Fazenda na América portuguesa. A corrupção e os desmandos que imperavam na capital – exemplarmente retratados pelo conflito entre D. Duarte e o bispo Sardinha – não eram exclusividade da cidade de Salvador: as demais capitanias enfrentavam problemas semelhantes, pois, tão logo tomavam o poder, os homens mais abastados colocavam o aparelho judiciário e o fiscal a seu serviço, em detrimento do restante da população.

Uma das análises mais lúcidas dessa questão foi feita pelo brasilianista Harold Johnson: "Os agravos, vexames e acusações mútuas ocorridos no âmbito da disputa entre o bispo e o governador constituem exemplo significativo de uma realidade que marcou indelevelmente todo um vasto período da vida do reino e sobretudo das colônias, onde o poder da Coroa era mais débil. Discórdias e rivalidades pessoais entre as figuras de proa das coletividades humanas estendiam-se rapidamente às hostes dos respectivos apaniguados e clientes, repercutindo na administração e em todos os domínios do cotidiano. Refletia-se desta forma a contaminação da esfera do público pela do privado, problema para cuja resolução as medidas tomadas pela Coroa – no sentido de distribuir os cargos de acordo com o preparo técnico de quem os iria desempenhar mais do que com o desejo de contentar poderosos e preferidos – nunca se revelaram suficientemente eficazes. Com efeito, cada figura proeminente fazia-se rodear de grande número de protegidos, familiares e compadres, cuja partilha de interesses e a dependência em relação à sua vontade os levava a preocupar-se mais em servir aquele com quem eram solidários, e de quem dependia seu modo de vida, do que a agirem de acordo com o bem comum, de forma reta e justa."⁶

O NOVO GOVERNADOR-GERAL

Pode-se afirmar, portanto, que em dezembro de 1556 o domínio português do Brasil encontrava-se em estágio ainda mais frágil do que em fins de 1548, quando D. João III e seus conselheiros, sob a liderança do conde da Castanheira, tinham decidido estabelecer o Governo-Geral justamente para fortalecer a posse sobre o território e colocá-lo sob a égide da lei e da ordem. Assim, apesar dos inúmeros problemas que, naquele momento, assolavam o reino e demais territórios ultramarinos, ficou claro que alguma coisa deveria ser feita com relação ao Brasil. Pelo menos dessa vez, o rei e seus assessores agiram com prontidão.

Mem de Sá

Nesse sentido, a virulenta carta que os vereadores de Salvador enviaram para Lisboa em 18 de dezembro sequer teria sido necessária. Isso porque, em 23 de julho daquele ano – cinco meses antes da correspondência (e apenas cinco dias após a morte do bispo) –, D. João III já havia nomeado um novo governador-geral para o Brasil. Os destinos da colônia passariam às mãos de um indivíduo de personalidade férrea e índole guerreira: o desembargador Mem de Sá.

Tido como "homem de toga e espada",[7] Mem de Sá era um exemplar típico da ascendente classe de letrados que, cada vez mais, tomava em suas mãos as rédeas do reino. Um dos 13 filhos ilegítimos de Gonçalo Mendes de Sá, cônego da Sé de Coimbra, Mem de Sá provavelmente nasceu em 1506. Não se sabe quem foi sua mãe, mas provavelmente não era a fidalga Inês de Melo, "mulher solteira" com a qual Gonçalo teve oito filhos que, mais tarde, tratou de legitimar (e entre os quais não incluiu o terceiro governador do Brasil). Um dos irmãos legitimados era o consagrado poeta Sá de Miranda, "o introdutor da escola Renascentista em Portugal".[8]

Apesar da origem bastarda, Mem de Sá revelou-se aluno brilhante e traçou o próprio caminho até o topo da burocracia portuguesa. Em 1520, aos 14 anos, já frequentava, junto com o irmão poeta, a Universidade de Salamanca, na Espanha, na qual se formava boa parte dos "letrados" portugueses. Seis anos mais tarde, tornou-se bacharel em Direito Canônico, não sem antes ter travado uma áspera discussão acadêmica que se tornou célebre com o famoso lente Martin de Azpilcueta Navarro (que, mais tarde, como já foi dito, seria mestre do padre Manuel da Nóbrega na mesma universidade).

Em 1528, Mem de Sá obteve a licenciatura em Leis e, disposto a fazer carreira no Judiciário, transferiu-se para Lisboa, onde, segundo um de seus biógrafos, "exerceu cargos sempre mais elevados, tornando-se eminente magistrado".[9] Foi nessa época que o irmão Sá de Miranda enviou-lhe uma de suas mais famosas cartas, "redigida em admiráveis quintetos",[10] na qual recontou a conhecida fábula do rato da cidade e do rato do campo. Preocupado com a crescente ambição do irmão, o poeta o incita a seguir seu exemplo, "abandonando as tentações do Paço Real para recolher-se a um lugar tranquilo, onde possa gozar sua liberdade". Em tom franciscano, repreende-lhe "o excesso de fadigas e o infundado receio de pobreza"[11] com as seguintes linhas:

> *Fracos de fé, da fraqueza*
> *Vem estes vossos suores,*
> *Estes medos à pobreza*
> *Olhai como a natureza*
> *Veste ricamente as flores*
>
> *Em quanto de uma esperança*
> *Em outra esperança andais*
> *Trazer-vos quero a lembrança*
> *Como é leve e não se alcança*
> *Que sempre há diante e mais...*

Mas as esperanças de Mem de Sá eram palpáveis e não estavam tão distantes assim. Da mesma forma, pode-se afirmar que, infundado ou não, seu suposto "receio à pobreza" o impulsionaria a se tornar o homem mais rico do Brasil no século XVI – e o mais acusado de corrupção. Mas ainda havia um longo caminho pela frente, e Mem de Sá não se afastou dele; pelo contrário, seguiu-o à risca, tornando-se, primeiro, desembargador (cargo para o qual foi nomeado em maio de 1532, com salário anual de 60 mil reais) e, quatro anos mais tarde (março de 1536), corregedor dos feitos cíveis (com 80 mil reais de rendimentos). Sua ascensão completou-se em agosto de 1541, quando o rei o fez desembargador dos agravos da Casa de Suplicação, com 100 mil reais de salário anual.

Era esse o cargo que ele exercia quando, em 23 de julho de 1556, D. João III nomeou-o "terceiro governador-geral das partes do Brasil". A carta de nomeação diz: "Pela muita confiança que tenho em Mem de Sá, fidalgo de minha casa, que nas coisas de que o encarregar me saberá bem servir e o fará com o cuidado e a diligência que dele se espera, como até aqui tem feito nas coisas de meu serviço, hei por bem e me apraz de lhe fazer mercê dos ditos cargos de governador-geral das partes do Brasil por tempo de três anos, e com 400 mil reais d'ordenado em cada um ano." Em 7 de novembro do mesmo ano, D. João o fez membro do Conselho Real. Antes, em 21 de agosto, já lhe concedera um aumento de 200 mil reais, o que elevou seu ordenado a 600 mil reais anuais – o mais alto pago até então a um governador do Brasil.

Com os amplos poderes conferidos pela carta de nomeação, e com a autoridade de membro permanente do Conselho do Rei, Mem de Sá – cujos rendimentos haviam sido sextuplicados – começou a se preparar para partir para o Brasil. Aos 50 anos de idade, servia há 24 como magistrado, era viúvo (sua mulher, dona Guiomar, filha de um desembargador do Paço, morrera em 1542) e pai de cinco filhos. Um deles, João Rodrigues de Sá, fora morto em Ceuta, no Marrocos, combatendo os mouros, em 1553. Outro, Fernão de Sá, viria com ele para o Brasil – e em março de 1558 também sucumbiria na mão dos "infiéis", nesse caso os indígenas do Espírito Santo.

UMA VIAGEM DE DANAÇÃO

Mem de Sá partiu para Salvador comandando uma única nau, a bordo da qual se acotovelavam 336 pessoas. O navio zarpou do porto de Lisboa em 30 de abril de 1557 – nove meses e uma semana após a nomeação do governador. Desde o início, nada saiu como o esperado, pois, já naquela noite, a aproximação de uma tempestade forçou a embarcação a ancorar nos Cachopos, o perigoso banco de areia que sinalizava o final da barra do Tejo e à frente do qual estendia-se a vastidão do oceano. Foi o prenúncio do que estava por vir.

Mem de Sá encarregou-se de descrever a sequência de desventuras que assinalaram a viagem: "Fui direto às ilhas do Cabo Verde, do Príncipe e São Tomé, onde adoeceu quase toda a gente e morreram 42 pessoas das 336 que vinham na nau, as quais continuamente provi e mandei prover de galinhas e o mais necessário em abastança, que foi a causa, depois de Deus, de se salvarem muitas." Ao deixar o arquipélago, o navio continuou enfrentando correntes adversas e borrascas em série: "Por os tempos serem contrários, andei oito meses menos dois dias no mar",[12] relatou Sá.

Tão longa foi a jornada que, quando o novo governador-geral enfim aportou em Salvador – o desembarque deu-se em 28 de dezembro de 1557 –, muita coisa havia mudado em toda a Europa Ocidental. As transformações mais marcantes foram as ocorridas no reino: em 11 de junho daquele ano – quarenta dias após a partida de Mem de Sá –, o rei D. João III morreu, fulminado por uma apoplexia, sem ter assinado seu testamento nem jurado um herdeiro.

Embora a morte do monarca tenha sido de todo inesperada – como a ausência de testamento indica –, na prática era como se ele já estivesse morto, pois havia cinco anos que praticamente se afastara de cena, dedicando-se às orações e ao retiro, e passando os afazeres do governo para sua mulher, a rainha D. Catarina. O mais irônico é que o estopim da crise espiritual ocorrera em um momento de glória para o rei: em meio ao casamento do príncipe D. João, o único sobrevivente dentre os nove filhos que tivera com D. Catarina.

Nascido em 3 de junho de 1537, o príncipe D. João desde cedo revelara uma saúde frágil. Por isso, tão logo o herdeiro completou 15 anos, o rei tratou de lhe arrumar um bom casamento. Embora as negociações tenham sido custosas (em todos os sentidos), ficou acordado que o príncipe se casaria com a princesa D. Joana, filha do imperador Carlos V (irmão de D. Catarina) e de D. Isabel (irmã de D. João III), além de irmã do futuro Felipe II. Em meio a grandes pompas, o casamento, que deu continuidade à política de uniões matrimoniais entre os soberanos e herdeiros de Portugal e de Castela, realizou-se em Lisboa em dezembro de 1552.

Foi então, em plena "sala da rainha", no Paço Real de Lisboa, durante a cerimônia, que um calvinista inglês, um certo William Gardiner, de

Bristol, levantou-se e, na presença da família real e diante de toda a corte, "arrancou a hóstia consagrada das mãos do sacerdote, arremessando-a ao chão, quebrando-a em muitas partes, e ainda derramando o vinho não consagrado".[13] Embora Gardiner tenha sido preso e executado com requintes de crueldade, o episódio abalou profundamente D. João III, que o teria visto como "um sinal dos céus" a anunciar desgraças futuras.

A partir daí, "o rei passou a envergar luto fechado e a dedicar-se praticamente só à oração", como revela o historiador João José Alves Dias. "D. João faltava às reuniões do conselho e entregou praticamente tudo nas mãos da mulher", D. Catarina. Em carta enviada a seu irmão, Carlos V, a rainha diz que "havia parecido bem a Sua Alteza dar-me parte [no governo] para descansar". Mas o núncio papal em Lisboa, Giovanni Ricci, foi mais longe ao comunicar ao Vaticano: "É ela quem governa."

Um ano e meio antes de sua morte e, segundo seu secretário particular, Pero de Alcáçova Carneiro, "muito cansado dos negócios e já ameaçado de algumas indisposições", o rei simplesmente deixou de assinar os documentos, limitando-se a escutar sua leitura e deixando à mulher e a Carneiro a tarefa de validá-los "com dois sinetes de prata, um para as cartas, outro para os alvarás".[14]

Naquela época, a desesperança de D. João não estava mais ligada apenas ao famigerado "episódio do desacato à hóstia". Algo pior de fato havia acontecido: no dia 2 de janeiro de 1554, o combalido príncipe D. João, último filho vivo do rei, faleceu sem ter completado 17 anos. Menos mau que sua esposa, a princesa D. Joana, de 15, estava grávida de oito meses e, no dia 20 de janeiro – menos de três semanas após a morte do marido –, deu à luz o príncipe D. Sebastião.

Houve festa e louvações nas ruas do reino: o trono de Portugal tinha um novo herdeiro varão, o que diminuía a angústia de boa parte da corte de que, na ausência de um sucessor direto, a Coroa portuguesa pudesse passar às mãos do infante D. Carlos, filho de Felipe II com a já falecida D. Maria (por sua vez, filha de D. João III e irmã do recém-falecido príncipe D. João). "Nascido neste contexto de expectativas sombrias e recebendo, mesmo antes de nascer, a tarefa de retomar os passos venturosos de seu bisavô, D. Manuel, D. Sebastião ganhou de seus futuros súditos o condinome de Desejado", ressalta a historiadora Jacqueline Hermann.[15]

O rei D. João III

Tais anseios tornaram-se ainda maiores quando D. Sebastião tinha apenas 3 anos de idade e a apoplexia fulminou seu avô, D. João III, o rei de 55 anos que passara 36 no poder. "Foi uma morte feliz, de uma felicidade quase imerecida", julga o historiador português Mário Domingues, para quem "o reinado de D. João III caracterizou-se pela desagregação e corrupção da engrenagem do Estado; pela desmoralização e miséria do povo que nada aproveitava das riquezas da Índia; pelo descalabro financeiro de culpa da administração caótica de um Tesouro que mal chegava para satisfazer os apetites de uma numerosa corte parasitária e pela ruína do comércio causada pelo confisco dos bens dos cristãos-novos, de que a nação nada aproveitou, porque tais riquezas, como se fossem lançadas ao Tejo junto com as cinzas dos judeus queimados, perderam-se na posse do Estado perdulário e na voragem dos carcereiros e integrantes do Santo Ofício, que não faziam com elas coisa alguma de produtivo".[16]

O implacável julgamento de Domingues não é compartilhado por outros pesquisadores, embora, como já foi dito, o juízo a respeito do antepenúltimo soberano da dinastia de Avis mantenha-se, ainda hoje, controverso. Na análise de historiadores mais conservadores, D. João é apontado como "o rei que civilizou o Brasil", embora a maior parte de sua política relativa à América portuguesa – da implantação do regime das capitanias hereditárias em 1532 à instituição do Governo-Geral em 1548 – deva ser atribuída, conforme já se viu, muito mais ao conde da Castanheira do que ao monarca.

D. João foi enterrado com toda a pompa em 16 de junho de 1557. Dois dias depois, o pequeno D. Sebastião era aclamado rei. A ausência de um testamento formal, porém, envolveu o reino em polêmica, pois não só o Desejado não fora jurado herdeiro como era pouco mais que um bebê.

A questão foi resolvida por meio do que se supõe um ardil de Pero de Alcáçova Carneiro: o hábil e todo-poderoso secretário particular do rei declarou possuir uns "apontamentos das intenções" que o monarca suspostamente lhe manifestara, de acordo com as quais seria vontade régia que, durante a menoridade de D. Sebastião, a regência de Portugal ficasse a cargo da rainha D. Catarina até o novo monarca completar 20 anos de idade.

A Câmara de Lisboa não aceitou pacificamente o conteúdo (nem a veracidade) do suposto documento. O Senado, em reunião extraordinária, não deixou de observar que D. Catarina era castelhana, além de ser tia e sogra do novo rei da Espanha, Felipe II, salientando também haver parentes varões do rei ainda vivos – como seu irmão, o cardeal D. Henrique, que muitos preferiam ver como regente, até porque sua política era nitidamente anticastelhana. Mas a decisão atribuída a D. João III acabou validada pelo Conselho Real, que conseguiu ao menos impor a presença de D. Henrique junto ao trono. "Embora a Câmara de Lisboa tenha chamado esta transmissão de poderes de *eleição*, tratou-se, antes, de um *pacto*", observa João José Alves Dias.

A rainha D. Catarina

D. Catarina governou com o apoio do Conselho, no qual assumiram papel de destaque, além do conde da Castanheira, seu primo-irmão Martim Afonso de Sousa (apesar das acusações de corrupção que pesavam sobre seu péssimo governo como vice-rei da Índia entre 1541 e 1545), o bispo de Portalegre, D. Julião de Alva, e o nobre Jorge da Silva, bem como o influente secretário Pero de Alcáçova Carneiro.

O conde da Castanheira cedo se afastaria do centro do poder. Antes mesmo da morte de D. João III, Ataíde já se mostrava insatisfeito com sua situação pessoal, pois, a 11 de janeiro de 1557 – exatos cinco meses antes do súbito falecimento do monarca –, havia escrito um vigoroso libelo, que intitulou *Documento em que D. Antônio de Ataíde, primeiro conde da Castanheira, dá em razão de si para seus filhos e descendentes*, no qual afirmou: "Por algumas coisas que se atravessaram de seis a sete anos até agora [1557], me pareceu que Sua Alteza me devia fazer marquês e lhe falei disso e foi-me bem recebido, porque na verdade assim era razão que fosse, tanto pela criação que S. A. em mim fez quanto por razões outras que eu tinha e o tempo então me deu. Mas parece que havia outras para S. A. não me dever fazer essa mercê, por não agravar algumas pessoas, ou pelo que fosse, e ele por derradeiro se escusou de, por então, me fazer marquês."[17]

Nove meses após a redação do texto, e apenas quatro depois da posse de D. Catarina como regente, a situação parece ter se tornado insustentável para o conde. Em 22 de outubro de 1557, além de não ter virado marquês, foi substituído no cargo de vedor da Fazenda (que ocupava desde 1529) pelo ex-governador do Brasil, Tomé de Sousa, também seu primo-irmão. Ataíde então sai de cena, recolhendo-se a sua bela propriedade rural. Seis anos mais tarde, o homem que tinha mudado o destino do Brasil estaria morto. Seu falecimento deu-se em 7 de outubro de 1563.

Embora tenha vivido mais do que o primo famoso, Tomé de Sousa jamais desfrutaria de igual poder. Mesmo mantendo-se por alguns anos como vedor da Fazenda, sua atuação no cargo e no Conselho foi bastante apagada. "Apesar de continuar a serviço da corte", diz Pedro Calmon, "tinha pensamento posto em suas pacíficas terras no interior, desgostoso, como Sá de Miranda, das louçanias de palácio, mais inclinado à religião e aos bens financeiros."[18] Aposentando-se em 1575 com 200 mil reais de salário e várias tenças e mercês (entre as quais o ofício de tesoureiro da Bahia, para o qual podia nomear quem quisesse), Tomé de Sousa retirou-se para sua quinta às margens do Tejo. Lá morreu em 28 de janeiro de 1579.

Dona Catarina manteve o governo de Portugal em padrões muito similares aos de seu marido. Na política externa, não se desviou no essencial das linhas ditadas por seu irmão, Carlos V, e seu sobrinho, Felipe II – como D. João III vinha fazendo em seus últimos dias de governo. Internamente, D. Catarina continuou fiel aos ideais da Contrarreforma, aumentando os poderes da Inquisição e da Companhia de Jesus.

Para os jesuítas, a medida não poderia vir em melhor hora. Afinal, em 31 de julho de 1557, exatos cinquenta dias após a morte de D. João – e enquanto Mem de Sá ainda navegava para o Brasil –, falecia em Roma, em meio a dores excruciantes, mas em silêncio estoico, o padre Inácio de Loyola, fundador e primeiro geral da ordem que havia mudado a história da Igreja. As regras rígidas e o dever à obediência tão caro aos jesuítas não foram o bastante para assegurar uma sucessão tranquila. A posse do cristão-novo Diego Laynes à frente da Companhia deu-se em meio a turbulências internas e só iria se concretizar um ano depois da morte de Loyola, em 19 de junho de 1558.

Os novos rumos do Vaticano tornaram o processo sucessório dos "soldados de Cristo" ainda mais delicado. Isso porque, em 23 de março de 1555, cerca de dois anos antes da morte de Loyola, o papa Júlio III, ardente defensor dos jesuítas, tinha falecido. Tomando posse em 1º de maio de 1555, seu sucessor, Marcelo II, ficou apenas 38 dias no poder, pois um enfarte o fulminou. Então, em 23 de maio daquele ano, o cardeal Giampedro Carafa, de 79 anos, foi eleito papa, assumindo o trono de Pedro sob a denominação de Paulo IV.

O "temível ancião", destinado a se tornar "o papa mais odiado do século XVI",[19] era um velho inimigo da Companhia de Jesus (*leia nota lateral*). Além do rancor a Loyola, o novo papa achava que os jesuítas eram um instrumento da política expansionista da Espanha e, de certo modo, da de Portugal. E o velho Carafa detestava tudo que se relacionasse à Espanha. O ressentimento vinha do controle espanhol sobre sua terra natal, Nápoles, e de sua desconfiança da política religiosa de Carlos V e de seu sucessor, Felipe II. Por isso, Paulo IV mergulhou o papado em uma desastrosa guerra

CHISPAS NOS PÉS

A inimizade de Paulo IV com Loyola havia começado em 1547, quando, ao visitar Nápoles, o líder dos jesuítas ousou criticar abertamente o extravagante estilo de vida do então cardeal. Ao saber que seu desafeto se tornara papa, Loyola teria, de acordo com um de seus inúmeros biógrafos, o alemão Ludwig Marcuse, "perdido o autocontrole, talvez pela primeira vez" desde os turbulentos dias de sua mocidade. "Ele estremeceu da cabeça aos pés", completa o historiador Eamon Duffy. Se de fato o fez, Loyola não foi o único. Conforme Duffy: "Diziam que saltavam chispas dos pés de Paulo IV quando ele andava pelo Vaticano e ele comandou a Igreja sob uma atmosfera de medo crescente."

com a Espanha. O conflito rebentou em janeiro de 1557. "A Europa viu com incredulidade o pontífice guerrear contra o país que, junto com Portugal, era o principal propulsor da reforma católica", diz o historiador Eamon Duffy.[20]

A guerra com os Estados Papais amargurou de tal forma Carlos V – que, em outubro de 1555, já havia renunciado ao trono da Espanha em favor do filho, Felipe – que o imperador retirou-se para o mosteiro de Yuste, na Extremadura, e lá se manteve até a morte, ocorrida em 21 de setembro de 1558. O conflito com Paulo IV foi apenas mais um dos problemas que Felipe II teve de enfrentar, pois, como o rei da França, Henrique II, aliara-se ao papa, o jovem soberano espanhol viu-se na contingência de lhe declarar guerra em 7 de junho de 1557 – apenas quatro dias antes da morte de D. João III e menos de quarenta após a partida de Mem de Sá para a Bahia.

A inacreditável sequência de mortes e reviravoltas políticas ocorridas enquanto o futuro governador-geral do Brasil permanecia no mar em luta contra as intempéries não se limitou àquelas ocorridas na Europa. Também na América, duas figuras emblemáticas faleceram durante a viagem de Mem de Sá. No dia 5 de outubro de 1557 morria, em Salvador, o lendário Caramuru. A morte do já sexagenário Diogo Álvares – que teria naufragado nas cercanias de Salvador por volta de 1511 – marcou o fim do período que já foi chamado de "colonização acidental"[21] do Brasil.

Dois dias antes de Caramuru – em 3 de outubro de 1557, portanto –, morria em Assunção, no Paraguai, um homem que em tudo diferia do sossegado patriarca baiano. Era o governador do Paraguai, Domingo de Irala. Nesse caso, porém, a notícia – que levaria meses antes de ser conhecida na Bahia – foi reconfortante para os portugueses em geral e para Mem de Sá em particular. Afinal, apesar de toda a controvérsia que ainda hoje cerca a personalidade e o desempenho de Irala à frente do governo, não restam dúvidas de que ele fortaleceu a presença castelhana no Paraguai ajudando a tornar Assunção um sólido impedimento ao avanço português em direção ao Peru. Irala também havia mandado fundar Ontovieros e Vila Rica, lançando as bases para o estabelecimento dos espanhóis no território hoje ocupado pelo estado do Paraná – o qual, também por isso, só iria passar ao domínio português um século mais tarde, graças ao empenho e à violência dos sertanistas de São Paulo, os homens que, muito mais tarde, a história iria chamar de "bandeirantes".

SOB NOVA DIREÇÃO

Então, quando faltavam apenas três dias para o fim daquele agitadíssimo ano de 1557, Mem de Sá enfim chegou à Bahia.

Embora em Salvador se julgasse que o novo governador não iria aportar no Brasil antes do início de 1558, pelo menos já se sabia – após sete meses de angústia e silêncio – que ele estava vivo, pois, no dia 15 de dezembro, uma caravela "que vinha carregada de escravos da Guiné" chegara à Bahia, vinda da ilha de São Tomé, com a notícia de que, poucas semanas antes, "a nau de Mem de Sá fora aportar lá, com grande aperto e falta de água".[22]

De acordo com aqueles traficantes de escravos, o navio do governador havia partido da ilha no mesmo dia que eles e em breve deveria chegar ao Brasil. De fato, duas semanas mais tarde, para alegria de boa parte dos moradores da capital, o desembargador Mem de Sá ancorava em Salvador – "oito meses menos dois dias" após ter zarpado de Lisboa.

Assim que pisou em terra, o novo governador dirigiu-se para o Colégio dos Jesuítas, onde, em companhia do padre Nóbrega, teria permanecido recluso por cinco dias, ao longo dos quais dedicou-se aos "exercícios espirituais" de Inácio de Loyola. Portanto, além de jejuar e meditar sobre as pesadas tarefas que o aguardavam, Mem de Sá teria se "disciplinado" – açoitando-se com a ajuda do líder dos jesuítas no Brasil. Em 3 de janeiro de 1558, "animadíssimo", de acordo com o depoimento do próprio Nóbrega, Sá deixou "o silêncio da casa religiosa" e se apresentou aos vereadores da Câmara da Bahia, dando início efetivo ao seu governo.[23]

ATALHANDO AS DEMANDAS
O padre Nóbrega confirma o depoimento de Mem de Sá ao informar, praticamente com as mesmas palavras, que o novo governador "cortou as longas demandas e consertou as partes, atalhando da mesma forma as novas causas que nasciam, ao ponto de ficarem vazias as audiências". Escrevendo setenta anos após os acontecimentos, frei Vicente do Salvador assegura que, ao chegar "certo dia para a audiência, o doutor Pero Borges não encontrou um só requerente do que, levantando as mãos ao céu, deu graças a Deus". Embora seus aliados (e a maioria dos futuros biógrafos) afirmem que Mem de Sá "saneou" a justiça na colônia, o fato é que, embora graves acusações pesassem sobre Pero Borges, o governador o manteve no cargo de ouvidor-geral até pelo menos 1560.

Naquele mesmo dia, D. Duarte da Costa, seu filho D. Álvaro e vários de seus aliados partiam para Portugal, onde, em vez de punição, apenas mercês e comendas os aguardavam. Duarte da Costa terá morrido em 1570, ainda como membro do Senado da Câmara, ao passo que D. Álvaro pereceu, ao lado do rei D. Sebastião e junto com boa parte da jovem nobreza portuguesa, a 4 de agosto de 1578, no fragor da batalha de Alcácer Quibir, no Marrocos – conflito que, entre outras mudanças drásticas, iria marcar o início do fim da dinastia de Avis.

Como não é difícil supor, em se tratando de um homem que, antes de assumir o governo, se submetera à disciplina dos "exercícios espirituais", Mem de Sá deu início a uma administração rígida e moralista. Proibiu o jogo, a vadiagem, a embriaguez e as visitas dos colonos às aldeias aliadas. Baniu, definitivamente, a antropofagia entre os indígenas que viviam nas cercanias de Salvador e, a partir de 1560, iria forçá-los a viver em grandes aldeamentos, sob o controle dos jesuítas, como queria Nóbrega. Acima de tudo, como desembargador, tratou de "encurtar as demandas [judiciais], consertar as partes e aplacar os antigos ódios", segundo ele próprio relatou ao reino (*leia nota na pág. 267*). De acordo com frei Vicente do Salvador, Mem de Sá também forçou os funcionários públicos a trabalharem mais, "pois viviam mui à larga".

Os rigores da lei e da ordem tais como estabelecidas por Mem de Sá foram reservados para os indígenas rebeldes. Embora quase dois anos já se houvessem passado desde que a Guerra de Itapuã fora vencida por Álvaro da Costa, o governador informou ao reino que, ao desembarcar na Bahia, encontrou "toda a terra em guerra, sem que os homens ousassem fazer suas fazendas senão ao redor da cidade, pelo que viviam mui apertados e necessitados por não terem peças [escravos]".[24]
O governador tratou então de lançar uma devastadora ofensiva contra as tribos insurretas do Recôncavo, ao fim da qual, "à frente dos soldados, na imensa mata", restavam "160 aldeias incendiadas, mil casas arruinadas pela chama devoradora, campos assolados, tudo passado a fio de espada", como o jesuíta José de Anchieta achou por bem cantar no poema épico *Os Feitos de Mem de Sá*. Calcula-se que pelo menos 6 mil indígenas tenham sido mortos ao longo da chamada Guerra de Paraguaçu.

Os massacres perpetrados em setembro de 1558 foram uma espécie de preliminar revelando com que ferocidade e disposição Mem de Sá iria tratar da expulsão dos franceses então instalados no Rio de Janeiro, embora aquela nova guerra fosse se prolongar por quase uma década e lhe custar dissabores muito maiores, como as mortes de um filho e de seu sobrinho predileto.

Esse capítulo sangrento estava destinado a ser o passo seguinte da formação do Brasil. Como os anteriores, seria um episódio controverso e dramático.

NOTAS

INTRODUÇÃO
1 – "em a Índia" – segundo os anais da *Chancelaria de D. João III*, citados em *História da Colonização Portuguesa do Brasil* (doravante mencionada como HCP). Para as referências sobre os livros citados nas notas, veja *Bibliografia*.
2 – "velho e doente" – carta de Duarte da Costa ao rei D. João III, publicada em HCP.
3 – "lhe deitarem" – carta atribuída a Francisco Pereira, citada por Edison Carneiro em *A Cidade do Salvador – 1549*.
4 – "de peleja" – *Regimento de Tomé de Sousa*, publicado pela Biblioteca Nacional de Lisboa, Arquivo da Marinha, e reproduzido em HCP.
5 – "e mal ensinados" – carta de Duarte Coelho ao rei, publicada em HCP.
6 – "seus crimes" – Edison Carneiro em *A Cidade do Salvador – 1549*.
7 – "de a povoar" – carta de Pero do Campo Tourinho ao rei D. João III, publicada em HCP.
8 – "quatro meses" – idem nota 6 acima.
9 – "antes de dois anos" – carta de Pero de Góis ao rei D. João III, publicada em HCP.
10 – "ter o outro" – carta de Luís de Góis, publicada por Francisco Adolfo de Varnhagen em *História Geral do Brasil*.
11 – "rei papeleiro" – Mário Domingues em *D. João III: o homem e sua época*.
12 – "no meio do corpo" – frei Vicente do Salvador em *História do Brasil*.
13 – "Estado moderno" – a expressão, comum para designar os Estados criados no decorrer do período moderno, é frequentemente utilizada pelos historiadores portugueses Joaquim Romero Magalhães e João José Alves Dias.
14 – "de seus magistrados" – Stuart Schwarcz em *Burocracia e Sociedade no Brasil Colonial*.
15 – "as mais variadas formas" – Virgínia Rau em *A Casa dos Contos*.
16 – "coisas do governo" – idem nota 6 acima.
17 – Harold B. Johnson em *O Império Luso-brasileiro – 1500-1620*.

PARTE I
1 – "que o fareis" – A carta de D. João III para Caramuru foi descoberta e publicada pela primeira vez por Francisco Adolfo de Varnhagen nas páginas do *Diário Oficial do Rio de Janeiro*, em dezembro de 1872, e reproduzida em sua *História Geral do Brasil*. Alguns historiadores, entre os quais Cândido Mendes e Capistrano de Abreu, colocaram em dúvida a autenticidade do documento.
2 – "ninho de mamelucos" – Alberto Silva em *A Primeira Capital do Brasil*.
3 – "lhe levara" – Edison Carneiro em *A Cidade do Salvador – 1549*.
4 – "amigos antigos" – carta de Nóbrega, de abril de 1549, publicada em *Cartas do Brasil*.
5 – "falha de rasgo" – Joaquim Romero Magalhães em *Portugal no Alvorecer da Modernidade*.
6 – "arrancar alguma decisão" – frase do historiador Charles De Witte, cuja veracidade é atestada

por depoimentos de contemporâneos de D. João III, como o conde da Castanheira e Fernão d'Álvares de Andrade.

7 – "da corte espanhola" – João José Alves Dias em *Portugal: do Renascimento à crise dinástica*.

8 – "prudência e habilidade" – idem nota 7 acima.

9 – "infância e adolescência" – Joaquim Romero Magalhães, idem nota 5.

10 – "cousas do Reino" – segundo *As gavetas da torre do Tombo*, vol. V, citado por João José Alves Dias, idem nota 7.

11 – "particular apetite" – Damião de Góis em *Crônica do Felicíssimo Rei D. Manuel*.

12 – "grossa fazenda" – Pedro Calmon em *História da Fundação da Bahia*.

13 – "da capital" – Júlio de Castilho em *Lisboa Antiga*, citado por Pedro Calmon, idem nota 12 acima.

14 – "reunidas" – William M. Thomas, revista *Oceanos* (Lisboa, junho de 1996).

15 – "estava assentado" – carta de Fernão d'Álvares citada por Edison Carneiro no apêndice do livro referido na nota 3 acima.

16 – "coisas do Brasil" – a frase é de Pedro Calmon (idem nota 12), mas a opinião é compartilhada por Carlos Malheiro Dias, Pedro de Azevedo, Francisco de Varnhagen, Rocha Pombo e Capistrano de Abreu, entre outros historiadores que escreveram no século XIX e início do século XX.

17 – "não o merecia" – carta de Antônio de Ataíde ao rei D. João III, publicada em HCP.

18 – "normandos e bretões" – Jorge Couto, em *A Construção do Brasil*.

19 – "nenhum remédio" – carta de Antônio de Ataíde para o rei D. João III, publicada em *História da Colonização Portuguesa do Brasil* (HCP).

20 – "tino e siso" – os adjetivos foram usados por Edison Carneiro no livro citado na nota 3 acima, mas os mesmos conceitos podem ser encontrados nas cartas de Antônio de Ataíde, Manuel da Nóbrega e Fernão d'Álvares de Andrade.

21 – "memória de seu estado" – segundo D. Antônio Caetano de Sousa, citado por Pedro de Azevedo em *A Instituição do Governo Geral* (HCP).

22 – "rendimentos" – Pedro Calmon, idem nota 12.

23 – "Marrocos" – idem nota 21.

24 – "colocados" – idem nota 21.

25 – "sisudo" – carta de D. Antônio de Ataíde a Martim Afonso, citada por Pedro de Azevedo, idem nota 21.

26 – *de Memória* – livro publicado pela Biblioteca Nacional de Lisboa e citado tanto por Pedro de Azevedo como por Pedro Calmon (idem notas 12 e 21).

27 – "do reino" – Virgínia Rau em *A Casa dos Contos*.

28 – " variadas formas" – idem nota 27 acima.

29 – "poder real" – José Manuel Subtil no artigo "A administração central da Coroa", publicado em *Portugal no Alvorecer da Modernidade*.

30 – "lei geral do reino" – idem nota 27 acima.

31 – "sistema político-administrativo português" – idem nota 27 acima.

32 – "próprio rei" – José Adelino Maltez no artigo "O Estado e as instituições", publicado em *Portugal: do Renascimento à crise dinástica*.

33 – "legal do reino" – idem nota 32 acima.

34 – "casinha" – idem nota 32 acima.

35 – "autoperpetuador" – Stuart Schwartz em *Burocracia e Sociedade no Brasil Colonial*.
36 – "sociedade ibérica" – idem nota 35 acima.
37 – "incompetência" – idem nota 35 acima
38 – "magistrados" – Diogo do Couto, citado por Schwartz, nota 35 acima.
39 – "que os pariu" – carta de Tomé de Sousa ao rei D. João III, em HCP.
40 – "regerem" – carta de Pero Borges ao rei D. João III, em HCP.
41 – "grande malícia" – idem nota 40 acima.
42 – "muita falta" – carta de Afonso Gonçalves, de 10 de maio de 1548, publicada em HCP.
43 – "judiciais isentas" – Jorge Couto, em *A Construção do Brasil*.
44 – "levantou no povo" – Vitorino de Almada em *Elementos para um Dicionário de Geografia e História Portuguesa*, publicado pelo Conselho de Elvas em 1888 e reproduzido por Pedro de Azevedo em HCP.
45 – "nem o escrivão" – idem nota 44 acima.
46 – "triste celebridade" – idem nota 44 acima.
47 – "com facilidade" – Manoel Lopes Ferreira, em *Prática Criminal Expedida na Forma da Praxe* (1742), citado por Timothy J. Coates em *Degredados e Órfãs: colonização dirigida pela Coroa no império português*.
48 – "Timothy Coates" – idem nota 47 acima.
49 – "penitenciário português" – idem nota 43 acima.
50 – "referida como tal" – idem nota 43 acima.
51 – "que cá vai" – carta de Fernão d'Álvares citada por Pedro Calmon, nota 12 acima.
52 – "dinheiro" – James Buchan no livro *Frozen Desire – An inquiry into the meaning of money*.
53 – "muito peso" – Serafim Leite, *Breve Itinerário para uma Biografia do Padre Manuel da Nóbrega*.
54 – "principesco" – António José Saraiva, *História da Cultura em Portugal*.
55 – "linhagem" – idem nota 53 acima.
56 – "triste fala" – a expressão é de José Mariz de Moraes e foi utilizada por ele em *Nóbrega – o primeiro jesuíta do Brasil*.
57 – "desprezar a ele" – Antônio Franco em *Ano Santo da Companhia de Jesus em Portugal*, citado por Leite, nota 53 acima.
58 – "os fortes" – carta de Simão Rodrigues a Inácio de Loyola, em *Monumenta Ignaciana*, citado por Leite, nota 53 acima.
59 – "carnavalescas" – Francisco Rodrigues, *História da Companhia de Jesus na Assistência de Portugal*.
60 – "quem sou" – carta de Nóbrega para os irmãos do Colégio de Coimbra, citada por Serafim Leite em *Nóbrega em Portugal*.
61 – "má vida dos cristãos" – carta de Pero Correia aos irmãos do Colégio de Coimbra, em *Cartas dos Primeiros Jesuítas do Brasil*.
62 – "um advogado" – idem nota 53 acima.

PARTE II

1 – "da alimentação" – João Frada, em "A alimentação a bordo das naus na época moderna", artigo publicado em *A Universidade e os Descobrimentos* (Lisboa, Imprensa Nacional, 1998).
2 – "em combate" – Pyrard de Laval, *The Voyage of Pyrard de Laval* (Londres, Hayklut Society, 1888).

3 – "ou na Índia" – Francisco Bethencourt em *História da Expansão Portuguesa*.
4 – "de bombardeiros" – carta de Pero de Góis ao rei D. João III, publicada em *História da Colonização Portuguesa do Brasil* (HCP).
5 – "respeitados" – François Bellec, "A Carreira da Índia no século XVI", artigo publicado no livro *Naus, Caravelas e Galeões* (Lisboa, Quetzal Editores, 1993).
6 – "para as coisas do Governo-Geral" – Edison Carneiro em *A Cidade do Salvador – 1549*.
7 – "outros oficiais" – carta de Pero Borges ao rei D. João III, publicada em HCP.
8 – "refazer-se no Brasil" – Pedro Calmon em *História da Fundação da Bahia*.
9 – "graças de Deus" – carta de Manuel da Nóbrega, publicada em *Cartas do Brasil*.
10 – "todos os da nau" – José Mariz de Moraes em *Nóbrega – o primeiro jesuíta do Brasil*.
11 – "monarcas da Europa" – carta de Américo Vespúcio a Lorenzo de Médici, publicada em *Novo Mundo: as cartas que batizaram a América* (São Paulo, Planeta, 2003).
12 – "franceses e espanhóis" – Myriam Ellis em *A Baleia no Brasil Colonial*.
13 – "doenças contagiosas" – frei Antônio de Santa Maria Jaboatão em *Orbe Seráfico Novo Brazílico*.
14 – Sérgio Buarque de Holanda no parágrafo de abertura de *Visão do Paraíso*.
15 – "pelas várzeas" – Pedro Calmon em *História da Fundação da Bahia*.
16 – "imprudências" – Edison Carneiro, idem nota 6 da Parte II.
17 – "manobra de guerra" – idem nota 6 da Parte II.
18 – "estar agalhasada" – *Regimento Régio Dado a Tomé de Sousa*. A íntegra do documento pode ser lida em HCP.
19 – "antigo cronista da Bahia" – trata-se do professor Luís dos Santos Vilhena, autor de *Recopilação de Notícias Soteropolitanas e Brasílicas*.
20 – "geme água" – idem nota 19 acima.
21 – "nova cidade" – Edison Carneiro, idem nota 6 da Parte II.
22 – "funcionários do urbanismo" – expressão utilizada por Walter Rosa em *Cidades Indo-portuguesas*.
23 – "em projeto colonial" – idem nota 22 acima.
24 – "se completam" – Cid Teixeira no artigo "Centro histórico de Salvador", publicado no livro *Patrimônio Mundial no Brasil*, da Unesco.
25 – "Oriente produtor" – idem nota 24 acima.
26 – "decano dos arquitetos brasileiros" – a expressão é utilizada, entre outros, pelo urbanista Paulo Santos em *Formação da Cidade no Brasil Colonial*.
27 – "ir adiante" – carta de Luís Dias a Miguel de Arruda, publicada em HCP.
28 – "sobeja e basta" – carta de Luís Dias ao rei D. João III, citada por Carneiro, idem nota 6 da Parte II.
29 – Alfred Russel-Wood em *Fidalgos and Philanthropists*.
30 – "ação de urbanizar" – Walter Rosa, idem nota 22 acima.
31 – "provado bem" – Teodoro Sampaio em *História da Fundação da Cidade do Salvador*.
32 – "comum na Bahia" – Teodoro Sampaio, no livro citado na nota 31, acima, analisa o superfaturamento das obras contratadas em regime de empreitada.
33 – "para o Terreiro" – Edison Carneiro, idem nota 6 da Parte II.
34 – "outras coisas" – segundo os *Documentos Históricos* ("Alvarás, Provisões e Mandados") publicados em 1937 pela Biblioteca Nacional.

35 – "ordenados de el-rei" – idem nota 34 acima.
36 – Pedro Calmon – idem nota 8 da Parte II.
37 – "pernoitar nas naus" – Teodoro Sampaio, idem nota 31 acima.
38 – "rancharia" – Pedro Calmon, idem nota 8 da Parte II.
39 – "o que fazer" – carta de Antônio Cardoso de Barros ao rei D. João III, publicada em HCP.
40 – "dentro delas" – Teodoro Sampaio, idem nota 31 da Parte II.
41 – "de área" – A. H. de Oliveira Marques no capítulo "A casa", publicado no livro *A Sociedade Medieval Portuguesa – Aspectos da vida quotidiana*.
42 – "nova imposição" – Teodoro Sampaio, idem nota 31 da Parte II.
43 – "sustância do pão" – Pero de Magalhães Gândavo em *Tratado da Terra do Brasil*.
44 – "se come assado" – Fernão Cardim em *Tratados da Gente e Terra do Brasil*.
45 – "produtor" – Teodoro Sampaio, idem nota 31 da Parte II.
46 – "novilhos" – carta de Tomé de Sousa ao rei D. João III, de julho de 1551.
47 – "tremedal" – Edison Carneiro, idem nota 12 da Parte II.
48 – "do fisco" – Teodoro Sampaio, idem nota 31 da Parte II.
49 – "ananás" – Simão de Vasconcelos, idem nota 14 da Parte II.
50 – "incomodar" – Teodoro Sampaio, idem nota 31 da Parte II.
51 – "seu ofício" – carta de Duarte da Costa ao rei D. João III, em HCP.
52 – "tão diverso" – Teodoro Sampaio, idem nota 31 da Parte II.
53 – "na luxúria" – Teodoro Sampaio, idem nota 31 da Parte II.
54 – "dos mouros" – carta de Diogo de Gouveia ao rei D. João III, HCP.
55 – "consciência" – carta de Pero Fernandes Sardinha ao rei D. João III, publicada por Capistrano de Abreu em nota à *História Geral do Brasil*, de Francisco Adolfo de Varnhagen.

PARTE III

1 – "de má vida" – Serafim Leite em *Nóbrega e a Fundação de São Paulo*.
2 – "poder do dinheiro" – Pedro de Azevedo no artigo "Os primeiros donatários do Brasil", publicado em *História da Colonização Portuguesa do Brasil* (HCP).
3 – "que o comeu" – carta de Pero Borges ao rei D. João III, publicada em HCP.
4 – "de modo algum" – carta de Tomé de Sousa ao rei d. João III, publicada em HCP.
5 – "contrariedade do mar" – carta de um jesuíta anônimo, publicada por Serafim Leite em *Nóbrega e a Fundação de São Paulo*.
6 – "mandonismo" – Capistrano de Abreu em "Atribulações de um donatário", ensaio publicado em *Capítulos de História Colonial*.
7 – "algum fruto" – carta de Azpilcueta Navarro, publicada em *Cartas dos Primeiros Jesuítas do Brasil*.
8 – "em esta terra" – carta de Pero de Góis ao rei D. João III, publicada em HCP.
9 – "de bombardeiros" – idem nota 8 acima.
10 – "com os brancos" – carta de um jesuíta anônimo, idem nota 5 acima.
11 – "homens e mulheres" – carta de Alonso de Lebron, publicada por Sérgio Buarque de Holanda no livro *Visão do Paraíso*.
12 – "grande vingança" – carta de Leonardo Nunes, publicada em *Cartas Avulsas*.
13 – "de aventuras" – Edith Porchat em *Informações Históricas sobre São Paulo no Século de sua Fundação*.

14 – "vida de selvagens" – carta de Leonardo Nunes, publicada em *Cartas Avulsas*.
15 – "homens de armas" – informação dada pelo mercenário alemão Ulrich Schmidel em seu livro de viagens, *História Verdadeira de uma Maravilhosa Navegação*.
16 - "indianizaram-se" – expressão usada por Jaime Cortesão em *A Fundação de São Paulo*.
17 – "no Maranhão" – carta de Antônio Rodrigues, publicada em *Cartas dos Primeiros Jesuítas do Brasil*.
18 – "nossa santa fé" – carta de Leonardo Nunes, publicada em *Cartas dos Primeiros Jesuítas do Brasil*.
19 – "mão de tudo" – carta de Nóbrega citada por Serafim Leite em *Breve Itinerário para uma Biografia do Padre Manuel da Nóbrega*.
20 – "honra das mulheres" – Francisco de Assis Carvalho Franco na introdução do livro de Hans Staden *Duas Viagens ao Brasil*.
21 - "de todo gênero" – idem nota 20 acima.
22 – "morreram de fome" – idem nota 20 acima.
23 – "para o Paraguai" – carta de Juan Sanches de Biscaia, publicada na coletânea *Cartas de Indias* (Madri, 1877).
24 – "virtuoso" – carta de Nóbrega a Luís da Câmara, publicada em *Cartas dos Primeiros Jesuítas do Brasil*.
25 – "desterrrados de Portugal" – idem nota 23 acima.
26 – "uns campos" – Fernão Cardim em *Tratado da Terra e Gente do Brasil*.
27 – "com as próprias mãos" – carta de José de Anchieta aos irmãos do Colégio de Coimbra, publicada em *Cartas de José de Anchieta*.
28 – "jesuítica" – carta de José de Anchieta, reproduzida em *Novas Páginas de História do Brasil*, de Serafim Leite.

PARTE IV
1 – "sol da terra" – carta de Felipe de Guillen ao rei D. João III, publicada em *História da Colonização Portuguesa do Brasil* (HCP).
2 – "para a cidade" – carta de Tomé de Sousa ao rei D. João III, publicada em HCP.
3 – "quiserem dar" – idem nota 2 acima.
4 – "daqueles trabalhos" – carta de Antônio Dias publicada em *Cartas dos Primeiros Jesuítas do Brasil*.
5 – "índios do Brasil" – carta de João de Azpilcueta Navarro, publicada em *Cartas dos Primeiros Jesuítas do Brasil*.
6 – "de não se perder" – Capistrano de Abreu em *Caminhos Antigos e Povoação do Brasil*.
7 – "com mármore" – Basílio de Magalhães em *Expansão Geográfica do Brasil Colonial*.
8 – "o que buscavam" – carta do padre Ambrósio Pires, publicada em *Cartas dos Primeiros Jesuítas do Brasil*.
9 – "iremos salvar" – carta de Manoel da Nóbrega publicada em *Cartas de Nóbrega*.
10 – "no outro mundo" – carta de Tomé de Sousa ao rei D. João III, publicada em HCP.
11 – "com sua mulher" – cartas de Nóbrega a Simão Rodrigues e ao rei D. João III, publicadas em *Cartas de Nóbrega*.
12 – "experiência de guerra" – Pedro de Azevedo, no artigo "A instituição do Governo geral", publicado em HCP.
13 – "de seu governo" – Francisco Adolfo de Varnhagen em *História Geral do Brasil*.

14 – "aos condes" – Pedro de Azevedo, idem nota 12 acima.
15 – "vaidade de honra" – carta de D. Duarte ao rei D. João III, publicada em HCP.
16 – "em África" – Pedro Calmon em *História do Brasil*.
17 – "e não posso" – Frei Vicente do Salvador em *História do Brasil*.
18 – "terras no Brasil" – Rodolfo Garcia em nota a Varnhagen, idem nota 13 acima.
19 – "em terras alheias" – Pedro Calmon em *História da Fundação da Bahia*.
20 – "seus asseclas" – idem nota 13 acima.
21 – "pela rua" – carta do bispo Sardinha ao rei D. João III, publicada em HCP.
22 – "mal pagos" – carta de Nóbrega a Simão Rodrigues, publicada em *Cartas dos Primeiros Jesuítas do Brasil*.
23 – "mui bom músico" – carta do bispo Sardinha ao rei D. João III, publicada em HCP.
24 – "os miolos"– carta de Duarte da Costa ao rei, publicada em HCP.
25 – "gente da terra" – Pereira da Costa em *Anais Pernambucanos*.
26 – "traficantes de escravos" – idem nota 13 acima.
27 – "sua devassidão" – idem nota 13 acima.
28 – "de sua morte" – carta de Duarte da Costa ao rei, publicada em HCP.
29 – "ecoará lá" – carta de Nóbrega para Simão Rodrigues, publicada em *Cartas dos Primeiros Jesuítas do Brasil*.
30 – "para sempre" – carta de Pero Correia, publicada em *Cartas Avulsas*.
31 – "de suas penas" – carta de Nóbrega para Inácio de Loyola, publicada em *Cartas Avulsas*.
32 – "se fazerem cristãos" – a denúncia de Garcia de Sá foi reproduzida por Serafim Leite em *História da Companhia de Jesus no Brasil*.
33 – "mão em clérigos" – segundo carta de Duarte da Costa ao rei (HCP).
34 – "idiota" – carta de D. Duarte da Costa ao rei, publicada em HCP.
35 – "para o cargo" – carta de Pero Leitão citada por Serafim Leite em *História da Companhia de Jesus no Brasil*.
36 – "que recebia" – carta de Duarte da Costa ao rei, publicada em HCP.
37 – "Vossa Alteza" – carta de Duarte da Costa ao rei, publicada em HCP.
38 – "devidos ao bispo" – citado por Serafim Leite em *História da Companhia de Jesus no Brasil*.
39 – "queriam fazer" – idem nota 13 da Parte IV.
40 – "nunca se encerram" – carta de Pero Borges ao rei, publicada em HCP.
41 – "mal do bispo" – episódio narrado por Duarte da Costa, em carta enviada ao rei, publicada em HCP.
42 – "da cidade" – carta de Duarte da Costa ao rei, publicada em HCP.
43 – "sem licença" – idem nota 42 acima.
44 – "pregações na Sé" – acusação feita por Duarte da Costa em carta ao rei, publicada em HCP.
45 – "desta cidade" – carta do bispo Sardinha ao rei D. João III, publicada em HCP.
46 – "civil e eclesiástico" – Capistrano de Abreu em nota a Varnhagen, idem nota 13 da Parte IV.
47 – "contentamento" – carta de Jorge Fernandes ao rei, publicada em HCP.
48 – "o fizera assim" – depoimento de Fernão Ribeiro de Sousa ao visitador Heitor Furtado, transcrito por Capistrano de Abreu.
49 – "já é defunto" – depoimento de Luis da Grã ao visitador Heitor Furtado, idem nota 48 acima.
50 – "com toda brevidade" – carta de Simão da Gama de Andrade ao rei, publicada em HCP.

51 – "barcos e navios" – carta de Francisco de Portocarrero ao rei, publicada em HCP.
52 – "os franceses" – idem nota 13 da Parte IV.
53 – "a 40 braças" – idem nota 13 da Parte IV.
54 – "amigos de lavouras" – Gabriel Soares de Sousa em *Tratado Descritivo do Brasil*.
55 – A tradução deste e dos demais nomes e topônimos tupis é a sugerida por Teodoro Sampaio no livro *O Tupi na Geografia Nacional*.
56 – "o engenho" – carta de Duarte da Costa ao rei, publicada em HCP.
57 – "seis de cavalo" – carta de D. Duarte da Costa ao rei, publicada em HCP.
58 – "debaixo" – idem nota acima, como todas as demais citações sobre a Guerra de Itapuã.
59 – "trabalhos passados" – carta de Simão da Gama ao rei D. João III, publicada em HCP.
60 – "feios crimes" – Pedro Calmon, idem nota 19 da Parte IV.
61 – "D. Catarina" – Pedro Calmon, idem nota 19 da Parte IV.
62 – "inevitável desastre" – Pedro Calmon, idem nota 19 da Parte IV.
63 – "autoridade episcopal" – Pedro Calmon, idem nota 19 da Parte IV.
64 – "quem o derramou" – Pedro Calmon, idem nota 19 da Parte IV.
65 – "respeito religioso" – Inácio Acioli, citado por João R. Lemos em *Dom Pedro Fernandes Sardinha: um bispo, mártir, em Coruripe*.
66 – "Senhor dos Exércitos" – Rafael Galanti, citado por João R. Lemos em *Dom Pedro Fernandes Sardinha: um bispo, mártir, em Coruripe*.

EPÍLOGO

1 – "para Pobre" – carta de Pedro Rico reproduzida por Serafim Leite em *História da Companhia de Jesus no Brasil*.
2 – "tão boas circunstâncias" – carta de Nóbrega a Tomé de Sousa, publicada em *Cartas dos Primeiros Jesuítas do Brasil*.
3 – "muito prazer" – carta dos vereadores da Câmara de Salvador ao rei D. João III, publicada em HCP.
4 – "se vá" – a frase é citada por Varnhagen, mas não faz parte do texto original da carta. Em nota à *História Geral do Brasil*, os historiadores Capistrano de Abreu e Rodolfo Garcia não deixaram de fazer essa observação, ponderando que Varnhagen talvez tenha conhecido um outro documento.
5 – "forças humanas" – A avaliação, feita pelo terceiro governador-geral, Mem de Sá, foi transmitida por ele em carta à regente D. Catarina e reproduzida por Herbert Ewaldo Wetzel em sua biografia *Mem de Sá: terceiro governador-geral*.
6 – "reta e justa" – H. B. Johnson em *O Império Luso-brasileiro (1500-1620)*.
7 – "toga e espada" – Pedro Calmon em *História da Fundação da Bahia*.
8 – "Renascentista em Portugal" – Herbert Wetzel em *Mem de Sá: terceiro governador-geral*.
9 – "eminente magistrado" – idem nota 8 acima.
10 – "quintetos" – idem nota 8 acima.
11 – "receio de pobreza" – idem nota 8 acima.
12 – "dias no mar" – carta de Mem de Sá a D. João III citada no livro de Herbert Wetzel.
13 – "consagrado" – de acordo com "O desacato na Capela Real em 1552 e o processo do calvinista inglês William Gardiner", artigo publicado nos *Anais da Academia Portuguesa de História*, vol. 29, Lisboa, 1984.

14 – "alvarás" – conforme as Relações de Pero de Alcáçova Carneiro, citadas por João José Alves Dias em *Portugal: do Renascimento à crise dinástica*.
15 – "codinome de Desejado" – Jacqueline Hermann em *O Reino do Desejado* (São Paulo, Companhia das Letras, 2000).
16 – "de produtivo" – Mário Domingues em *D. João III e sua época*.
17 – "me fazer marquês" – o libelo do conde da Castanheira foi reproduzido em HCP.
18 – "bens financeiros" – idem nota 7 do Epílogo.
19 – "do século XVI" – Eamon Duffy em *Santos e Pecadores: História dos papas* (São Paulo, Cosac & Naify, 1998).
20 – "reforma católica" – idem nota 19 acima.
21 – "colonização acidental" – expressão utilizada por Guillermo Giucci no livro *Sem Fé, Lei ou Rei* (Rio de Janeiro, Rocco, 1993).
22 – "falta de água" – segundo carta do jesuíta Antônio Blásquez a Diego Laynez, reproduzida por Herbert Ewaldo Wetzel, idem nota 8 do Epílogo.
23 – "seu governo" – segundo Simão de Vasconcelos, citado por Herbert Ewaldo Wetzel, idem nota 8 do Epílogo.
24 – "ou escravos" – segundo o *Instrumento dos Serviços de Mem de Sá*, reproduzido por Herbert Ewaldo Wetzel.

BIBLIOGRAFIA COMENTADA

Ao todo, cerca de trezentos volumes foram consultados para a redação de *A Coroa, a Cruz e a Espada*. A seguir, o leitor encontrará listadas apenas as principais fontes relativas aos temas abordados pelo livro.

Sobre a criação do Governo-Geral. Os dois principais textos específicos sobre o assunto talvez ainda sejam o ensaio do historiador Pedro de Azevedo, "A Instituição do Governo Geral", publicado em 1926 no terceiro volume da monumental *História da Colonização Portuguesa do Brasil* (Porto, Litografia Nacional) – livro indispensável também por trazer a íntegra das principais cartas escritas durante aquele período por autoridades e colonos portugueses no Brasil –, e o texto "O Governo Geral", de Sérgio Buarque de Holanda, publicado no volume 1 de *História Geral da Civilização Brasileira* (São Paulo, Difel, 1960), dirigida pelo próprio Sérgio Buarque. Também são fontes importantes para o tema os livros *A Construção do Brasil* (Lisboa, Cosmos, 1998), de Jorge Couto; *Royal Government in Colonial Brazil* (Universidade da Califórnia, 1968), de Dauril Alden; *O Império Luso-brasileiro 1500-1620* (Lisboa, Estampa, 1992), com coordenação de H. B. Johnson e Maria Beatriz Nizza da Silva; e *Colonial Brazil* (Cambridge University Press, 1987), editado por Leslie Bethell.

A administração pública em Portugal e no Brasil colônia. Existem ótimos estudos sobre o tema. As principais fontes consultadas foram: *Fiscais e Meirinhos: a administração no Brasil colonial* (Rio, Nova Fronteira, 1985), coordenação de Graça Salgado; *A Política Administrativa de D. João III*, volume 2 da *História Administrativa do Brasil* (Ed. Universidade de Brasília, 1983), de Vicente Tapajós; *História Administrativa do Brasil* (São Paulo, Melhoramentos, 1925), de Max Fleiuss; e *O Antigo Regime nos Trópicos* (Rio, Civilização Brasileira, 2001), organização de João Fragoso, Maria Bicalho e Maria Gouvêa. Dois bons textos específicos sobre a política e administração em Portugal no século XVI são "As estruturas políticas de unificação", de Joaquim Romero Magalhães, publicado em *História de Portugal: no alvorecer da modernidade* (Lisboa, Estampa, 1993), e "O Estado e as instituições", de José Adelino Maltez, publicado em *Portugal: do Renascimento à crise dinástica* (Lisboa, Presença, 1998).

Sobre as questões fazendárias em Portugal. O livro clássico ainda é *A Casa dos Contos* (Coimbra, 1948), de Virginia Rau, mas o estudo *O Valor do "Dinheiro" – 850 anos de história de inflação em Portugal* (Lisboa, Sociedade Difusora da Cultura, 1999), de Pedro Vasconcelos – de onde foram tirados alguns dos preços, valores e salários citados ao longo do livro –, também é documento saboroso. Os artigos "As finanças e a moeda", de A. H. de Oliveira Marques, publicado em *Portugal: do Renascimento à crise dinástica*, e "A estrutura das trocas", de Joaquim Romero Magalhães, publicado em *História de Portugal: no alvorecer da modernidade*, também são recomendados.

Sobre o judiciário no Brasil e em Portugal. O admirável ensaio *Burocracia e Sociedade no Brasil Colonial* (São Paulo, Perspectiva, 1979), de Stuart Schwartz, é um texto fundamental não só para o período abrangido pelo presente livro, mas para uma compreensão mais plena das mazelas e problemas que o Brasil ainda hoje enfrenta com o Poder Judiciário.

Sobre os jesuítas. A vetusta *História da Companhia de Jesus no Brasil* (Lisboa, Portugália, 1938), de Serafim Leite, embora escrita por um jesuíta e há mais de meio século, se mantém como obra de consulta indispensável, e seus dez volumes constituem a mais completa fonte de informações sobre o tema. Leite também editou, em três volumes, as cartas de Nóbrega e de seus companheiros, reunidas em *Cartas dos Primeiros Jesuítas do Brasil* (São Paulo, 1954). Também é de Leite a melhor biografia do líder dos jesuítas no Brasil, *Breve Itinerário para uma Biografia do Padre Nóbrega* (Rio, Livros de Portugal, 1955). Sobre Nóbrega, foi consultada também a biografia *Nóbrega, o primeiro jesuíta do Brasil* (Rio, Relume Dumará, 2000), de José Mariz de Moraes. Duas excelentes histórias da Companhia de Jesus, escritas por historiadores leigos e descompromissados com a causa dos jesuítas, são *The making of an enterprise: the Society of Jesus in Portugal, it's empire and beyond* (Universidade Stanford, 1996), de Dauril Alden, e *Os Jesuítas* (Porto Alegre, L&PM, 1994), de Jean Lacouture.

Sobre a construção de Salvador. Mais de uma dezena de livros foram escritos sobre a fundação da primeira capital do Brasil, vários deles publicados em 1949, quando se completaram os quatrocentos anos da cidade. Os dois principais – indispensáveis para a redação da Parte II de *A Coroa, a Cruz e a Espada* – são *A Cidade do Salvador (1549) – uma reconstituição histórica* (Rio, Simões, 1954), de Edison Carneiro, e *História da Fundação da Cidade do Salvador* (Bahia, Tipografia Benedita, 1949), de Teodoro Sampaio. Outras boas fontes sobre o tema são *História da Fundação da Bahia* (Salvador, Secretaria de Educação e Saúde, 1949), de Pedro Calmon; *A Primeira Capital do Brasil* (Prefeitura de Salvador, 1963), de Alberto Silva; *A Cidade de Tomé de Sousa* (Rio, Pongetti, 1949), de Alberto Silva; e *Povoamento da Cidade do Salvador* (Salvador, Itapuã, 1969), de Thales de Azevedo. Também são recomendados *Formação de Cidades no Brasil Colonial* (Rio, UFRJ, 2001), de Paulo Santos, *A Cidade Colonial* (Rio, José Olympio, 1961), de Nelson Omegna, e *Cidades Indo-portuguesas* (Lisboa, CNCDP, 1997), de Walter Rosa.

Sobre a fundação de São Paulo. A já vasta bibliografia sobre o tema ampliou-se quando da comemoração do aniversário de 450 anos da cidade. Mas as três fontes primordiais utlizadas aqui foram publicadas na década de 1950. São elas: *Fundação de São Paulo, capital geográfica do Brasil* (São Paulo, 1954), de Jaime Cortesão, *Notas de Revisão da História de São Paulo* (São Paulo, Martins, 1954), de Mário Neme e *Nóbrega e a Fundação de São Paulo* (Lisboa, 1953), de Serafim Leite. *Os Nascimentos de São Paulo* (Rio, Ediouro, 2004), editado por Eduardo Bueno, também é recomendado.

Sobre a Guerra de Itapuã e os conflitos entre portugueses e indígenas no Brasil. Embora pouco se tenha escrito sobre o massacre que entrou para a História com a designação de "Guerra de Itapuã", vários livros analisam a política indigenista de Portugal no Brasil, entre eles o clássico *Do Escambo à Escravidão* (Rio, Cia. Editora Nacional, 1980), de Alexander Marchant, *Red Gold:*

the conquest of the brazilian indians (Londres, Macmillan, 1978), de John Hemming, *Política Indigenista dos Portugueses no Brasil* (São Paulo, Loyola, 1982), de Georg Thomas, e *Os Senhores do Litoral: conquista portuguesa e agonia Tupinambá* (Porto Alegre, UFRS, 1994), de Mário Maestri, que, com base na carta de Duarte da Costa ao rei D. João III (publicada em HCP), faz a melhor descrição da Guerra de Itapuã.

Sobre o bispo Sardinha. Embora o *Manifesto Antropofágico*, de Oswald de Andrade, tenha sido redigido e datado "no ano 366 da deglutição do bispo Sardinha", a verdade é que pouco se escreveu sobre o primeiro prelado do Brasil. Serafim Leite dedica-lhe algumas páginas em sua *História da Companhia de Jesus no Brasil*, e o nome do bispo evidentemente surge, aqui e ali, na *História da Igreja no Brasil* (Paulinas/Vozes, 1983) de Eduardo Hoornaert *et alli*, mas a fonte mais completa é *Dom Pedro Fernandes Sardinha: um bispo, mártir, em Coruripe*, (Prefeitura Municipal de Coruripe, 2004), de João R. Lemos.

Sobre Mem de Sá. A principal fonte utilizada para a redação do perfil do desembargador que por 25 anos governou o Brasil foi a biografia *Mem de Sá – Terceiro governador-geral* (Rio, Conselho Federal de Cultura, 1972), de Herbert Ewaldo Wetzel.

Histórias gerais de Portugal e do Brasil. O *Tratado Descritivo do Brasil*, de Gabriel Soares de Sousa, publicado originalmente em 1587, é tido, ainda hoje, como a melhor crônica contemporânea do Brasil quinhentista e foi bastante utilizado. A *História do Brasil*, de frei Vicente do Salvador, considerada a primeira história geral do Brasil, foi publicada originalmente em 1627 e o frade alega ter conhecido contemporâneos de Tomé de Sousa e Duarte da Costa. A *História Geral do Brasil* (São Paulo, Melhoramentos, 1978), de Francisco Adolfo de Varnhagen, publicada pela primeira vez em 1854, é considerada ultrapassada pelos historiadores modernos, mas o fato é que, enriquecida com as notas de Capistrano de Abreu e Rodolfo Garcia, reúne mais informações do que qualquer outro livro sobre o período colonial. Ao contrário do Brasil, Portugal promoveu uma profunda revisão historiográfica nos últimos anos e, sobre o período específico tratado em *A coroa, a cruz e a espada*, existem pelo menos dois excelentes livros: os já citados *Portugal: do Renascimento à crise dinástica*, que, com coordenação de João José Alves, é o volume 5 da *Nova História de Portugal*, dirigida por Joel Serrão e A. H. de Oliveira Marques, e *Portugal no Alvorecer da Modernidade*, coordenado por Joaquim Romero Magalhães, e que é o volume 3 da *História de Portugal*, editada sob a direção de José Mattoso. Altamente recomendável é também a *História da Expansão Portuguesa* (Lisboa, Temas&Debates, 1998), publicada sob a direção de Francisco Bethencourt e Kirti Chaudhuri.

CRÉDITOS DAS IMAGENS

p. 24 – mapa reproduzido de *História da Colonização Portuguesa do Brasil (HCP).* / p. 26 – pintura de Diógenes Rebouças, reproduzida *de Salvador da Bahia de Todos os Santos do século XIX* (Odebrecht, 1979). / p. 27 – ilustração reproduzida do livro *História do Exército Brasileiro* (Estado-Maior do Exército, Brasília, 1972). / p. 33 – reproduzido do *Atlas van Stolk*, Rotterdam, 1624. / p. 40 – *O Caramuru e a Lenda do Tiro de Arcabuz* – gravura do século XVIII pertencente à família Pires de Carvalho e Albuquerque, reproduzida do livro *Caramuru e Catarina*, de Francisco Antonio Dória (São Paulo: Editora Senac, 1999). / p. 43 – reproduzido do livro *A Cidade de Tomé de Souza – Aspectos Quinhentistas*, de Alberto Silva (Rio de Janeiro: Irmãos Pongetti, 1949). / p. 45 – reproduzido de *HCP.* / p. 50 – reproduzido de *HCP.* / p. 54 – reproduzido de *HCP.* / p. 55 – óleo de Manoel Victor Filho, reproduzido de *Grandes Personagens da Nossa História* (São Paulo: Abril Cultural, 1972). / p. 64 – reproduzido de *HCP.* / p. 68 – desenho aquarelado do pintor Ribeiro Cristino (Júlio de Castilho, Lisboa Antiga, Lisboa: Câmara Municipal, 1937, vol. IX, p. 59). / p. 70 – reproduzido do livro *Cristãos-novos e seus Descendentes na Medicina Brasileira (1500/1850)*, de Bella Herson (São Paulo: EdUSP, 1996). / p. 71 – Museu de Arte Antiga, Lisboa. / p. 73 – escultura de Francisco Franco, reproduzida do livro *Breve Itinerário para uma Biografia do Padre Nóbrega*, de Serafim Leite (Rio: Livros de Portugal, 1955). / p. 74 – reproduzido de *História Geral dos Jesuítas*, de Lino Assumpção (Lisboa: Moraes Editores, 1982). / p. 75 – óleo do Museu de São Roque. Lisboa. / p. 77 – reproduzido do livro *História das Missões Orientais do Uruguai*, de Aurélio Porto (Porto Alegre: Livraria Selbach, 1954). / p. 84 – ilustração de Roque Gameiro, reproduzida de *HCP.* / p. 91 – gravura de autor anônimo pertencente à Biblioteca Municipal de São Paulo. / p. 99 – reproduzido de *HCP.* / p. 104 – gravura de Belmonte, reproduzida do livro *No tempo dos Bandeirantes* (São Paulo: Edições Melhoramentos). / p. 105 – idem p. 104. / p. 107 – Planta da cidade de Salvador, feita por Teodoro Sampaio e publicada em seu livro *História da Fundação da Cidade de Salvador* (Salvador: Tipografia Beneditina, 1949). / p. 111 – desenho de Diógenes Rebouças, reproduzido de *Salvador da Bahia de Todos os Santos do século XIX* (Odebrecht, 1979). / p. 117 – Construção de Salvador: óleo de Manoel Victor Filho, reproduzido de *Grandes Personagens da Nossa História* (São Paulo: Abril Cultural, 1972). / p. 118 – "*SJ. Salvador/Ville Capitale du Bresil*", ilustração do livro de Froger. *ca.* 1695 (1698). / p. 132 – Theodore de Bry, Ritual Indígena. *America Tertia Pars.* / p. 150 – reproduzido de *HCP.* / p. 158 – mapa de João Teixeira Albernaz, o velho, manuscrito aquarelado, reproduzido de *Os Mapas do Descobrimento* (Centro Cultural Banco do Brasil, Rio de Janeiro, 2000). / p. 167 – reproduzido de *HCP.* / p. 169 – mapa de Joris van Spilbergen, reproduzido do livro *Biblioteca Brasiliana*, de Robert Bosch (Rio de Janeiro: Kosmos, 1992). / p. 170 – ilustração reproduzida do livro *Histórias Verdadeiras de uma Maravilhosa Navegação*, feita por Ulrich Schmidel. / p. 188 – mapa de Frank R. Holmes, reproduzido do livro *Vale do Paraíba, Serra da Mantiqueira e Arredores de São Paulo*, de Aziz Ab'Saber e Nilo Bernardes (Rio de Janeiro: Conselho Nacional de Geografia, 1958). / p. 189 – óleo de J. Wasth Rodrigues, Museu Paulista. / p. 193 e 194 – xilogravuras reproduzidas do livro

Duas Viagens ao Brasil, de Hans Staden (Belo Horizonte: Itatiaia, 1972). / p. 207 – óleo do século XVI do Museu de São Roque, Lisboa. / p. 209 – pintura de F. Conti, reproduzida do livro *Cartas dos Primeiros Jesuítas do Brasil*, de Serafim Leite (São Paulo, 1954). / p. 211 – reproduzido de *HCP*. / p. 212 – reproduzido do *Atlas van Stolk*, Rotterdam, 1624. / p. 230 – gravura reproduzida do livro *Duas Viagens ao Brasil*, de Hans Staden (Belo Horizonte: Itatiaia, 1972). / p. 231 – ilustração reproduzida do livro *História do Exército Brasileiro* (Brasília: Estado-Maior do Exército, 1972). / p. 234 – gravura reproduzida do livro *História Geral do Brasil*, de Francisco Adolfo de Varnhagen (São Paulo: Edições Melhoramentos). / p. 244 e 245 – gravuras reproduzidas do livro *Duas Viagens ao Brasil*, de Hans Staden (Belo Horizonte: Itatiaia, 1972). / p. 250 – mural de J. W. Rodrigues, Museu Paulista. / p. 257 – óleo de Manuel Victor Filho, reproduzido de *Grandes Personagens da Nossa História* (São Paulo: Abril Cultural, 1972). / p. 262 e 263 – óleos de Christóvão Lopes, Museu Nacional de Arte Antiga, Lisboa.

◆ ESTAÇÃO ◆
BRASIL

ESTAÇÃO BRASIL é o ponto de encontro dos leitores que desejam redescobrir o Brasil. Queremos revisitar e revisar a história, discutir ideias, revelar as nossas belezas e denunciar as nossas misérias. Os livros da ESTAÇÃO BRASIL misturam-se com o corpo e a alma de nosso país, e apontam para o futuro. E o nosso futuro será tanto melhor quanto mais e melhor conhecermos o nosso passado e a nós mesmos.